Gonglu Gongcheng Yusuan Bianzhi Shili

公路工程预算编制实例

徐连铭　主编

人民交通出版社股份有限公司
China Communications Press Co.,Ltd.

内 容 提 要

本书共六章，主要内容包括公路工程预算定额的应用、公路工程机械台班费用定额及其应用、材料预算单价的确定与计算、公路工程预算资料调查、施工组织设计与造价的关系以及较全面、系统的公路工程预算编制算例。

本书可供从事项目管理、施工、设计等工程技术人员、造价人员，以及大专院校师生学习参考使用。

图书在版编目(CIP)数据

公路工程预算编制实例 / 徐连铭主编. —北京：人民交通出版社股份有限公司，2015.4

ISBN 978-7-114-12162-3

Ⅰ.①公… Ⅱ.①徐… Ⅲ.①道路工程－预算编制－案例 Ⅳ.①U415.13

中国版本图书馆 CIP 数据核字(2015)第 065257 号

书　　名：公路工程预算编制实例
著 作 者：徐连铭
责任编辑：王文华　尤　伟
出版发行：人民交通出版社股份有限公司
地　　址：(100011) 北京市朝阳区安定门外外馆斜街 3 号
网　　址：http://www.ccpress.com.cn
销售电话：(010) 59757973
总 经 销：人民交通出版社股份有限公司发行部
经　　销：各地新华书店
印　　刷：北京鑫正大印刷有限公司
开　　本：787 × 1092　1/16
印　　张：18.5
字　　数：421 千
版　　次：2015 年 4 月　第 1 版
印　　次：2015 年 4 月　第 1 次印刷
书　　号：ISBN 978-7-114-12162-3
定　　价：56.00 元

前　言

近年来，随着我国经济建设的不断发展，公路建设市场也相当活跃，建设大军不断壮大，而公路工程造价是公路建设项目一个不可或缺的内容。但到目前为止市场上还没有一本系统、全面、完整的，并与实际相结合的适合初学者和一线人员阅读的工程造价参考书。同时从业人员的技术水平也参差不齐，他们面临的共同问题是：在编制造价文件时无从下手，系统性较差；理论与实践脱节，造成编制的工程造价与实际出入较大。通过本书的学习，能够进一步提高从业人员的整体技术水平，从而使编制的工程造价更加经济合理。

作者总结近三十年的编制工程造价实践经验，并与理论相结合编制了本书。本书主要针对原交通部2007年10月公布的《公路工程基本建设项目概算预算编制办法》(JTG B06—2007)及相配套，并同时实施的《公路工程预算定额》(JTG/T B06-02—2007)和《公路工程机械台班费用定额》(JTG/T B06-03—2007)的具体应用，编写和收集了几十余题的小型算例以及一个较大型的高等级公路建设项目预算编制算例，其特点是内容紧密联系实际，实例系统、全面、完整，实用性较强(例题选用均为实际工作中概念模糊、容易出错的典型算例)。本书是广大从事项目管理、施工、设计等工程技术人员、造价人员(特别是初学者)以及大专院校师生的学习参考用书。

全书由徐连铭同志主编，郭承智、张海鹰为本书做了资料整理工作，在此一并表示感谢。

由于作者水平有限，错误之处在所难免，恳请广大读者批评指正。

作　者

2014年11月

目　　录

第一章　公路工程预算定额的应用

第一节　预算定额应用的基本方法

一、编制公路工程预算定额的原则和依据

1. 编制原则

①按社会平均水平确定预算定额水平。

②简明适用。

③坚持统一性,并同时和因地制宜相结合。

④实行专家编审责任制。

⑤与公路建设相适应。

⑥贯彻国家政策、法规。

2. 编制依据

①国家的有关规定。

②技术标准和规范。

③设计施工图纸。

④公路工程施工定额。

⑤施工方法的选择。

二、预算定额附录的作用

《公路工程预算定额》(JTG/T B06-02—2007)(以下简称《预算定额》)附录是配合定额使用的不可缺少的一个重要组成部分。它包括:

(1)了解定额编制时采用的各种统一规定,如路面材料计算基础数据、桥涵模板工作等。

(2)砂浆及混凝土材料消耗配合比表。

(3)编制补充定额所需的统一规定,如材料的代号、规格、单位重、周转次数、基价等。

(4)作为修订定额的重要资料、依据,方便使用单位对定额水平提出意见。

三、应用定额的步骤

(1)首先确定所用定额的种类,如概算定额,还是预算定额。

(2)根据概(预)算项目表,依次按目、节确定要查定额的项目名称,再据以在定额目录

中找到所在页次及所需定额表。

(3)查到定额表后需进行:

①查看表中“工程内容”与设计要求、施工组织要求是否相适应,若基本相符,则可在表中找到相应的细目,并进一步确定子目(栏目)。

②检查定额表的计量单位与工程项目取定的计量单位是否一致,是否符合规定的工程量计算规则。

③翻阅定额总说明、章说明、节说明以及定额表下的小注是否与所查子目的定额有关,若相关,则需对定额作相应调整。

④根据设计图纸和施工组织设计的具体工程内容,检查子目中有无需要抽换或调整的定额消耗量,并再次翻阅定额总说明、章说明、节说明,查看是否允许抽换,若允许则进行具体抽换计算。

⑤按照子目各序号确定各项定额值,可直接引用的就直接录入,需计算的则在计算后再录入。

(4)重复上述步骤进行复核工作。

(5)以此类推逐项完成项目的预算编制工作。

四、应用定额应注意的问题

(1)必须保证计量单位表与项目之间一致,特别是在抽换、增量计算时更应注意。

(2)当项目中任何项(工、料、机)定额值变化时,其相应基价也将作相应的变化。

(3)在查定额时首先要鉴别工程项目属于哪类工程,以免盲目地随意确定,而在表中找不到栏目、无法计算或错误引用定额。如“汽车运土”与“汽车运输”(构件)就是如此,前者为路基工程,而后者为桥梁工程。

(4)定额表中对某些物品规定按成品价格编制预算,如板式橡胶支座、毛勒伸缩缝等;而对某些物品则规定按半成品价格编制预算,因此查定额时要注意。

第二节　预算定额总体介绍

在《预算定额》中编制了“总说明”、“章说明”、“节说明”。

定额总说明是对定额使用方面的总的、较为全面的规定和解释,而章、节说明则是对定额编制所采用的施工工艺、方法以及工程量计算规则做了详细规定和说明。这些说明都非常重要,需要正确理解、掌握和熟练运用,否则就会产生误读,造成编制预算时出现多计或漏计现象,从而影响到造价文件的准确性。现就《预算定额》中总说明的内容重点介绍如下。

1.《预算定额》的作用与适用范围

《预算定额》属于全国公路专业统一定额,编制预算时,需要按照施工图纸和工程量计算规则计算工程量,同时还要借助一些可靠的参数计算人工、材料和机械(台班)的消耗量,在这个基础上计算出资金需要量,也就是预计出建筑安装工程的价格。而《预算定额》就是为计算人工、材料、机械（台班）的消耗量，提供统一可靠的参数，因此说它是编制施工图预算的依据。

《预算定额》适用于公路工程基本建设项目新建、改建工程；对于公路养护的大中修工程可参考使用，但是它并不适用于独立核算执行产品出厂价格的构件厂生产的构配件。

2.《预算定额》的表现形式和人工费、材料费、机械使用费的计算规定

预算定额的编制方法一般有两种：实物量法和单位估价法。实物量法是定额以完成一定计量单位所需消耗的人工、主要材料和主要施工机械的数量为表现形式；单位估价法则是以完成一定计量单位所需的工程费用额度为表现形式。

《预算定额》一直采用实物量法编制，即以各工程项目工、料、机消耗量表为主的表现形式。

人工、材料、机械（台班）预算单价按《公路工程基本建设项目概算预算编制办法》（JTG B06—2007）中的规定计算，人工费、材料费、机械使用费按定额规定的工、料、机消耗量乘以相应的预算单价计算。

3.《预算定额》的编制

《预算定额》是按照合理的施工组织和一般正常的施工条件编制的，所采用的施工方法和工程质量标准，是根据国家现行的公路工程施工技术及验收规范、质量评定标准及安全操作规程确定的，除非定额中规定允许进行换算，一般情况下不得随意变更定额。

4.《预算定额》中各项工作每工日工作时间的规定

潜水工作和隧道施工由于有其特殊的施工特点，劳动条件较差，因此规定潜水工作和隧道工作与一般工作每工日的工作时间不同。一般工作每工日按 8h 计算，而潜水工作每工日按 6h 计算，隧道工作每工日则按 7h 计算。

5.《预算定额》中每个定额项目的工作内容

定额中每个定额项目均包括全部施工过程。定额中除每个定额项目的工程内容简明扼要地说明了施工的主要操作工序外，均包括了准备与结束、场内操作范围内的水平与垂直运输、材料工地小搬运、辅助和零星用工、工具及机械小修、场地清理等工程内容。

6.《预算定额》中材料消耗量的计算规定

定额中材料消耗是按照现行材料标准的合格料和标准规格料计算的。定额中的消耗量均已综合了材料、半成品、成品的场内运输和操作损耗，编制预算时不允许另行增加；而场外运输损耗、仓库保管损耗在定额中未包括，因此应考虑在计算材料预算价格中。

7.《预算定额》中周转性材料消耗量的计算规定

定额中是按一般正常的材料周转次数确定材料消耗的，一般不得调整定额用量。而对于以下情况确因施工安排达不到规定的周转次数时，可进行调整。

①就地浇筑混凝土梁用的支架；

②拱圈用拱盔及支架。

8.《预算定额》中混凝土和砂浆抽换的规定

定额中所列的混凝土或砂浆强度等级和具体用量已计入定额，除非设计采用的混凝土

或砂浆强度等级与定额中所列强度等级不同,可按定额附录所提供的混凝土或砂浆配合比对定额进行调整,其他情况均不得调整定额用量。

9.《预算定额》中混凝土外掺剂的计算规定

外掺剂是用于改善混凝土性能的其他材料,在拌制混凝土过程中掺配使用。

定额中并未包含外掺剂的费用,因此如设计采用的混凝土配合比中需要掺入外掺剂时,则应按设计要求计算其费用,同时应注意掺入外掺剂混凝土中的水泥用量也有变化,应按照相应变化调整定额中的水泥用量。

10.《预算定额》中施工机械种类及规格的确定

在实际完成同一个项目的分项工程施工任务时,不同的施工队伍所采用施工机械的种类、规格不一定相同,这样所需的工程费用也不一定相同。而定额本身已经考虑到这一点,即定额已按照经济合理的施工组织确定施工机械的种类、型号,确保了定额水平的合理性。因此无论实际施工中采用的施工机械的种类、规格与定额规定相同与否,均不得对其调整。

11.《预算定额》中所列材料及施工机械的内容

由于构成工程建设项目成品的建筑材料的多样化,无论从定额编制还是从方便定额使用的角度考虑,不可能将所有的材料全部列入定额中,一般仅列出用量较大、价格较高的主要材料,而对于用量较小、单价较低并且对建设项目造价影响不大的次要材料,也即零星材料,则列入其他材料费中以“元”的形式表现,而定额中也将不再列其消耗量。

而对于施工机械也只列出主要施工机械的消耗数量,其他的小型施工机具均列入小型机具使用费中,并以“元”的形式出现,定额中也不再列其消耗量。

12.公路建设项目中有关养护管理房屋工程费用的计算规定

《预算定额》中关于房建工程定额没有编列,如养护道班房、桥头看守房、收费站及服务区房屋等工程,应按照项目所在地有关主管部门发布的建筑安装工程预算定额编制。

13.《预算定额》未包含的项目需要做补充定额时,对于补充定额的管理规定以及编制时应遵循的原则和方法

随着新工艺、新技术的不断发展,交通部颁的《预算定额》在使用一定时期后,难免会出现缺项和不足,当没有新的定额发布情况时,各省、自治区、直辖市交通运输厅(局、委)可根据本地区实际需求编制补充定额,但仅限本地区使用,同时需上报交通运输部备案。如果在项目造价编制过程中,仍然有缺项的定额,则各设计单位可依据实际情况编制该项目的补充定额,仅作为本项目使用,并随同预算文件一并送审,且将编制依据送至各省、自治区、直辖市公路(交通)工程定额造价管理站备查。

补充定额必须按照《预算定额》的编制原则和方法进行编制。

14.《预算定额》中的特殊规定

定额表中注明“××数以内”或“××数以下”均包括“××”数本身,反之则不包括。定额中数量用“( )”表示其消耗量,通常不计价,即表示基价中未包含其价值。

第三节 预算定额的基本组成及定额表的内容

一、基本组成

《预算定额》的组成部分包括:行业主管部门颁发的有关定额发布的文件;总说明,总目录,各项工程的章说明、节说明、定额表及附录。

定额发布的文件,即指刊登在《预算定额》前面的中华人民共和国交通部公告(2007 年第 33 号)关于发布《公路工程基本建设项目概算预算编制办法》(JTG B06—2007)及《公路工程概算定额》(JTG/T B06-01—2007)、《公路工程预算定额》(JTG/T B06-02—2007)、《公路工程机械台班费用定额》(JTG/T B06-03—2007)的公告。该公告明确了定额实施的日期及旧定额的同时废止,并且说明了“办法”及定额的管理权和解释权归交通部,而日常解释和管理工作由主编单位交通部公路工程定额站负责。同时请有关使用单位在实践中注意总结经验,若有修改意见及时函告交通部公路工程定额站。

《预算定额》的内容有:路基工程、路面工程、隧道工程、桥涵工程、防护工程、交通工程及沿线设施、临时工程、材料采集及加工、材料运输及附录。而附录又包括:路面材料计算基础数据;基本定额(桥涵模板工作,砂浆及混凝土材料消耗,脚手架、踏步、井字架工料消耗,基本定额材料规格与质量);材料的周转与摊销;定额基价人工、材料单位质量、单价表四项内容。同时在《预算定额》的最后还阐述了该定额的用词说明:为了科学地确定技术标准,合理地运用技术指标,本定额对各项技术指标条文的规定,按照其执行的严格程度,在用词上采用了以下写法,因此在使用本定额时充分考虑地区之间的差别,以及各地区的自然、地质、地理条件的特殊性和差异性,并结合工程的具体情况综合运用。定额条文用词如下。

①表示很严格,非这样做不可的用词:

正面词采用“必须”;反面词采用“严禁”。

②表示严格,在正常情况下应这样做的用词:

正面词采用“应”;反面词采用“不应”或“不得”。

③表示允许有选择,有条件时首先应这样做的用词:

正面词采用“宜”;反面词采用“不宜”。

④表示允许有选择的用词:

正面词采用“可”。

二、定额表

定额表由以下内容组成。

1. 定额表号及名称

为便于编制预算,定额表除了按章、节分别编号外,对应的细目定额都分别以不同的编号为表现形式。例如《预算定额》第 43 页“1-1-19 渗水路堤及填石路堤”等定额(本书中为表 1-1),这是所有定额表的基本表现形式。即定额表号 1-1-19 指的是预算定额第一章第一节中第 19 个表,名称是“渗水路堤及填石路堤”。

1-1-19　渗水路堤及填石路堤　　表 1-1

工程内容　渗水路堤:1)石料选择与修打;2)挂线、堆砌边坡及填心;3)铺碎石及草皮;4)铺黏土(包括洒水拌和);5)操作范围内的材料损耗。

填石路堤:1)堆砌边坡;2)填内心。

单位:1 000m^3

顺序号	项目	单位	代号	渗水路堤				填石路堤	
				填片石部分路基高度(m)					
				1 以内	2 以内	4 以内	6 以内	堆砌边坡	填内心
				1	2	3	4	5	6
1	人工	工日	1	568. 8	414. 2	361. 4	333. 2	409. 8	156. 0
2	黏土	m^3	911	325. 73	150. 80	65. 67	38. 78	—	—
3	片石	m^3	931	1 100. 00	1 100. 00	1 100. 00	1 100. 00	—	—
4	碎石(8cm)	m^3	954	182. 78	84. 62	36. 85	21. 76	—	—
5	草皮	m^2	995	946. 00	438. 00	190. 70	112. 60	—	—
6	基价	元	1999	56 311	41 544	35 462	32 974	20 162	7 675

注:(1)本定额不包括填石上部的填土工作。

(2)在地基易被冲刷地段,需设反滤层时,工、料另行计算。

(3)渗水路堤系按无压力式渗水路堤编制,压力式渗水路堤如需在填石上部土质路堤部分加铺护坡时,工、料另行计算。

(4)渗水路堤定额中的片石系利用路基开炸石方,片石的价格按捡清片石计算。

2. 工程内容

工程内容主要表述本定额所包含的操作内容。在选用定额时首先必须阅读定额的工程内容,看设计的工程内容与定额的工程内容是否一致和相符,若工程内容一致或相符时,则首先应查找与工程内容相对应的定额;其次可按照定额的章节说明规定,允许对定额按照设计消耗量进行调整。若工程内容出入较大,则说明选用该定额不妥,需采取其他措施(考虑做补充定额等)。

3. 工程项目定额单位

在定额表的右上角均规定了定额的单位,如 1 000m^3、1km、10m^3、每增减 1cm 等。

4. 顺序号一栏

顺序号一栏即为人工、材料、机械及费用的编排顺序,起到简明扼要、习惯使用的作用。

5. 项目一栏

项目一栏即表示本定额工程中所有用到的人工、材料、机械、机具、费用等的名称、规格。

6. 单位一栏

单位一栏表示对用该工程内容中人工、材料、机械等的计量单位,如“工日、t、m^2、台班、元”等。

7. 代号一栏

当采用软件计算方法编制预算时,可采用表中代号作为对人工、材料、机械名称的识别符号。

8. 工程细目一栏

工程细目一栏指定额表根据不同的工程内容，划分出的不同的定额栏目，如“1-1-19 渗水路堤及填石路堤”，但渗水路堤及填石路堤根据不同的土、石分类列出了不同的细目定额。

9. 定额值一栏

定额值一栏即定额表列工程中所有资源消耗的数量值，而定额表中括号内的数值，一般表示工程所需半成品的数量。例如《预算定额》表 2-2-11 沥青混凝土混合料拌和，I 粗粒式定额中的“沥青混凝土混合料”“1 020. 00m^3”，指的是在进行粗粒式沥青混凝土拌和时，需消耗沥青混凝土拌和料 1 020. 00m^3，当施工工艺采用直接购买沥青混合料作为半成品时，所消耗的数量。因此在编制预算文件时要注意其施工方法与定额表的对应一致。

10. 基价一栏

基价一栏即定额基价。它是定额表中人工费、材料费、机械使用费的合计价格。而基价中的人工费、材料费是按照北京市 2007 年的人工、材料预算单价计算的，机械使用费是按照 2007 年交通部规定的《公路工程机械台班费用定额》《JTG/T B06-03—2007》计算的。

11. 注一栏

有些定额表的下方列有“注”，在使用定额时，一定要注意仔细阅读，否则在使用定额时将会发生错误，从而影响到造价编制。如表 1-1 下面共有 4 条小注，对表中定额的使用做出了进一步的注释。

12. 运用定额表的表示方法

一般情况下采用“章、节、表、栏”的表示方法，即预（4-4-7-15）指《预算定额》的第四章、第四节、第 7 表、第 15 栏。即可查的“灌注桩混凝土，回旋、潜水钻成孔，桩径 150cm 以内，输送泵”定额。

三、定额表值与工程实际消耗数量的计算

当已知工程的数量总值时，可按下式计算其定额所消耗的人工、材料、机械费用等数量：

$$K_i = N \cdot P_i \tag{1-1}$$

式中：K_i——某种工程所需消耗的各种资源数量（m^2、t、m^3）；

N——工程的总数量；

P_i——相应工程的定额中某种资源（如人工、材料、机械费用等）数值。

【例 1-1】 某高速公路采用振冲碎石桩处理软土地基，处理工程量合计为 180m，每根碎石桩直径为 80cm，试计算该工程项目所需预算定额的工、料、机、费用消耗数量及基价。

解：由定额表 1-3-4-1 查得预算定额 10m 的单位定额值及已知工程量合计，依据式(1-1)得：

人工：18. 0 ×4. 0 =72（工日）。

材料：

碎石（6cm）：18. 0 ×9. 91 =178. 38（m^3）；

其他材料费：18. 0 ×30. 0 =540（元）。

机械：

15t 以内履带式起重机：18.0×0.21＝3.78（台班）；

55kW 以内振冲器：18.0×0.27＝4.86（台班）；

ϕ150mm 电动多级水泵（≤180m）：18.0×0.21＝3.78（台班）。

基价：18.0×1 036＝18 648（元）。

四、关于定额抽换

所谓定额抽换是指工程设计的内容与定额中的工作内容、子目不相符，或与表中某序号所列的规格不相符，则应选用相应定额予以抽换。常见的即为设计的水泥砂浆强度等级或水泥混凝土强度等级与定额不符，此时应根据定额附录的基本定额进行计算后予以抽换所对应的材料消耗。具体抽换方法在本章的后面几节内容会以例题的形式介绍。

第四节　临时工程预算定额及应用实例

一、临时工程预算定额介绍

（1）临时工程预算定额包括汽车便道，临时便桥，临时码头，轨道铺设，架设输电、电信线路，人工夯打小圆木桩共六个项目。

（2）汽车便道按路基宽度为 7.0m 和 4.5m 分别编制，便道路面宽度按 6.0m 和 3.5m 分别编制，路基宽度 4.5m 的定额中已包括错车道的设置。汽车便道项目中未包括便道使用期内养护所需的人工、材料、机械数量，如便道使用期内需要养护，编制预算时可根据施工期按表 1-2 增加数量。

汽车便道使用期内养护所需工、料、机数量　　单位：公里·月　表 1-2

序号	项　目	单位	代号	汽车便道路基宽度（m）	
				7.0	4.5
1	人工	工日	1	3.0	2.0
2	天然级配	m^3	908	18.00	10.80
3	6～8t 光轮压路机	台班	1075	2.20	1.32

（3）临时汽车便桥按桥面净宽 4m、单孔跨径 21m 编制。

（4）重力式砌石码头定额中不包括拆除的工程内容，需要时可按“桥涵工程”项目的“拆除旧建筑物”定额另行计算。

（5）轨道铺设定额中轻轨（11kg/m，15kg/m）部分未考虑道渣，轨距为 75cm，枕距为 80cm，枕长为 1.2m；重轨（32kg/m）部分轨距为 1.435m，枕距为 80cm，枕长为 2.5m，岔枕长为 3.35m，并考虑了道渣铺筑。

（6）人工夯打小圆木桩的土质划分及桩入土深度的计算方法与打桩工程相同。圆木桩的体积，根据设计桩长和梢径（小头直径），按木材材积表计算。

(7)本章定额中便桥,输电、电信线路的木料、电线的材料消耗均按一次使用量计列,编制预算时应按规定计算回收;其他各项定额分别根据不同情况,按其周转次数摊入材料数量。

二、临时工程预算定额应用实例

【例1-2】 某山岭重丘区汽车便道工程,路基宽7.0m,路面宽6.0m,使用期为18个月,便道全长5.6km,试计算该便道工程的预算定额及养护所消耗的工、料、机数量。

解:(1)汽车便道路基定额

由《预算定额》7-1-1-2查得汽车便道路基定额(每1km)为:

人工:136.9×5.6=766.64(工日)。

机械:

75km以内履带式推土机:20.74×5.6=116.14(台班);

6~8t光轮压路机:1.64×5.6=9.18(台班);

8~10t光轮压路机:1.25×5.6=7(台班);

12~15t光轮压路机:4.88×5.6=27.33(台班)。

(2)汽车便道路面定额

由《预算定额》7-1-1-5查得汽车便道路面定额(每1km)为:

人工:248.1×5.6=1 389.36(工日)。

材料:

水:112×5.6=627.2(m^3);

天然级配:1 193.40×5.6=6 683.04(m^3)。

机械:

8~10t光轮压路机:1.62×5.6=9.07(台班);

12~15t光轮压路机:3.24×5.6=18.14(台班);

0.6t以内手扶式振动碾:5.65×5.6=31.64(台班)。

(3)汽车便道养护

由临时工程章节说明第2条查得每公里·月养护增加定额为:

人工:3.0×5.6=16.8(工日)。

材料:

天然级配:18.0×5.6=100.8(m^3)。

机械:

6~8t光轮压路机:2.20×5.6=12.32(台班)。

【例1-3】 某临时汽车便桥桥面净宽为4m,单孔跨径为30m,桥长为120m(4×30m),试计算该便桥工程的预算定额所消耗的工、料、机及费用数量。

解:(1)由《预算定额》7-1-2-1查得钢便桥定额(每10m)为:

人工:45.8×12.0=549.6(工日)。

材料:

原木:0.171×12.0=2.052(m^3);

锯材:5.165×12.0=61.98(m^3);

铁件:16.1×12.0=193.2(kg);

其他材料费:384.0×12.0=4 608(元);

设备摊销费:2 353.3×12.0=28 239.6(元)。

机械:

50kN以内单筒慢动卷扬机:2.99×12.0=35.88(台班);

小型机具使用费:6.1×12.0=73.2(元)。

(2)由临时工程章节说明第3条得知,临时汽车便桥是按单孔跨径21m编制,而已知汽车便桥工程单孔跨径为30m,桥长为120m(4×30m),故需增设桥墩。即:需计算增设桥墩数量为30÷21×4=5.71≈6座。

由《预算定额》7-1-2-2查得汽车便桥(墩)定额(每座)为(按桩长10m考虑):

人工:2.3×6=13.8(工日)。

材料:

原木:0.211×6=1.266(m^3);

锯材:0.111×6=0.666(m^3);

型钢:0.090×6=0.54(t);

电焊系:1.4×6=8.4(kg);

钢管桩:0.152×6=0.912(t);

铁件:13.3×6=79.8(kg);

其他材料费:6.3×6=37.8(元)。

机械:

8t以内轮胎式起重机:0.12×6=0.72(台班);

300kN以内振动打拔桩锤:0.27×6=1.62(台班);

32kV·A交流电弧焊机:0.18×6=1.08(台班);

44kW以内内燃拖轮:0.08×6=0.48(艘班);

80t以内工程驳船:0.27×6=1.62(艘班);

小型机具使用费:7.8×6=46.8(元)。

第五节　路基工程预算定额及应用实例

一、总体说明

路基工程预算定额包括路基土、石方、排水和软基处理工程等项目。

定额中按开挖的难易程度将土壤、岩石分为六类。

土壤分为三类:松土、普通土、硬土。

岩石分为三类:软石、次坚石、坚石。

定额中土、石分类与六级土、石分类和十六级土、石分类对照表见表1-3。

土壤、岩石的分类　　表1-3

本定额分类	松土	普通土	硬土	软石	次坚石	坚石
六级分类	Ⅰ	Ⅱ	Ⅲ	Ⅳ	Ⅴ	Ⅵ
十六级分类	Ⅰ~Ⅱ	Ⅲ	Ⅳ	Ⅴ~Ⅵ	Ⅶ~Ⅸ	Ⅹ~ⅩⅥ

二、路基土、石方工程预算定额及应用实例

“人工挖运土方”、“人工开炸石方”、“机械打眼开炸石方”、“抛坍爆破石方”等定额中，已包括开挖边沟消耗的人工、材料和机械台班数量，因此开挖边沟的数量应合并在路基土、石方数量内计算。

《预算定额》中“人工挖运土方”、“人工开炸石方”、“机械打眼开炸石方”、“抛坍爆破石方”等在定额编制时，已考虑了开挖陡坡、槽内、槽外和边沟土、石方所占的不同比例，因此在选用此类定额时的工程量，应按照开挖陡坡、槽内、槽外和边沟土、石方的总数量计算。而机械施工土方定额中未包括开挖边沟的工作内容，因此在使用时应按相关定额另行计算边沟的开挖费用。开挖边沟土石方断面如图1-1所示。

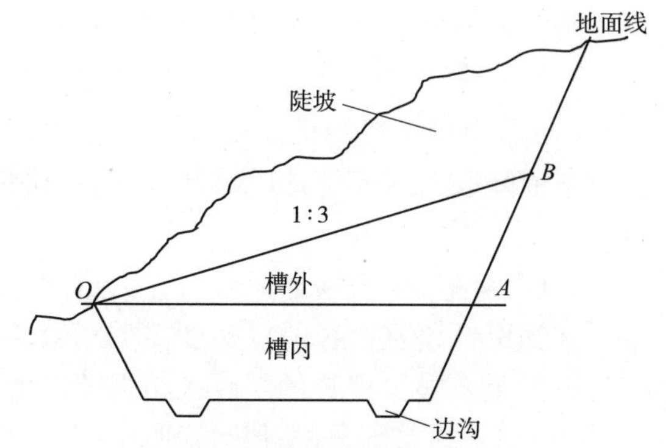

图1-1　开挖边沟土石方断面示意图

注：OA为水平线，OB为陡坡分界线。槽内土、石方为OA线以下深度超过1m，连续长度超过20m的部分。槽外土、石方则为不属于陡坡和槽内的那部分土、石方。

1.关于“天然密实方”与“压实方”的换算

路基横断面图所示的挖填方工程，一般称为断面方。断面方中的填方按压实后的体积计算，称为压实方；断面方中的挖方按天然密实体积计算，称为“天然密实方”。实践表明，天然密实的1m^3土体开挖运来填筑路堤时，并不等于1m^3的压实方。公路工程定额规定，当以填方压实体积为工程量，采用天然密实方为计量单位的定额时，所采用定额应乘以调整系数。由于调整系数的采用，应在路基土石方工程数量的计算及填挖平衡调运过程中充分注意和考虑，不应简单地只按断面方进行调配。天然密实方定额折算为压实方定额的调整系数见表1-4。

天然密实方定额折算为压实方定额的调整系数　　表1-4

土类 / 公路等级	土方			石　方
	松土	普通土	硬土	
二级及二级以上等级公路	1.23	1.16	1.09	0.92
三、四级公路	1.11	1.05	1.00	0.84

其中：推土机、铲运机施工土方的增运定额按普通土栏目的系数计算；人工挖运土方的增运定额和机械翻斗车、手扶拖拉机运输土方、自卸汽车运输土方的运输定额在表1-4所列系数的基础上增加0.03的土方运输损耗，但弃方运输不应计算运输损耗。

【例 1-4】 某段一级公路挖方 1 200m^3（其中：松土 400m^3、普通土 600m^3、硬土 200m^3），填方 1 500m^3，本断面挖方可利用 900m^3（其中：松土 300m^3、普通土 500m^3、硬土 100m^3），可调入本段的挖方远运利用方 200m^3（按普通土计），试计算本段路基填方尚需取、借的压实方数量。

解：本桩天然密实利用方折算为压实方：

$$300 \div 1.23 + 500 \div 1.16 + 100 \div 1.09 = 767(m^3)$$

远运天然密实利用方折算为压实方：

$$200 \div 1.16 = 172(m^3)$$

本段路基填方尚需取、借的压实方数量：

$$1\ 500 - 767 - 172 = 561(m^3)$$

本段废弃的天然密实方数量为 300m^3。

2. 土石方工程数量计算应注意的问题

(1)需由施工组织设计提出的土石方工程数量

①清除表土或零填地段的基底压实，耕地填前夯(压)实后，回填至原地面高程所需的土石方数量。

②因路基沉陷需增加的土石方数量。

③为保证路基边缘的压实度需加宽填筑时，所需的土石方数量。

以上土石方工程数量需计入路基填方数量中。

(2)加宽填筑部分的计价原则

填筑路堤时，为保证路基边缘有足够的压实度，一般在施工时需超出设计宽度填筑。采用机械碾压时，路基每边加宽的填筑宽度视路堤填筑高度而定，通常为 20 ~ 50cm；路基加宽填筑部分如需清除时，按土方运输定额计算。

需填宽的土方量一般可用下式计算：

$$宽填土方量 = 填方区域边缘长度 \times 边坡平均坡长 \times 宽填厚度 \tag{1-2}$$

(3)零填及挖方段基底碾压面积的计算

$$零填及挖方段基底碾压面积 = 路槽底面的宽度 \times 长度 \tag{1-3}$$

(4)培路肩土方与路基土方的关系

施工中，填方路基都是在填筑至槽底高程位置以后才整平，再做路面并培肩；挖方路基大多数采用机械施工。在挖路槽时，按照规范规定面层、基层、垫层的厚度都是呈递增趋势，很难挖出理论上设计的槽口断面。即使面层、基层、垫层的宽度一致，挖成路槽后，在路肩与路面之间碾压也很难保证质量。因此，合理的路基施工是连同路肩部分一起开挖至槽底后，再做下一道工序。从实际出发，在利用电算方法设计断面时无论填方还是挖方都应按槽底高程计算。在土石方调运过程中，不必考虑培肩部分，输出的填方土石方数量实际只是路基部分，培肩部分应另行考虑，其土石方的来源应在横向及纵向调运完成后，从弃土堆及取土场中集中考虑。这就要求设计人员在选择弃土堆地点时应尽可能地考虑到培肩土方的重新利用问题。

(5)路基设计中二次倒运土方

在土石方的一般计算中，只需考虑挖方与借方、填方与弃方之间应有的平衡。然而在山区，尤其是在路线穿越深沟时，无论填筑深沟的土石方来源于调配方还是远运借方，因深沟工作场面狭窄，都需考虑其二次倒运，并另行单独计算。

(6)路基设计中刷坡土方

对于较高的填方路基，为保证边坡的压实度，填筑时需要在路基边缘外侧增加一定宽度的刷坡土方。刷坡土方在设计中计价不计量，不参与碾压、洒水，以天然密实方为计量单位。在不发生土方调配的路段，只需在借方中以天然密实方考虑。由于设计填方断面给出的是路基部分，所以设计人员在调配过程中要考虑额外增加刷坡土方，以免造成遗漏和调配不合理，影响造价。

(7)路基设计中，土石方调配运距

土石方调配运距是指挖方体积重心至填方体积重心的距离。为简化计算，在实际工作中通常用挖方路段中心至填方路段中心间距代替。如遇升、降坡时，除按水平距离计算运距外，还需结合坡度进行一定调整。

(8)填方碾压，填料为“土加石”的情况

这要根据土、石所占的比例而定。一般地，如果石料分散于土中(土石混填)，在碾压过程及碾压成型后，石料的分布对碾压不起主要的影响作用，亦即石料不构成支撑、嵌锁的整体结构，应按碾压土方计算，反之则应按碾压石方计算。

(9)关于自卸汽车运输

自卸汽车运输路基土、石方定额项目和洒水汽车洒水定额项目，仅适用于平均运距在15km以内的土、石方或水的运输；当平均运距超过15km时，应按社会运输的有关规定计算其运输费用。当运距超过第一个定额运距单位时，其运距尾数不足一个增运定额单位的半数时不计，等于或超过半数时按一个增运定额运距单位计算。

【例1-5】 某高速公路路基填方均为借方，设计断面方为65 000m^3(普通土)，路基洒水为填方总量的5%，采用2m^3挖掘机配合15t自卸汽车运输，施工运距为8.5km；8 000L洒水汽车洒水，运距为2km，采用18～21t光轮压路机和20t振动压路机碾压各占填方量的50%，试计算以上路基施工的工、料、机消耗量。(土的单位重为1.8t/m^3。)

解：(1)2m^3挖掘机施工

根据《预算定额》路基工程第一节说明第8(1)条，高速公路普通土压实方与天然密实方的换算系数为1.16，由《预算定额》1-1-9-8(本书表1-5)查得：

人工：$4.5\times65\,000\div1\,000\times1.16=339.3$(工日)；

75kW以内履带式推土机：$0.25\times65\,000\div1\,000\times1.16=18.85$(台班)；

2m^3以内履带式单斗挖掘机：$1.15\times65\,000\div1\,000\times1.16=86.71$(台班)。

(2)自卸汽车运输土方

根据《预算定额》路基工程第一节说明第5、8(1)条，并由《预算定额》1-1-11-21、23(本书表1-6)查得：

15t以内自卸汽车：$(5.57+0.64\times7.5\div0.5)\times65\,000\div1\,000\times1.19=1\,173.40$(台班)。

(3)填方碾压

由《预算定额》1-1-18-2、5(本书表1-7)分别查得：

1-1-9 挖掘机挖装土、石方

表 1-5

工程内容 安设挖掘机，开辟工作面，挖土或爆破后石方，装车，移位，清理工作面。

单位：1 000m^3 天然密实方

顺序号	项目	单位	代号	挖装土方								
				斗容量(m^3)								
				0.6 以内			1.0 以内			2.0 以内		
				松土	普通土	硬土	松土	普通土	硬土	松土	普通土	硬土
				1	2	3	4	5	6	7	8	9
1	人工	工日	1	4.0	4.5	5.0	4.0	4.5	5.0	4.0	4.5	5.0
2	75kW 以内履带式推土机	台班	1003	0.62	0.72	0.83	0.40	0.46	0.53	0.22	0.25	0.28
3	0.6m^3以内履带式单斗挖掘机	台班	1027	2.88	3.37	3.88	—	—	—	—	—	—
4	1.0m^3以内履带式单斗挖掘机	台班	1035	—	—	—	1.85	2.15	2.46	—	—	—
5	2.0m^3以内履带式单斗挖掘机	台班	1037	—	—	—	—	—	—	1.01	1.15	1.29
6	基价	元	1999	2 017	2 348	2 695	1 970	2 279	2 602	1 751	1 991	2 231

1-1-11 自卸汽车运土、石方

表 1-6

工程内容 1)等待装、运、卸；2)空回。

单位：1 000m^3 天然密实方

顺序号	项目	单位	代号	土方											
				自卸汽车装载质量(t)											
				10 以内				12 以内				15 以内			
				第一个 1km	每增运 0.5km			第一个 1km	每增运 0.5km			第一个 1km	每增运 0.5km		
					平均运距(km)				平均运距(km)				平均运距(km)		
					5 以内	10 以内	15 以内		5 以内	10 以内	15 以内		5 以内	10 以内	15 以内
				13	14	15	16	17	18	19	20	21	22	23	24
1	3t 以内自卸汽车	台班	1382	—	—	—	—	—	—	—	—	—	—	—	—
2	6t 以内自卸汽车	台班	1384	—	—	—	—	—	—	—	—	—	—	—	—
3	8t 以内自卸汽车	台班	1385	—	—	—	—	—	—	—	—	—	—	—	—
4	10t 以内自卸汽车	台班	1386	7.58	1.02	0.92	0.88	—	—	—	—	—	—	—	—
5	12t 以内自卸汽车	台班	1387	—	—	—	—	6.62	0.88	0.80	0.77	—	—	—	—
6	15t 以内自卸汽车	台班	1388	—	—	—	—	—	—	—	—	5.57	0.70	0.64	0.61
7	20t 以内自卸汽车	台班	1390	—	—	—	—	—	—	—	—	—	—	—	—
8	基价	元	1999	4 233	570	514	491	4 124	548	498	480	3 816	480	438	418

1-1-18　机械碾压路基

表 1-7

工程内容　填方路基:1)机械整平土方,人工解小并摊平石方;2)拖式羊足碾回转碾压;3)压路机前进、后退、往返碾压。

零填方及挖方路基:1)机械推松、整平土方;2)压路机前进、后退、往返碾压。

Ⅰ. 填 方 路 基

单位:1 000m^3 压实方

顺序号	项目	单位	代号	碾压土方											
				高速、一级公路					二级公路				三、四级公路		
				光轮压路机		振动压路机			光轮压路机		振动压路机		光轮压路机		振动压路机
				机械自身质量(t)											
				12~15	18~21	10 以内	15 以内	20 以内	12~15	18~21	10 以内	15 以内	6~8	10~12	10 以内
				1	2	3	4	5	6	7	8	9	10	11	12
1	人工	工日	1	3.0	3.0	3.0	3.0	3.0	3.0	3.0	3.0	3.0	3.0	3.0	3.0
2	75kW 以内履带式推土机	台班	1003	(1.70)	(1.70)	(1.70)	(1.70)	(1.70)	(1.70)	(1.70)	(1.70)	(1.70)	(1.70)	(1.70)	(1.70)
3	120kW 以内自行式平地机	台班	1057	1.63	1.63	1.63	1.63	1.63	1.63	1.63	1.63	1.63	1.63	1.63	1.63
4	6t 以内拖式羊足碾(含拖头)	台班	1073	—	—	—	—	—	—	—	—	—	—	—	—
5	6~8t 光轮压路机	台班	1075	1.55	1.55	1.55	1.55	1.55	1.24	1.24	1.24	1.24	5.27	—	—
6	10~12t 光轮压路机	台班	1077	—	—	—	—	—	—	—	—	—	—	4.01	—
7	12~15t 光轮压路机	台班	1078	5.69	—	—	—	—	4.01	—	—	—	—	—	—
8	18~21t 光轮压路机	台班	1080	—	4.29	—	—	—	—	2.93	—	—	—	—	—
9	10t 以内振动压路机	台班	1087	—	—	3.23	—	—	—	—	2.27	—	—	—	1.99
10	15t 以内振动压路机	台班	1088	—	—	—	2.41	—	—	—	—	1.65	—	—	—
11	20t 以内振动压路机	台班	1089	—	—	—	—	1.76	—	—	—	—	—	—	—
12	基价	元	1999	4 362	4 299	4 039	3 884	3 786	3 592	3 498	3 361	3 218	2 954	3 078	2 874

人工:3.0×65 000÷1 000×50%+3.0×65 000÷1 000×50%=195(工日);

120kW 以内自行式平地机:1.63×65 000÷1 000×50%+1.63×65 000÷1 000×50%=105.95(台班);

6~8t 光轮压路机:1.55×65 000÷1 000×50%+1.55×65 000÷1 000×50%=100.75(台班);

18~21t 光轮压路机:4.29×65 000÷1 000×50%=139.43(台班);

20t 振动压路机:1.76×65 000÷1 000×50%=57.2(台班)。

(4)8 000L 洒水汽车洒水

首先计算洒水量:65 000×5%×1.8=5 850(m^3);

由《预算定额》1-1-22-9、10(本书表 1-8)查得:

8 000L 洒水汽车:(13.12+0.64×2)×5 850÷1 000=84.24(台班)。

1-1-22 洒水汽车洒水 表 1-8

工程内容 1)吸水;2)运水;3)洒水;4)空回。 单位:1 000m^3 水

顺序号	项目	单位	代号	洒水汽车容量(L)							
				8 000 以内				10 000 以内			
				第一个1km	每增运 0.5km 平均运距(km)			第一个1km	每增运 0.5km 平均运距(km)		
					5 以内	10 以内	15 以内		5 以内	10 以内	15 以内
				9	10	11	12	13	14	15	16
1	4 000L 洒水汽车	台班	1404	—	—	—	—	—	—	—	—
2	6 000L 洒水汽车	台班	1405	—	—	—	—	—	—	—	—
3	8 000L 洒水汽车	台班	1406	13.12	0.64	0.58	0.55	—	—	—	—
4	10 000L 洒水汽车	台班	1407	—	—	—	—	10.08	0.43	0.39	0.37
5	基价	元	1999	8 698	424	385	365	8 447	360	327	310

三、排水工程预算定额及应用实例

排水工程的主要说明:

(1)边沟、排水沟、截水沟的挖基费用按人工挖截水沟、排水沟定额计算,其他排水工程的挖基费用按土、石方工程的相关定额计算。

(2)边沟、排水沟、截水沟、急流槽定额均未包括垫层的费用,需要时按有关定额另行计算。

(3)雨水箅子的规格与定额不同时,可按设计用量抽换定额中铸铁箅子的消耗。

(4)工程量计算规则:

①定额砌筑工程的工程量为砌体的实际体积,包括构成砌体的砂浆体积。

②定额预制混凝土构件的工程量为预制构件的实际体积,不包括预制构件中空心部分

的体积。

③挖截水沟、排水沟的工程量为设计水沟断面积乘以水沟长度与水沟圬工体积之和。

④路基盲沟的工程量为设计设置盲沟的长度。

⑤轻型井点降水定额按 50 根井管为一套，不足 50 根的按一套计算。井点使用天数按日历天数计算，使用时间按施工组织设计确定。井点降水如图 1-2 所示。

a)

b)

图 1-2　井点降水

【例 1-6】　某涵洞工程地下水位较高，基础工程需采用井点降水，施工组织设计需井管 20 根，施工时间为 5 天，试计算该井点降水工程的工、料、机消耗（无天然水可利用）。

解：(1)井点管及总管安装、拆除

由《预算定额》1-2-8-1（本书表 1-9）查得：

人工：$8.7 \times 2.0 = 17.4$（工日）；

轻型井点总管：$0.42 \times 2.0 = 0.84$（m）；

轻型井点管：$2.86 \times 2.0 = 5.72$（m）；

水：$37 \times 2.0 = 74$（m^3）；

中（粗）砂：$2.14 \times 2.0 = 4.28$（m^3）；

其他材料费：$23.9 \times 2.0 = 47.8$（元）；

10t 以内履带式起重机：$0.29 \times 2.0 = 0.58$（台班）；

ϕ150mm 电动多级水泵（≤180m）：$0.44 \times 2.0 = 0.88$（台班）；

小型机具使用费：$30.1 \times 2.0 = 60.2$（元）。

(2)使用

根据《预算定额》路基工程第二节第 4(5)条说明，已知井管为 20 根，不足 50 根按一套计列，即使用套天工程量为：

$$1(\text{套}) \times 5(\text{天}) = 5(\text{套天})$$

由《预算定额》1-2-8-2（本书表 1-9）查得：

人工：$3.0 \times 5 = 15$（工日）；

其他材料费：$0.6 \times 5 = 3$（元）；

射流井点泵：$3.15 \times 5 = 15.75$（台班）。

1-2-8 轻型井点降水 表1-9

工程内容 安装拆除:1)挖排水沟及管槽;2)井管装配及地面试管;3)铺总管,装水泵、水箱;4)冲孔、沉管;5)灌砂封口;6)连接试轴;7)拔井管,拆管,清洗;8)整理、堆放。

使用:1)抽水;2)井管堵漏。

单位:10根或套天

顺序号	项目	单位	代号	井点管及总管安装、拆除	使用
				10根	套天
				1	2
1	人工	工日	1	8.7	3.0
2	轻型井点总管	m	761	0.42	—
3	轻型井点管	m	762	2.86	—
4	水	m^3	866	37	—
5	中(粗)砂	m^3	899	2.14	—
6	其他材料费	元	996	23.9	0.6
7	10t以内履带式起重机	台班	1431	0.29	—
8	ϕ150mm电动多级水泵(≤180m)	台班	1665	0.44	—
9	射流井点泵	台班	1687	—	3.15
10	小型机具使用费	元	1998	30.1	—
11	基价	元	1999	1 002	431

注:(1)遇有天然水源可利用时,不计水费。

(2)本定额适用于地下水位较高的轻亚黏土、砂性土或淤泥质土层地带。

四、软基处理预算定额及应用实例

软基处理工程的主要说明:

(1)袋装砂井及塑料排水板处理软土地基,工程量为设计深度,定额材料消耗中已包括砂袋或塑料排水板的预留长度。

(2)振冲碎石桩定额中不包括污泥排放处理的费用,需要时另行计算。

(3)挤密砂桩和石灰砂桩处理软土地基定额的工程量为设计桩断面面积乘以设计桩长。

(4)粉体喷射搅拌桩和高压旋喷桩处理软土地基定额的工程量为设计桩长。

(5)高压旋喷桩定额中的浆液是按普通水泥浆编制的,当设计采用添加剂或水泥用量与定额不同时,可按设计要求进行抽换。

(6)土工布的铺设面积为锚固沟外边缘所包围的面积,包括锚固沟的底面积和侧面积。定额中不包括排水内容,需要时另行计算。

(7)强夯定额适用于处理松、软的碎石土、砂土、低饱和度的粉土与黏性土、湿陷性黄土、杂填土和素填土等地基。定额中已综合考虑夯坑的排水费用,使用定额时不得另行增加费用。夯击遍数应根据地基土的性质由设计确定,低能量满夯不作为夯击遍数计算。

(8)堆载预压定额中包括了堆载四面的放坡、沉降观测、修坡道增加的工、料、机消耗以及施工中测量放线、定位的工、料消耗,使用定额时均不得另行计算。

【例1-7】 某高速公路地基处理设计为强夯3遍后,再进行满夯10遍,夯击能为3 000kN·m,夯击面积为28 000m^2,试列出其工、料、机消耗(地基处理示意图如图1-3所示)。

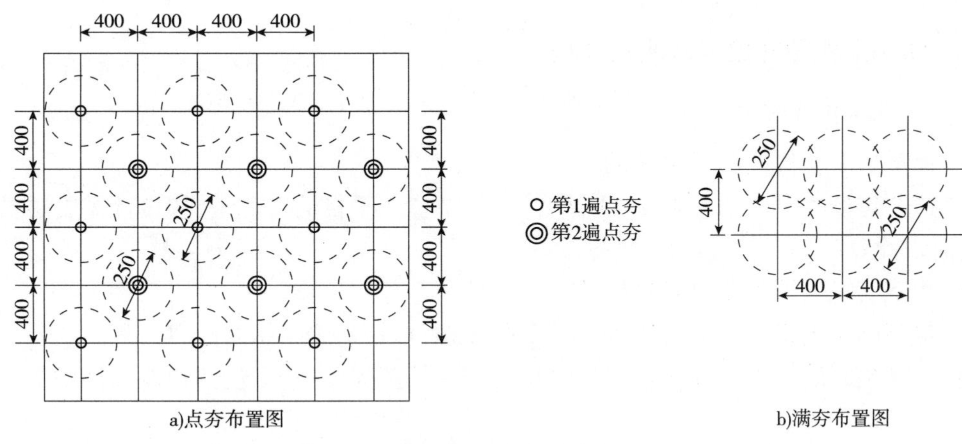

图 1-3　地基处理示意图(尺寸单位:cm)

解:根据《预算定额》路基工程第三节第 7 条说明,低能量满夯不作为夯击遍数计算。由《预算定额》1-3-10-1、2(本书表 1-10)查得:

人工:(37.8 + 15.3) × 28 = 1 486.8(工日);

其他材料费:260 × 28 = 7 280(元);

75kW 以内履带式推土机:0.17 × 28 = 4.76(台班);

1 200kN · m 以内强夯机:1.42 × 28 = 39.76(台班);

3 000kN · m 以内强夯机:(7.97 + 3.19) × 28 = 312.48(台班)。

1-3-10　强夯处理软土地基　　表 1-10

工程内容　强夯软土:1)清理并平整施工场地;2)测设夯点、夯击;3)满夯表层土(搭夯);4)平整夯坑;5)操作范围内料具搬运。

强夯片石墩:1)清理并平整施工场地;2)开挖、填片石;3)夯击;4)平整及压实;5)操作范围内料具搬运。

单位:1 000m² 处理面积

顺序号	项　目	单位	代号	一般软土		高压缩性软土		淤泥质软土		强夯片石墩
				夯击能 3 000kN · m 以内,夯击遍数						
				二遍	每增加一遍	二遍	每增加一遍	二遍	每增加一遍	
				1	2	3	4	5	6	7
1	人工	工日	1	37.8	15.3	40.0	19.2	62.6	25.7	62.6
2	片石	m³	931	—	—	—	—	—	—	180.00
3	其他材料费	元	996	260.0	—	260.0	—	260.0	—	50.0
4	75kW 以内履带式推土机	台班	1003	0.17	—	0.16	—	0.14	—	—
5	15t 以内振动压路机	台班	1088	—	—	—	—	—	—	2.5
6	1 200kN · m 以内强夯机	台班	1097	1.42		1.79	—	2.28	—	16.20
7	3 000kN · m 以内强夯机	台班	1099	7.97	3.19	10.00	4.00	13.39	5.36	—
8	基价	元	1999	13 285	4 825	16 209	6 051	21 942	8 106	21 307

注:本定额中未包括垫层,需要时应按有关定额另行计算。

五、防护工程预算定额及应用实例

1. 工程量计算规则

(1)铺草皮工程量按所铺边坡的坡面面积计算。

(2)护坡定额中以 $100m^2$ 或 $1\,000m^2$ 为计量单位的子目的工程量，按设计需要防护的边坡坡面面积计算。

(3)木笼、竹笼、铁丝笼填石护坡的工程量按填石体积计算。

(4)定额砌筑工程的工程量为砌体的实际体积，包括构成砌体的砂浆体积。

(5)定额预制混凝土构件的工程量为预制构件的实际体积，不包括预制构件中空心部分的体积。

(6)预应力锚索的工程量为锚索(钢绞线)长度与工作长度的质量之和。

(7)抗滑桩挖孔工程量按护壁外缘所包围的面积乘设计孔深计算。

2. 定额说明

(1)定额中未列出的其他结构形式的砌石防护工程，需要时按“桥涵工程”项目的有关定额计算。

(2)除注明者外，不包括挖基，基础垫层的工程内容。

(3)除注明者外，均包括伸缩缝、沉降缝的费用。

(4)除注明者外，均包括水泥混凝土的拌和费用。

(5)植草护坡：

①定额中均已综合考虑黏结剂、保水剂、营养土、肥料、覆盖薄膜；

②可根据设计调整种子或草籽的消耗。

(6)拱形骨架护坡(图1-4)：

①现浇拱形骨架护坡可参考定额中的现浇框格(架)式护坡进行计算；

②砌石拱形骨架护坡，人工工日乘以1.3的系数。

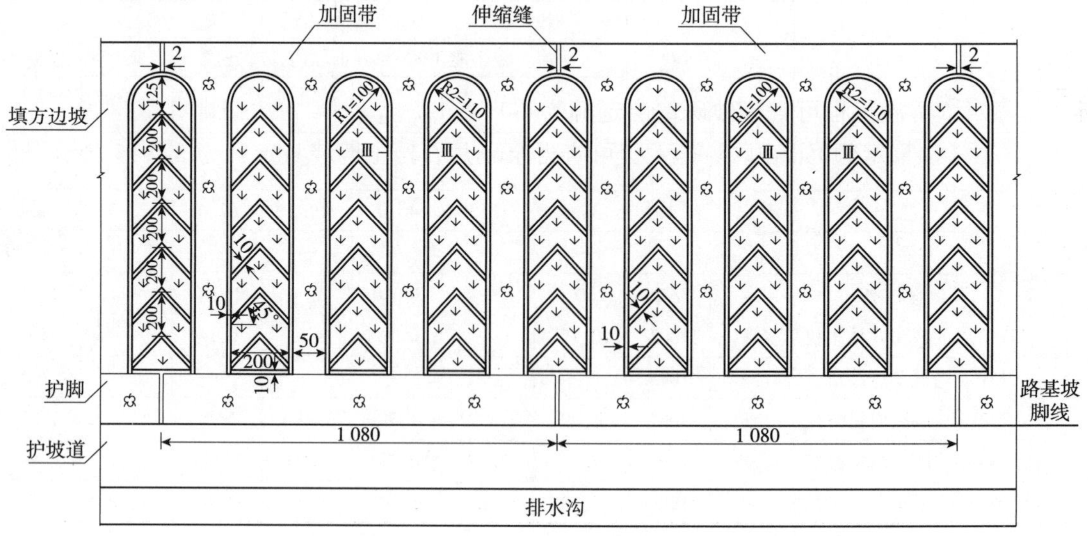

图1-4 拱形骨架护坡立面图(尺寸单位:cm)

(7)预应力锚索：

①定额中脚手架工程量为坡面面积；

②预应力锚索工程量 = 锚固长度 + 工作长度；

③预应力锚索成孔工程量按孔径、孔深划分定额；

④预应力锚索钢绞线工程量按束长和孔数划分定额；

⑤预应力锚索封锚混凝土并入锚座；

⑥该预算定额仅为参考定额，可参考使用。

(8)抗滑桩：

①挖孔工程量按护壁外缘所包围的面积乘设计孔深计算；

②考虑了支撑、模板等的消耗；

③抗滑桩工程量为计价工程量。

【例 1-8】 某高速公路 K21 + 320 ~ K21 + 560 段落内的路基边坡防护采用浆砌拱形护坡，试确定该工程砌石护坡和砂砾垫层的预算定额消耗量。

解：(1)浆砌片石拱形护坡

由《预算定额》5-1-10-2 查得每 $10m^3$ 的消耗量：

人工：11.4 × 1.3 = 14.82(工日)(采用骨架护坡时人工乘以 1.3 的系数)；

32.5 级水泥：0.866t；

水：$18m^3$，中(粗)砂：$4.26m^3$，片石：$11.50m^3$。

(2)砂砾垫层

根据《预算定额》第五章第 2 条说明，由《预算定额》4-11-5-1 查得每 $10m^3$ 消耗：

人工：5.9 工日；

砂砾：$13.00m^3$。

【例 1-9】 某一级公路防护工程有以下几种形式，试确定该工程的预算定额。

(1)浆砌片石护坡、砂砾垫层。

(2)浆砌片石挡土墙(基础、墙身)。

(3)现浇混凝土拱形护坡(拱形内配合人工播草籽)。

解：(1)由《预算定额》第五章防护工程可查得浆砌片石护坡定额为 5-1-10-2；而由《预算定额》第四章桥涵工程可查得砂砾垫层定额为 4-11-5-1。

(2)由《预算定额》第五章防护工程可查得浆砌片石挡土墙墙身定额为 5-1-15-7；浆砌片石挡土墙基础定额为 5-1-15-5。

(3)根据《预算定额》第五章第 6 条说明，由《预算定额》第五章防护工程可查得现浇混凝土拱形护坡定额为 5-1-5-3；人工播草籽定额为 5-1-2-5。

第六节　路面工程预算定额及应用实例

一、一般规定

路面工程预算定额的一般规定如下：

(1)路面面积指每层的顶面面积。

定额包括各种类型路面以及路槽、路肩、垫层、基层等,除沥青混合料路面、厂拌基层稳定土混合料运输以 1 000m^3 路面实体为计算单位外,其他均以 1 000m^2 为计算单位。

(2)面层厚度为压实厚度、路肩厚度为夯实厚度。

(3)路面工程中用水量计算。

本定额中混合料是按最佳含水率编制,定额中已包括养生用水并适当扣除材料的天然含水率,但山西、青海、甘肃、宁夏、新疆、西藏等省、自治区,由于湿度偏低,用水量可根据具体情况在定额数量的基础上酌情增加。

(4)路面工程洒水汽车消耗量与用水量之间的计算规定。

定额中凡列有洒水汽车的子目,均按 5km 范围内洒水汽车在水源处自吸水编制,不计水费。如工地附近无天然水源可利用,必须采用供水部门供水(如自来水)时,可根据定额子目中洒水汽车的台班数量,按每台班 35m^3 计算定额用水量,乘以供水部门规定的水价增列水费。洒水汽车取水的平均运距超过 5km 时,可按路基工程的洒水汽车洒水定额中的增运定额增加洒水汽车的台班消耗,但增加的洒水汽车台班消耗量不得再计水费。

(5)水泥混凝土包括了其拌和的费用。

本章定额中的水泥混凝土均已包括其拌和的费用,使用定额时不得再另行计算。

(6)压路机行驶速度和单车道路面宽度。

压路机台班按行驶速度,即两轮光轮压路机为 2.0km/h、三轮光轮压路机为 2.5km/h、轮胎式压路机为 5.0km/h、振动压路机为 3.0km/h 进行编制。如设计为单车道路面宽度时,两轮光轮压路机乘以 1.14 的系数、三轮光轮压路机乘以 1.33 的系数、轮胎式压路机和振动压路机乘以 1.29 的系数。

(7)路面运输定额运距在 15km 内。

自卸汽车运输稳定土混合料、沥青混合料和水泥混凝土定额项目,仅适用于平均运距在 15km 以内的混合料运输;当平均运距超过 15km 时,应按社会运输的有关规定计算其运输费用。当运距超过第一个定额运距单位时,其运距尾数不足一个增运定额单位的半数时不计,等于或超过半数时按一个增运定额运距单位计算。

【例 1-10】 某二级公路厚度 15cm 的水泥稳定砂砾基层,共计 72 000m^2,采用路拌法,需 6 000L 洒水汽车在工地 8km 处取水,自来水单价为 0.5 元/m^3,试计算洒水汽车总台班数及需增列的水费。

解:(1)增列水费

根据《预算定额》第二章说明第 4 条,由《预算定额》2-1-2-5(本书表 1-11)查得 6 000L 洒水汽车的定额消耗为 0.75 台班/1 000m^2,故增列的水费为:

$$0.75 \times 72\ 000/1\ 000 \times 35 \times 0.5 = 945(元)$$

(2)增列洒水汽车定额台班

由路基工程定额项目"1-1-22 洒水汽车洒水"定额中(本书表 1-12)查得:洒水增运定额为每增运 0.5km 时,台班 0.98 台班/1 000m^3。

总用水量:$0.75 \times 72\ 000 \div 1\ 000 \times 35 = 1\ 968.75(m^3)$;

需增列的洒水台班:$1\ 968.75 \div 1\ 000 \times 0.98 \times (7-5) \div 0.5 = 7.72$(台班);

洒水汽车总台班:$0.75 \times 72\ 000 \div 1\ 000 + 7.72 = 61.72$(台班)。

2-1-2　路拌法水泥稳定土基层

表 1-11

工程内容　1)清扫整理下承层;2)辅料、铺水泥,洒水,拌和;3)整形,碾压,找补;4)初期养护。

Ⅰ. 拖拉机带铧犁拌和

单位:1 000m²

顺序号	项　目	单位	代号	水泥土		水泥砂		水泥砂砾		水泥碎石	
				水泥剂量 10%		水泥：砂：土 10：83：7		水泥剂量 5%			
				压实厚度 15cm	每增减 1cm	压实厚度 15cm	每增减 1cm	压实厚度 15cm	每增减 1cm	压实厚度 15cm	每增减 1cm
				1	2	3	4	5	6	7	8
1	人工	工日	1	18.2	0.9	20.2	1.0	14.3	0.6	14.4	0.6
2	32.5 级水泥	t	832	24.341	1.623	28.514	1.901	15.95	1.085	16.590	1.106
3	土	m³	895	200.15	13.34	18.24	1.22	—	—	—	—
4	砂	m³	897	—	—	177.56	11.84	—	—	—	—
5	砂砾	m³	902	—	—	—	—	197.20	13.15	—	—
6	碎石土	m³	915	—	—	—	—	—	—	—	—
7	砂砾土	m³	916	—	—	—	—	—	—	—	—
8	石渣	m³	939	—	—	—	—	—	—	—	—
9	碎石	m³	958	—	—	—	—	—	—	218.14	14.54
10	石屑	m³	961	—	—	—	—	—	—	—	—
11	设备摊销费	元	997	1.6	0.1	1.6	0.1	1.6	0.1	1.6	0.1
12	120kW 以内自行式平地机	台班	1057	0.37	—	0.37	—	0.37	—	0.37	—
13	75kW 以内履带式拖拉机	台班	1063	0.21	—	0.21	—	0.21	—	0.21	—
14	6～8t 光轮压路机	台班	1075	0.27	—	0.27	—	0.27	—	0.27	—
15	12～15t 光轮压路机	台班	1078	1.27	—	1.27	—	1.27	—	1.27	—
16	6 000L 以内洒水汽车	台班	1405	0.89	0.04	0.85	0.04	0.75	0.03	0.76	0.03
17	基价	元	1999	11 783	691	20 619	1 280	13 346	800	13 447	799

1-1-22 洒水汽车洒水 表 1-12

工程内容 1)吸水;2)运水;3)洒水;4)空回。 单位:1 000m³ 水

顺序号	项目	单位	代号	洒水汽车容量(t)							
				4 000 以内				6 000 以内			
				第一个1km	每增运 0.5km 平均运距(km)			第一个1km	每增运 0.5km 平均运距(km)		
					5 以内	10 以内	15 以内		5 以内	10 以内	15 以内
				1	2	3	4	5	6	7	8
1	4 000L 以内洒水汽车	台班	1404	19.55	1.43	1.30	1.24	—	—	—	—
2	6 000L 以内洒水汽车	台班	1405	—	—	—	—	16.59	0.98	0.88	0.84
3	8 000L 以内洒水汽车	台班	1406	—	—	—	—	—	—	—	—
4	10 000L 以内洒水汽车	台班	1407	—	—	—	—	—	—	—	—
5	基价	元	1999	8 906	651	592	565	8 544	505	453	433

【例 1-11】 某公路路面面层为 8cm 厚级配砾石路面,路面设计宽度为 3.5m(单车道),试计算其压路机定额台班用量。

解:根据《预算定额》第二章说明第 6 条,查《预算定额》2-2-3-1,有

6 ~ 8t 光轮压路机:$0.14 \times 1.14 = 0.16$(台班/1 000m²);

12 ~ 15t 光轮压路机:$1.45 \times 1.33 = 1.65$(台班/1 000m²)。

二、路面基层及垫层预算定额及应用实例

1. 压实厚度规定

压实厚度规定见表 1-13。

路面基层及垫层的压实厚度 表 1-13

路面种类	分层压实厚度(cm)
填隙碎石一层	12
各种类稳定土基层	15
级配碎石基层	
级配砾石基层	
垫层	20
底基层	
其他种类基层	

如超过表 1-13 所示的压实厚度进行分层拌和、碾压时,拖拉机、平地机和压路机的台班消耗按定额数量加倍计算,每 1 000m² 增加 3 个工日。

【例 1-12】 某水泥、石灰稳定土基层工程,路面厚度 20cm,拖拉机带铧犁拌和。试计算工、料、机消耗(配合比与定额相同)。

解:人工:$19.6 + 1.0 \times (20 - 15) + 3.0 = 27.6$(工日)。

材料：

水泥：15.147 + 1.01 × (20 − 15) = 20.197(t)；

生石灰：10.393 + 0.693 × (20 − 15) = 13.858(t)；

土：195.29 + 13.02 × (20 − 15) = 260.39(m^3)；

设备摊销费：1.6 + 0.1 × (20 − 15) = 2.1(元)。

机械：

120kW 以内自行式平地机：0.37 × 2 = 0.74(台班)；

75kW 以履带式拖拉机：0.21 × 2 = 0.42(台班)；

6 ~ 8t 光轮压路机：0.27 × 2 = 0.54(台班)；

12 ~ 15t 光轮压路机：1.27 × 2 = 2.54(台班)；

6 000L 以内洒水汽车：0.85 + 0.04 × (20 − 15) = 1.05(台班)。

2. 稳定土基层配合比换算

各类稳定土基层定额中的材料消耗是按一定配合比编制的，当设计配合比与定额标明的配合比不同时，有关材料可按下式进行换算：

$$C_i = [C_d + B_d \times (H - H_0)] \times L_i / L_d \tag{1-4}$$

式中：C_i——按设计配合比换算后的材料数量；

C_d——定额中基本压实厚度的材料数量；

B_d——定额中压实厚度每增减 1cm 的材料数量；

H_0——定额的基本压实厚度；

H——设计的压实厚度；

L_d——定额中标明的材料百分率；

L_i——设计配合比的材料百分率。

【例 1-13】 已知某一级公路路面底基层结构为：20cm 水泥稳定碎石底基层（集中厂拌），设计配合比为 4∶96。试计算该路面底基层设计配合比下所消耗的定额单位用量（1 000m^2 用量）。

解：定额表明的配合比为：水泥∶碎石 = 5∶95，基本压实厚度为 15cm；而设计配合比为：水泥∶碎石 = 4∶96，基本压实厚度为 20cm。则根据《预算定额》第二章第一节说明第 2 条，由《预算定额》2-1-7-5、6，各种材料调整后的数量为：

水泥：[16.755 + 1.117 × (20 − 15)] × 4 ÷ 5 = 17.872(t)；

碎石：[220.32 + 14.69 × (20 − 15)] × 96 ÷ 95 = 296.86(m^3)。

3. 路面用土过筛费用

人工沿路翻拌和筛拌稳定土混合料定额中均已包括土的过筛工消耗，因此土的预算价格中不应再计算过筛费用。

4. 路面用土的预算价格

本节定额中土的预算价格，按材料采集及加工和材料运输定额中的有关项目计算。

5. 碎石土、砂砾土

各类稳定土基层定额中的碎石土、砂砾土系指天然碎石土和天然砂砾土。

6. 底基层采用基层定额时压路机消耗量

各类稳定土底基层采用稳定土基层定额时，每 1 000m^2 路面减少 12 ~ 15t 光轮压路机 0. 18 台班。

【例 1-14】 某高速公路路面底基层结构为 32cm 厚的水泥稳定砂砾(300t/h 以内稳定土厂拌设备)，试确定该路面底基层的预算定额工、料、机消耗(设计配合比为 5∶95，15t 自卸汽车混合料运输，距离为 4km，摊铺机摊铺)。

解：(1)32cm 水泥稳定砂砾混合料拌和

根据《预算定额》第二章第一节说明第 1 条，由《预算定额》2-1-7-3、4 查得：

人工：2. 7 + 0. 2 × 17 = 6. 1(工日)；

32. 5 级水泥：16. 432 + 1. 095 × 17 = 35. 047(t)；

水：20 + 1 × 17 = 37(m^3)；

砂砾：199. 17 + 13. 28 × 17 = 424. 93(m^3)；

3m^3 以内轮胎式装载机：0. 47 + 0. 03 × 17 = 0. 98(台班)；

300t/h 以内稳定土厂拌设备：0. 24 + 0. 02 × 17 = 0. 58(台班)。

(2)厂拌混合料运输

由《预算定额》2-1-8-21、22 查得：

15t 以内自卸汽车：5. 9 + 0. 66 × 6 = 9. 86(台班)。

(3)摊铺机摊铺

根据《预算定额》第二章第一节说明第 1 条，由《预算定额》2-1-9-12 查得：

人工：4. 1 + 3 = 7. 1(工日)；

6 ~ 8t 光轮压路机：0. 14 × 2 = 0. 24(台班)；

12 ~ 15t 光轮压路机：1. 09 × 2 = 2. 18(台班)；

12. 5m 以内稳定土摊铺机：0. 18 × 2 = 0. 36(台班)；

6 000L 以内洒水汽车：0. 31 台班。

三、路面面层预算定额及应用实例

(1)路面实体 = 设计面积 × 压实厚度，定额含损耗。

沥青碎石混合料、沥青混凝土和沥青碎石玛蹄脂混合料路面定额中，均已包括混合料拌和、运输、摊铺作业时的损耗因素，路面实体按路面设计面积乘以压实厚度计算。

(2)乳化沥青、改性沥青为成品料。

沥青路面定额中的乳化沥青和改性沥青，均按外购成品料进行编制；如在现场自行配制时，其配制费用计入材料预算价格中。

(3)SMA 纤维稳定剂可根据设计用量进行调整。

如沥青玛蹄脂碎石混合料设计采用的纤维稳定剂的掺加比例与定额不同时，可按设计用量调整定额中纤维稳定剂的消耗。

(4)在冬五区、冬六区采用层铺法施工沥青路面时，其沥青用量可按定额用量乘以下列系数：沥青表面处治为 1. 05；沥青贯入式基层为 1. 02，面层为 1. 028；沥青上拌下贯式下贯部分为 1. 043。

(5)油石比可根据设计调整。

本定额系按一定的油石比编制的。当设计采用的油石比与定额不同时,可按设计油石比调整定额中的沥青用量。换算公式如下:

$$S_i = S_d \times L_i / L_d \tag{1-5}$$

式中:S_i——按设计油石比换算后的沥青数量;

S_d——定额中的沥青数量;

L_d——定额中标明的油石比;

L_i——设计采用的油石比。

(6)水泥混凝土路面:

①含拌和费用,搅拌站安拆另计;

②钢纤维可根据设计调整。

【例1-15】 某高速公路工程路面上面层设计为4cm厚中粒式改性沥青混凝土,油石比为4.65。试对改性沥青用量进行调整。(沥青混合料拌和设备生产能力为320t/h以内)

解:由《预算定额》2-2-11-12查得:定额石油沥青用量为113.465t,由《预算定额》附录查得中粒式改性沥青混凝土定额油石比为4.8,则设计改性沥青的定额用量为:

$$113.465 \times 4.65 \div 4.8 = 109.92(t)$$

四、路面附属工程预算定额及应用实例

1. 旧路面的工程量

整修和挖除旧路面按设计提出的需要整修的旧路面面积和需要挖除的旧路面体积计算。

2. 整修厚度

整修旧路面定额中,砂石路面均按整修厚度6.5cm计算,沥青表处面层按整修厚度2cm计算,沥青混凝土面层按整修厚度4cm计算,黑色路面基层的整修厚度均按6.5cm计算。

3. 硬路肩

硬路肩工程项目,根据其不同的设计层次结构,分别采用不同的路面定额项目进行计算。

4. 铺砌水泥混凝土预制块

铺砌水泥混凝土预制块人行道、路缘石、沥青路面镶边和土硬路肩加固定额中,均已包括水泥混凝土预制块的预制,使用定额时不得另行计算。

【例1-16】 某一级公路改建工程需挖除旧路面沥青混凝土面层38 000m^2(厚10cm);水泥稳定碎石基层40 000m^2(厚20cm);水泥稳定砂砾底基层42 000m^2(厚18cm)。试计算其工、料、机消耗(挖除后底层需碾压,且废渣需远运3km)。

解:(1)挖除沥青混凝土面层

由《预算定额》2-3-2-9(本书表1-14)查得:

人工:$6.4 \times (38\ 000 \times 0.1) \div 10 = 2\ 432$(工日);

2-3-2 全部挖除旧路面

表 1-14

工程内容 1)人工挖撬或机械挖除;2)废料清除至路基外;3)场地清理、平整。

单位:$10m^3$

顺序号	项目	单位	代号	人工挖清				机械挖清						
								挖土机		挖掘机		风镐		破碎机
				砂石路面及粒料类基层	各类稳定土基层	沥青面层	水泥混凝土面层	砂石路面及粒料类基层	各类稳定土基层	砂石路面及粒料类基层	各类稳定土基层	沥青面层	水泥混凝土面层	
				1	2	3	4	5	6	7	8	9	10	11
1	人工	工日	1	5.7	7.9	14.9	27.7	0.2	0.3	0.1	0.1	6.4	11.5	9.3
2	135kW 以内履带式推土机	台班	1006	—	—	—	—	0.08	0.11	—	—	—	—	—
3	$2.0m^3$ 以内履带式单斗挖掘机	台班	1032	—	—	—	—	—	—	0.07	0.10	—	—	—
4	破路机	台班	1256	—	—	—	—	—	—	—	—	—	—	2.45
5	$3m^3/min$ 以内机动空压机	台班	1840	—	—	—	—	—	—	—	—	0.76	1.15	—
6	小型机具使用费	元	1998	—	—	7.2	5.0	—	—	—	—	11.7	17.8	5.0
7	基价	元	1999	280	389	740	1 368	105	145	81	114	522	879	751

注:(1)挖除的废渣如需远运时,另按路基土方运输定额计算。

(2)废渣清除后,底层如需碾压,每 1 $000m^2$ 可增加 15t 以内振动压路机 0.18 台班。

$3m^3$/min 以内机动空压机：0.76×(38 000×0.1)÷10＝288.8(台班)。

(2)水泥稳定碎石基层、水泥稳定砂砾底基层

由《预算定额》2-3-2-8 查得：

人工：0.1×(40 000×0.2＋42 000×0.18)÷10＝836(工日)；

2.0m^3 以内履带式单斗挖掘机：0.10×(40 000×0.2＋42 000×0.18)÷10＝836(台班)；

15t 以内振动压路机：0.18×42 000÷1 000＝7.56(台班)(《预算定额》2-3-2 备注)。

(3)废渣远运

根据《预算定额》2-3-2 注中得知废渣如需远运可按路基土方运输定额计算。

由《预算定额》1-1-10-6 和 1-1-11-49、50 查得：

3.0m^3 以内轮胎式装载机：1.61 台班；

15t 以内自卸汽车：9.16＋1.06×4＝13.4(台班)。

第七节　隧道工程预算定额及应用实例

一、总体说明

隧道工程预算定额包括开挖、支护、防排水、衬砌、装饰、照明、通风及消防设施、洞门及辅助坑道等项目。定额是按照一般凿岩机钻爆法施工的开挖方法进行编制的，适用于新建隧道工程，改(扩)建及公路大中修工程可参照使用。

1. 隧道围岩分级的规定

定额按现行隧道设计、施工技术规范将围岩分为六级，即Ⅰ～Ⅵ级。

围岩的主要特征见表 1-15。

围岩主要特征　　表 1-15

围岩级别	主要定性特征
Ⅰ	坚硬岩，岩体完整，巨整体状或巨厚层状结构
Ⅱ	坚硬岩，岩体较完整，块状或厚层状结构；较坚硬岩，岩体完整，块状整体结构
Ⅲ	坚硬岩，岩体较破碎，巨块(石)碎(石)状镶嵌结构；较坚硬岩或较软硬岩层，岩体较完整块状体或中厚层结构
Ⅳ	坚硬岩，岩体破碎，碎裂结构；较坚硬岩，岩体较破碎～破碎，镶嵌碎裂结构；较软岩或软硬岩互层，且以软岩为主，岩体较完整～较破碎，中薄层状结构
	土体：压密或成岩作用的黏性土及砂性土；黄土(Q_1、Q_2)；一般钙质、铁质胶结的碎石土、卵石土、大块石土
Ⅴ	较软岩，岩体破碎；软岩岩体较破碎～破碎；极破碎各类岩体，碎、裂状，松散结构
	一般第四系的半干硬～硬塑的黏性土及稍湿～潮湿的碎石土，卵石土、圆砾、角砾土及黄土(Q_3、Q_4)，非黏性土呈松散结构，黏性土及黄土呈松软结构
Ⅵ	软塑状黏性土及潮湿、饱和粉细砂层、软土等

2. 定额中混凝土拌和费用的计算规定

定额中混凝土工程均未考虑拌和费用,应按桥涵工程相关定额另行计算。

3. 有关超挖及预留变形因素的规定

开挖定额中已综合考虑超挖及预留变形因素。

4. 隧道弃渣洞外运输的计算规定

洞内出渣运输定额已综合洞门外500m运距;当洞门外运距超过此运距时,可按照路基工程自卸汽车运输土石方的增运定额加计增运部分的费用。

5. 定额中未包括内容的规定

(1)定额中均未包括混凝土及预制块的运输,需要时应按有关定额另行计算。

(2)定额未考虑地震、坍塌、溶洞及大量地下水处理,以及其他特殊情况所需的费用,需要时可根据设计另行计算。

(3)定额未考虑施工时所需进行的监控量测以及超前地质预报的费用,监控量测的费用已在《公路工程基本建设项目概算预算编制办法》(JTG B06—2007)的施工辅助费中综合考虑,使用定额时不得另行计算,超前地质预报的费用可根据需要另行计算。

6. 隧道工程项目采用其他章节定额的规定

(1)洞门挖基、仰坡及天沟开挖、明洞明挖土石方等,应使用其他章节有关定额计算。

(2)洞内工程项目如需采用其他章节的有关项目时,所采用定额的人工工日、机械台班数量及小型机具使用费,应乘以1.26的系数。

【例1-17】 某隧道工程洞内路面为26cm厚水泥混凝土面层56 200m^2,路面拉杆钢筋为134.56t,试计算其人工、机械台班的消耗量。

解:根据《预算定额》第三章说明第8条(2)得知,洞内路面工程需采用第二章路面工程定额2-2-17-3、4和13,因此人工、机械台班数量及小型机具使用费,应乘以1.26的系数。

(1)水泥混凝土面层

人工:$(82.6+2.2\times6)\times1.26\times56\ 200\div1\ 000=6\ 783.79$(工日);

3m^{3}以内轮胎式装载机:$(1.26+0.06\times6)\times1.26\times56\ 200\div1\ 000=114.72$(台班);

轨道式水泥混凝土摊铺机:$(0.47+0.02\times6)\times1.26\times56\ 200\div1\ 000=41.78$(台班);

混凝土刻纹机:$8.91\times1.26\times56\ 200\div1\ 000=630.93$(台班);

混凝土切缝机:$3.38\times1.26\times56\ 200\div1\ 000=239.34$(台班);

6m^{3}以内混凝土搅拌运输车:$(2.74+0.14\times6)\times1.26\times56\ 200\div1\ 000=253.51$(台班);

40m^3/h以内混凝土搅拌站:$(1.00+0.05\times6)\times1.26\times56\ 200\div1\ 000=92.06$(台班);

6 000L以内洒水汽车:$1.90\times1.26\times56\ 200\div1\ 000=134.54$(台班)。

(2)路面拉杆钢筋

人工:$8.2\times1.26\times134.56=1\ 390.27$(工日);

32kV·A以内交流电焊机:$0.11\times1.26\times134.56=18.65$(台班);

小型机具使用费:$12.4\times1.26\times134.56=2\ 102.37$(元)。

二、洞身工程预算定额及应用实例

洞身是隧道工程的主要组成部分，按其所处地形、地质条件及施工方法的不同，分为隧道洞身、明洞洞身和棚洞洞身。

(1)定额中人工开挖、机械开挖轻轨斗车运输项目系按上导洞、扩大、马口开挖编制的，也综合了下导洞扇形扩大开挖方法，并综合了木支撑和出渣、通风及临时管线的工料机消耗。

(2)定额中正洞机械开挖自卸汽车运输定额系按开挖、出渣运输分别编制的，不分工程部位(拱部、边墙、仰拱、底板、沟槽、洞室)均使用本定额。施工通风及高压风水管和照明电线路单独编制定额项目。

(3)本定额连拱隧道中导洞、侧导洞开挖和中隔墙衬砌是按连拱隧道施工方法编制的，除此以外的其他部位的开挖、衬砌、支护可套用本节其他定额。

(4)格栅钢架和型钢钢架均按永久性支护编制，如作为临时支护使用时，应按规定计取回收。定额中已综合连接钢筋的数量。

(5)喷射混凝土定额中已综合考虑混凝土的回弹量；钢纤维混凝土中钢纤维掺入量按喷射混凝土质量的3%掺入。当设计采用的钢纤维掺入量与本定额不同或采用其他材料时，可进行抽换。

(6)洞身衬砌项目按现浇混凝土衬砌，石料、混凝土预制块衬砌分别编制，不分工程部位(拱部、边墙、仰拱、底板、沟槽、洞室)均使用本定额。定额中已综合考虑超挖回填因素，当设计采用的混凝土强度等级与定额采用的不符或采用特殊混凝土时，可根据具体情况对混凝土配合比进行抽换。

(7)定额中凡是按不同隧道长度编制的项目，均只编制到隧道长度在4 000m以内。当隧道长度超过4 000m时，应按以下规定计算：

①洞身开挖：以隧道长度4 000m以内定额为基础，与隧道长度4 000m以上每增加1 000m定额叠加使用。

②正洞出渣运输：通过隧道进出口开挖正洞，以换算隧道长度套用相应的出渣定额计算。换算隧道长度计算公式为：

$$换算隧道长度 = 全隧长度 - 通过辅助坑道开挖正洞的长度 \quad (1\text{-}6)$$

当换算隧道长度超过4 000m时，以隧道长度4 000m以内定额为基础，与隧道长度4 000m以上每增加1 000m定额叠加使用。

通过斜井开挖正洞，出渣运输按正洞和斜井两段分别计算，两者叠加使用。

③通风、管线路定额，按正洞隧道长度综合编制，当隧道长度超过4 000m时，以隧道长度4 000m以内定额为基础，与隧道长度4 000m以上每增加1 000m定额叠加使用。

(8)混凝土运输定额仅适用于洞内混凝土运输，洞外运输应按桥涵工程有关定额计算。

(9)洞内排水定额仅适用于反坡排水的情况，排水量按$10m^3/h$以内编制，超过此排水量时，抽水机台班按表1-16中的系数调整。

抽水机台班调整系数　　表 1-16

涌水量(m^3/h)	10 以内	15 以内	20 以内
调整系数	1.00	1.20	1.35

注:当排水量超过 $20m^3/h$ 时,根据采取治水措施后的排水量采用上表系数调整。

正洞内排水系按全隧道长度综合编制,当隧道长度超过 4 000m 时,以隧道长度 4 000m 以内定额为基础,与隧道长度 4 000m 以上每增加 1 000m 定额叠加使用。

(10)照明设施为隧道营运所需的洞内永久性设施。定额中的洞口段包括引入段、适应段、过渡段和出口段,其他段均为基本段。本定额中不包括洞外线路,需要时应另行计算。属于设备的变压器、发电设备等,其购置费用应列入预算第二部分"设备及工具、器具购置费"中。

(11)工程量计算规则:

①定额中所指隧道长度均指隧道进出口(不含与隧道相连的明洞)洞门端墙墙面之间的距离,即两端端墙面与路面的交线同路线中线交点间的距离。双线隧道按上、下行隧道长度的平均值计算。

②洞身开挖、出渣工程量按设计断面数量(成洞断面加衬砌断面)计算,包含洞身及所有附属洞室的数量,定额中已考虑超挖因素,不得将超挖数量计入工程量。

③现浇混凝土衬砌中浇筑、运输的工程数量均按设计断面衬砌数量计算,包含洞身及所有附属洞室的衬砌数量。定额中已综合因超挖及预留变形需回填的混凝土数量,不得将上述因素的工程量计入计价工程量中。

④防水板、明洞防水层的工程数量按设计敷设面积计算。

⑤止水带(条)、盲沟、透水管的工程数量,均按设计数量计算。

⑥拱顶压浆的工程数量按设计数量计算,设计时可按每延长米 $0.25m^3$ 综合考虑。

⑦喷射混凝土的工程量按设计厚度乘以喷射面积计算,喷射面积按设计外轮廓线计算。

⑧砂浆锚杆工程量为锚杆、垫板及螺母等材料质量之和;中空注浆锚杆、自进式锚杆的工程量按锚杆设计长度计算。

⑨格栅钢架、型钢钢架工程数量按钢架的设计质量计算,连接钢筋的数量不得作为工程量计算。

⑩管棚、小导管的工程量按设计钢管长度计算,当管径与定额不同时,可调整定额中钢管的消耗量。

⑪横向塑料排水管每处为单洞两侧的工程数量;纵向弹簧管按隧道纵向每侧铺设长度之和计算;环向盲沟按隧道横断面敷设长度计算。

⑫洞内通风、风水管及照明、管线路的工程量按隧道设计长度计算。

【例 1-18】 某隧道全长 5 680m,其中洞身开挖Ⅲ级围岩 $274\ 000m^3$,斜井开挖Ⅲ级围岩 $18\ 600m^3$,出渣洞外运输 3.5km,试计算正洞开挖及出渣的工料机消耗(无其他辅助坑道)。

解:(1)正洞开挖

根据《预算定额》第三章第一节第 7 条(1):

换算隧道长度 = 全隧长度 - 通过辅助坑道开挖正洞的长度

而由已知无其他辅助坑道,故换算隧道长度 = 全隧长度 = 5 680m,且超过 4 000m,定额需叠加使用。

由《预算定额》3-1-3-21、27（本书表1-17）查得：

人工：(56.5 + 1.4 × 2) × 274 000 ÷ 100 = 162 482（工日）。

材料：

原木：0.024 × 274 000 ÷ 100 = 65.76（m^3）；

锯材：0.022 × 274 000 ÷ 100 = 60.28（m^3）；

钢管：0.013 × 274 000 ÷ 100 = 35.62（t）；

空心钢钎：10.8 × 274 000 ÷ 100 = 29 592（kg）；

ϕ50mm以内合金钻头：5 × 274 000 ÷ 100 = 13 700（个）；

铁钉：0.2 × 274 000 ÷ 100 = 548（kg）；

8 ~ 12号铁丝：2.1 × 274 000 ÷ 100 = 5 754（kg）；

硝铵炸药：98.5 × 274 000 ÷ 100 = 269 890（kg）；

非电毫秒雷管：113 × 274 000 ÷ 100 = 309 620（个）；

导爆索：60 × 274 000 ÷ 100 = 164 400（m）；

水：25 × 274 000 ÷ 100 = 68 500（m^3）。

机械：

气腿式凿岩机：(6.79 + 0.09 × 2) × 274 000 ÷ 100 = 19 591（台班）；

$10m^3/min$以内电动空压机：(0.52 + 0.01 × 2) × 274 000 ÷ 100 = 1 479.6（台班）；

$20m^3/min$以内电动空压机：(1.30 + 0.02 × 2) × 274 000 ÷ 100 = 3 671.6（台班）。

(2)正洞出渣

根据《预算定额》第三章第一节说明第7条(1)；由第三章说明第4条：洞内出渣运输定额已综合洞门外500m运距，当洞门外运距超过此运距时，可按照路基工程自卸汽车运输土石方的增运定额加计增运部分的费用。

3-1-3 正洞机械开挖自卸汽车运输　　表1-17

工程内容　开挖：量测、画线、打眼、装药、爆破、找顶、修整，脚手架、踏步安拆，一般排水。

出渣：洞渣装、运、卸及道路养护。

Ⅰ.开　挖　　单位：100m^3自然密实土、石

顺序号	项　目	单位	代号	隧道长度4 000m以内					
				围岩级别					
				Ⅰ级	Ⅱ级	Ⅲ级	Ⅳ级	Ⅴ级	Ⅵ级
				19	20	21	22	23	24
1	人工	工日	1	72.2	62.8	56.5	59.8	61.3	86.2
2	原木	m^3	101	0.027	0.025	0.024	0.022	0.021	0.011
3	锯材	m^3	102	0.025	0.023	0.022	0.020	0.019	0.011
4	钢管	t	191	0.013	0.013	0.013	0.011	0.011	—
5	空心钢钎	kg	212	17.1	14.0	10.8	6.4	4.0	6.1
6	ϕ50mm以内合金钻头	个	213	9	7	5	3	2	—
7	铁钉	kg	653	0.2	0.2	0.2	0.2	0.2	—

续上表

顺序号	项目	单位	代号	隧道长度 4 000m 以内					
				围岩级别					
				Ⅰ级	Ⅱ级	Ⅲ级	Ⅳ级	Ⅴ级	Ⅵ级
				19	20	21	22	23	24
8	8～12 号铁丝	kg	655	2.4	2.2	2.1	1.9	1.8	—
9	硝铵炸药	kg	841	109.1	103.8	98.5	76.7	30.5	—
10	非电毫秒雷管	个	847	153	133	113	84	53	—
11	导爆索	m	848	60	60	60	53	53	—
12	水	m^3	866	35	35	25	25	25	—
13	其他材料费	元	996	32.5	32.5	26.7	18.5	8.7	8.7
14	气腿式凿岩机	台班	1102	11.55	10.50	6.79	3.56	4.65	—
15	$10m^3$/min 以内电动空压机	台班	1837	0.88	0.80	0.52	0.23	0.30	0.30
16	$20m^3$/min 以内电动空压机	台班	1838	2.21	2.01	1.30	1.13	1.48	—
17	小型机具使用费	元	1998	186	169.3	108.8	57.7	74.4	—
18	基价	元	1999	7 032	6 248	5 156	4 714	4 666	4 427

顺序号	项目	单位	代号	隧道长度 4 000m 以上，每增加 1 000m					
				围岩级别					
				Ⅰ级	Ⅱ级	Ⅲ级	Ⅳ级	Ⅴ级	Ⅵ级
				25	26	27	28	29	30
1	人工	工日	1	1.8	1.5	1.4	2.1	2.4	3.6
2	原木	m^3	101	—	—	—	—	—	—
3	锯材	m^3	102	—	—	—	—	—	—
4	钢管	t	191	—	—	—	—	—	—
5	空心钢钎	kg	212	—	—	—	—	—	—
6	ϕ50mm 以内合金钻头	个	213	—	—	—	—	—	—
7	铁钉	kg	653	—	—	—	—	—	—
8	8～12 号铁丝	kg	655	—	—	—	—	—	—
9	硝铵炸药	kg	841	—	—	—	—	—	—
10	非电毫秒雷管	个	847	—	—	—	—	—	—
11	导爆索	m	848	—	—	—	—	—	—
12	水	m^3	866	—	—	—	—	—	—
13	其他材料费	元	996	—	—	—	—	—	—
14	气腿式凿岩机	台班	1102	0.15	0.14	0.09	0.06	0.07	—
15	$10m^3$/min 以内电动空压机	台班	1837	0.02	0.02	0.01	0.01	0.01	0.01
16	$20m^3$/min 以内电动空压机	台班	1838	0.03	0.02	0.02	0.01	0.02	
17	小型机具使用费	元	1998	—	—	—	—	—	—
18	基价	元	1999	115	95	85	114	134	181

由《预算定额》3-1-3-46、49(本书表 1-18)查得:

人工:[4.3 +0.3 ×(5 680 -4 000) ÷1 000] ×274 000 ÷100 =13 162.96(工日)。

机械:

$2m^3$ 以内轮胎式装载机:0.45 ×(5 680 -4 000) ÷1 000 ×274 000 ÷100 =2 071.44(台班);

12t 以内自卸汽车:[1.83 +0.19 ×(5 680 -4 000) ÷1 000] ×274 000 ÷100 =5 888.81(台班)。

由《预算定额》1-1-11-50(本书表 1-19)查得:

机械:

15t 以内自卸汽车:1.06 ×(3.5 -0.5) ÷0.5 ×274 000 ÷100 =17 426.4(台班)。

(3)斜井开挖

由《预算定额》3-3-1-3(本书表 1-20)查得:

人工:86.5 ×18 600 ÷100 =16 089(工日)。

材料:

原木:0.024 ×18 600 ÷100 =4.46(m^3);

锯材:0.022 ×18 600 ÷100 =4.09(m^3);

钢管:0.013 ×18 600 ÷100 =2.418(t);

空心钢钎:10.8 ×18 600 ÷100 =2 008.8(kg);

ϕ50mm 以内合金钻头:5 ×18 600 ÷100 =930(个);

铁钉:0.2 ×18 600 ÷100 =37.2(kg);

8 ~12 号铁丝:2.1 ×18 600 ÷100 =390.6(kg);

硝铵炸药:98.5 ×18 600 ÷100 =18 321(kg);

非电毫秒雷管:113 ×18 600 ÷100 =21 018(个);

水:25 ×18 600 ÷100 =4 650(m^3)。

机械:

气腿式凿岩机:13.58 ×18 600 ÷100 =2 525.88(台班);

$10m^3$/min 以内电动空压机:4.15 ×18 600 ÷100 =771.9(台班)。

(4)斜井出渣

据《预算定额》第三章第一节说明第 7 条(2):通过斜井开挖正洞,出渣运输按正洞和斜井两段分别计算,二者叠加使用。

由《预算定额》3-3-2-1(本书表 1-21)查得:

人工:4.4 ×18 600 ÷100 =818.4(工日)。

机械:

$2.0m^3$ 以内轮胎式装载机:0.45 ×18 600 ÷100 =83.7(台班);

12t 以内自卸汽车:1.32 ×18 600 ÷100 =245.52(台班)。

由《预算定额》1-1-11-50(本书表 1-19)查得:

15t 以内自卸汽车:1.06 ×(3.5 -0.5) ÷0.5 ×18 600 ÷100 =1 182.96(台班)。

3-1-3 正洞机械开挖自卸汽车运输

表 1-18

工程内容 开挖：量测、画线、打眼、装药、爆破、找顶，脚手架、踏步安拆，一般排水。

出渣：洞渣装、运、卸及道路养护。

Ⅱ. 出　渣

单位：$100m^3$ 自然密实土、石

顺序号	项目	单位	代号	隧道长度 1 000m 以内			隧道长度 2 000m 以内			隧道长度 3 000m 以内			隧道长度 4 000m 以内		
				围岩级别											
				Ⅰ～Ⅲ级	Ⅳ～Ⅴ级	Ⅵ级	Ⅰ～Ⅲ级	Ⅳ～Ⅴ级	Ⅵ级	Ⅰ～Ⅲ级	Ⅳ～Ⅴ级	Ⅵ级	Ⅰ～Ⅲ级	Ⅳ～Ⅴ级	Ⅵ级
				37	38	39	40	41	42	43	44	45	46	47	48
1	人工	工日	1	3.9	7.5	9.9	4.1	7.9	10.4	4.2	8.2	10.7	4.3	8.5	10.9
2	2.0m^3 以内轮胎式装载机	台班	1050	0.45	0.35	0.23	0.45	0.35	0.23	0.45	0.35	0.23	0.45	0.35	0.23
3	12t 以内自卸汽车	台班	1387	1.21	0.93	0.73	1.44	1.10	0.88	1.65	1.27	1.02	1.83	1.41	1.13
4	基价	元	1999	1 263	1 195	1 104	1 416	1 321	1 222	1 552	1 441	1 324	1 669	1 543	1 402

顺序号	项目	单位	代号	隧道长度 1 000m 以上，每增加 1 000m			通过斜井出渣		
				围岩级别					
				Ⅰ～Ⅲ级	Ⅳ～Ⅴ级	Ⅵ级	Ⅰ～Ⅲ级	Ⅳ～Ⅴ级	Ⅵ级
				49	50	51	52	53	54
1	人工	工日	1	0.3	0.7	0.9	3.9	7.6	9.9
2	2.0m^3 以内轮胎式装载机	台班	1050	—	—	—	0.45	0.35	0.23
3	12t 以内自卸汽车	台班	1387	0.19	0.14	0.12	1.41	1.11	0.92
4	基价	元	1999	133	122	119	1 387	1 312	1 222

注：连拱隧道中（侧）导洞出渣套用正洞相应定额。

1-1-11　自卸汽车运土、石方

表 1-19

工程内容　1）等待装、运、卸；2）空回。　　单位：1 000m³天然密实方

顺序号	项　目	单位	代号	石方							
				自卸汽车装载质量（t）							
				15t 以内				20t 以内			
				第一个 1km	每增运 0.5km			第一个 1km	每增运 0.5km		
					平均运距（km）				平均运距（km）		
					5 以内	10 以内	15 以内		5 以内	10 以内	15 以内
				49	50	51	52	53	54	55	56
1	3t 以内自卸汽车	台班	1382	—	—	—	—	—	—	—	—
2	6t 以内自卸汽车	台班	1384	—	—	—	—	—	—	—	—
3	8t 以内自卸汽车	台班	1385	—	—	—	—	—	—	—	—
4	10t 以内自卸汽车	台班	1386	—	—	—	—	—	—	—	—
5	12t 以内自卸汽车	台班	1387	—	—	—	—	—	—	—	—
6	15t 以内自卸汽车	台班	1388	9.16	1.06	0.97	0.93	—	—	—	—
7	20t 以内自卸汽车	台班	1390	—	—	—	—	7.03	0.82	0.74	0.71
8	基价	元	1999	6 275	726	664	637	5 895	688	620	595

3-3-1　斜 井 开 挖

表 1-20

工程内容　量测、画线、钻孔、装药、爆破、找顶、修整，脚手架、踏步安拆。　单位：100m³ 自然密实土、石

顺序号	项　目	单位	代号	围岩级别					
				Ⅰ级	Ⅱ级	Ⅲ级	Ⅳ级	Ⅴ级	Ⅵ级
				1	2	3	4	5	6
1	人工	工日	1	106.1	96.5	86.5	94.5	96.9	136.3
2	原木	m³	101	0.027	0.025	0.024	0.022	0.021	0.011
3	锯材	m³	102	0.025	0.023	0.022	0.020	0.019	0.011
4	钢管	t	191	0.013	0.013	0.013	0.011	0.011	—
5	空心钢钎	kg	212	17.1	14.0	10.8	6.4	4.0	6.1
6	ϕ50mm 以内合金钻头	个	213	9	7	5	3	2	—
7	铁钉	kg	653	0.2	0.2	0.2	0.2	0.2	—
8	8～12 号铁丝	kg	655	2.4	2.2	2.1	1.9	1.8	—
9	硝铵炸药	kg	841	109.1	103.8	98.5	76.7	30.5	—
10	非电毫秒雷管	个	847	153	133	113	84	53	—
11	水	m³	866	35	35	25	25	25	—
12	其他材料费	元	996	32.5	32.5	26.7	18.5	8.7	8.7
13	气腿式凿岩机	台班	1102	21.48	19.53	13.58	8.12	9.81	—
14	10m³/min 以内电动空压机	台班	1837	6.17	5.61	4.15	3.12	3.75	1.68
15	小型机具使用费	元	1998	197.2	177.6	109.8	64.2	82.8	—
16	基价	元	1999	9 482	8 609	7 262	6 855	6 867	7 388

3-3-2 斜井出渣 表1-21

工程内容 洞渣装、运、卸及道路养护。 单位:100m³自然密实土、石

顺序号	项目	单位	代号	围岩级别		
				Ⅰ~Ⅲ级	Ⅳ~Ⅴ级	Ⅵ级
				1	2	3
1	人工	工日	1	4.4	8.3	10.9
2	2.0m³以内轮胎式装载机	台班	1050	0.45	0.35	0.23
3	12t以内自卸汽车	台班	1387	1.32	1.03	0.86
4	基价	元	1999	1 356	1 297	1 234

三、洞门工程预算定额及应用实例

(1)隧道和明洞洞门,均采用定额。

(2)洞门墙工程量为主墙和翼墙等圬工体积之和。仰坡、截水沟等应按有关定额另行计算。

(3)定额的工程量均按设计工程数量计算。

四、辅助坑道预算定额及应用实例

(1)斜井项目按开挖、出渣、通风及管线路分别编制,竖井项目定额中已综合了出渣、通风及管线路。

(2)斜井相关定额项目系按斜井长度800m以内综合编制的,已含斜井建成后通过斜井进行正洞作业时,斜井内通风及管线路的摊销部分。

(3)斜井支护按正洞相关定额计算。

(4)工程量计算规则:

①开挖、出渣工程量按设计断面数量(成洞断面加衬砌断面)计算,定额中已考虑超挖因素,不得将超挖数量计入工程量。

②现浇混凝土衬砌工程数量均按设计断面衬砌数量计算。

③喷射混凝土工程量按设计厚度乘以喷射面积计算,喷射面积按设计外轮廓线计算。

④锚杆工程量为锚杆、垫板及螺母等材料质量之和。

⑤斜井洞内通风、风水管照明及管线路的工程量按斜井设计长度计算。

五、通风及消防设施安装预算定额及应用实例

(1)定额中不含通风机、消火栓、消防水泵接合器、水流指示器、电气信号装置、气压水罐、泡沫比例混合器、自动报警系统装置、防火门等的购置费用,应按规定列入预算第二部分“设备及工具、器具购置费”中。

(2)通风机预埋件按设计所示为完成通风机安装而需预埋的一切金属构件的质量计算工程数量,包括钢拱架、通风机拱部钢筋、通风机支座及各部分连接件等。

(3)洞内预埋件工程量按设计预埋件的敷设长度计算,定额中已综合了预留导线的数量。

第八节　桥梁涵洞工程预算定额及应用实例

一、总体说明

1. 混凝土工程

(1)定额中混凝土强度等级均按一般图纸选用,其施工方法除小型构件采用人拌人捣外,其他均按机拌机捣计算。

(2)定额中混凝土工程除小型构件、大型预制构件底座、混凝土搅拌站安拆和钢桁架桥式码头项目中已考虑混凝土的拌和费用外,其他混凝土项目中均未考虑混凝土的拌和费用,应按有关定额另行计算。

(3)定额中混凝土均按露天养生考虑,如采用蒸汽养生时,应从各有关定额中扣减人工1.5个工日及其他材料费4元,并按蒸汽养生有关定额计算。

(4)定额中混凝土工程均已包括操作范围内的混凝土运输。现浇混凝土工程的混凝土平均运距超过50m时,可根据施工组织设计的混凝土平均运距,按《预算定额》第四章第十一节杂项工程中混凝土运输定额增列混凝土运输。

(5)定额中采用泵送混凝土的项目均已包括水平和向上垂直泵送所消耗的人工、机械,当水平泵送距离超过定额综合范围时,可按表1-22增列人工及机械消耗量。向上垂直泵送不得调整。

人工及机械消耗量增列　　表1-22

项目		定额综合的水平泵送距离(m)	每100m^3混凝土每增加水平距离50m增列数量	
			人工(工日)	混凝土输送泵(台班)
基础	灌注桩	100	1.55	0.27
	其他	100	1.27	0.18
上、下部构造		50	2.82	0.36
桥面铺装		250	2.82	0.36

(6)凡预埋在混凝土中的钢板、型钢、钢管等预埋件,均作为附属材料列入混凝土定额内。至于连接用的钢板、型钢等则包括在安装定额内。

(7)大体积混凝土项目必须采用埋设冷却管来降低混凝土水化热时,可根据实际需要另行计算。

(8)除另有说明外,混凝土定额中均已综合脚手架、上下架、爬梯及安全围护等搭拆及摊销费用,使用定额时不得另行计算。

2. 钢筋工程

(1)定额中凡钢筋直径在10mm以上的接头,除注明为钢套筒连接外,均采用电弧搭接焊或电阻对接焊。

(2)定额中的钢筋按选用图纸分为光圆钢筋、带肋钢筋,如设计图纸的钢筋比例与定额有出入时,可调整钢筋品种的比例关系。

(3)定额中的钢筋是按一般定尺长度计算的,如设计提供的钢筋连接用钢套筒数量与定额有出入时,可按设计数量调整定额中的钢套筒消耗,其他消耗不调整。

3. 模板工程

(1)模板不单列项目。混凝土工程中所需的模板包括钢模板、组合钢模板、木模板,均按其周转摊销量计入混凝土定额中。

(2)定额中的模板均为常规模板,当设计或施工对混凝土结构的外观有特殊要求需要对模板进行特殊处理时,可根据定额中所列的混凝土模板接触面积增列相应的特殊模板材料的费用。

(3)定额中所列钢模板材料指工厂加工的适用于某种构件的定型钢模板,其质量包括立模所需的钢支撑及有关配件;组合钢模板材料指市场供应的各种型号的组合钢模板,其质量仅为组合钢模板的质量,不包括立模所需的支撑、拉杆等配件,定额中已计入所需配件材料的摊销量;木模板按工地制作编制,定额中将制作所需工、料、机消耗按周转摊销量计算。

(4)定额中均已包括各种模板的维修、保养所需的工、料及费用。

4. 设备摊销费

定额中设备摊销费的设备指属于固定资产的金属设备,包括万能杆件、装配式钢桥桁架及有关配件拼装的金属架桥设备。设备摊销费按设备质量每吨每月 90 元计算(除设备本身折旧费用,还包括设备的维修、保养等费用)。各项目中凡注明允许调整的,可按计划使用时间调整。

5. 工程量计算一般规则

(1)现浇混凝土、预制混凝土、构件安装的工程量为构筑物或预制构件的实际体积,不包括其中空心部分的体积,钢筋混凝土项目的工程量不扣除钢筋(钢丝、钢绞线)、预埋件和预留孔道所占的体积。

(2)构件安装定额中在括号内所列的构件体积数量,表示安装时需要备制的构件数量。

(3)钢筋工程量为钢筋的设计质量,定额中已计入施工操作损耗,一般钢筋因接长所需增加的钢筋质量已包括在定额中,不得将这部分质量计入钢筋设计质量内。但对于某些特殊的工程,必须在施工现场分段施工采用搭接接长时,其搭接长度的钢筋质量未包括在定额中,应在钢筋的设计质量内计算。

【例 1-19】 某桥梁工程柱式桥墩为现浇混凝土 280m^3(墩高 6m),采用混凝土搅拌站(60m^3/h)集中拌和施工,6m^3 以内混凝土搅拌运输车平均运距 1km,采用混凝土搅拌车运输。试计算现浇混凝土桥墩所需人工、机械台班消耗量以及需搅拌混凝土的数量、混凝土搅拌设备台班数量、混凝土运输机械台班数量。

解:(1)现浇混凝土桥墩

由《预算定额》4-6-2-9 查得:

人工:19.6 × 28.0 = 548.8(工日);

12t 以内汽车式起重机:0.74 × 28.0 = 20.72(台班)。

(2)混凝土搅拌站拌和

根据《预算定额》第四章说明混凝土工程第 2 条得知,混凝土拌和需另计,由《预算定额》4-6-2-9,混凝土拌和的数量为:10.2 × 28.0 = 285.6(m^3)。

由《预算定额》4-11-11-12 查得：

75kW 以内履带式推土机：0.28 ×285.6 ÷100 =0.80(台班)；

1.0m^3 以内轮胎式装载机：0.28 ×285.6 ÷100 =0.80(台班)；

60m^3/h 以内混凝土搅拌站：0.33 ×285.6 ÷100 =0.94(台班)。

(3)混凝土运输

由《预算定额》4-11-11-20 查得：

6m^3 以内混凝土搅拌运输车：1.34 ×285.6 ÷100 =3.83(台班)。

二、开挖基坑预算定额及应用实例

(1)干处挖基指开挖无地面水及地下水位以上部分的土壤，湿处挖基指开挖在施工水位以下部分的土壤。挖基坑石方、淤泥、流沙不分干处、湿处，均采用同一定额。

(2)开挖基坑土、石方运输按弃土于坑外 10m 范围内考虑，如坑上水平运距超过 10m 时，另按路基土、石方增运定额计算。

(3)基坑深度为坑的顶面中心高程至底面的数值。在同一基坑内，不论开挖哪一深度均执行该基坑的全深度定额。

(4)电动卷扬机配抓斗及人工开挖配卷扬机吊运基坑土、石方定额中，已包括移动摇头扒杆用工，但摇头扒杆的配置数量应根据工程需要按吊装设备定额另行计算。

(5)开挖基坑定额中已综合了基底夯实、基坑回填及检平石质基底用工，湿处挖基还包括挖边沟、挖集水井及排水作业用工，使用定额时，不得另行计算。

(6)开挖基坑定额中不包括挡土板，需要时应据实按有关定额另行计算。

(7)机械挖基定额中已综合了基底高程以上 20cm 范围内采用人工开挖和基底修整用工。

(8)本节基坑开挖定额均按原土回填考虑，若采用取土回填时，应按路基工程有关定额另计取土费用。

(9)挖基定额中未包括水泵台班，挖基及基础、墩台修筑所需的水泵台班按“基坑水泵台班消耗”表的规定计算，并计入挖基项目中。

(10)工程量计算规则：

①基坑开挖工程量按基坑容积计算。其计算公式如下：

$$V = h/6 \times [ab + (a + a_1)(b + b_1) + a_1 b_1] \text{(基坑为平截方锥时)} \tag{1-7}$$

$$V = \pi h/3 \times (R^2 + Rr + r^2) \text{(基坑为截头圆锥时)} \tag{1-8}$$

②基坑挡土板的支挡面积，按坑内需支挡的实际侧面积计算。

(11)基坑水泵台班消耗，可根据覆盖层土壤类别和施工水位高度采用表 1-23 所列数值计算。

①墩(台)基坑水泵台班消耗 = 湿处挖基工程量 × 挖基水泵台班 + 墩(台)座数 × 修筑水泵台班。

②基坑水泵台班消耗表中水位高度栏中“地面水”适用于围堰内挖基，水位高度指施工水位至坑顶的高度，其水泵消耗台班已包括排除地下水所需台班数量，不得再按“地下水”加计水泵台班；“地下水”适用于岸滩湿处的挖基，水位高度指施工水位至坑底的高度，其工程

量应为施工水位以下的湿处挖基工程数量,施工水位至坑顶部分的挖基,应按干处挖基对待,不计水泵台班。

③表 1-23 所列水泵台班均为 ϕ150mm 水泵。

基坑水泵台班消耗 表 1-23

覆盖层土壤类别		水位高度(m)		河中桥墩			靠岸墩台		
				挖基(10m³)	每座墩(台)修筑水泵台班		挖基(10m³)	每座墩(台)修筑水泵台班	
					基坑深3m以内	基坑深6m以内		基坑深3m以内	基坑深6m以内
Ⅰ	1. 亚黏土; 2. 粉砂土; 3. 较密实的细砂土(0.10~0.25mm颗粒含量占多数); 4. 松软的黄土; 5. 有透水孔道的黏土	地面水	4以内	0.19	7.58	10.83	0.12	4.88	7.04
			3以内	0.15	5.96	8.67	0.10	3.79	5.42
			2以内	0.12	5.42	7.58	0.08	3.52	4.88
			1以内	0.11	4.88	7.04	0.07	3.25	4.33
		地下水	6以内	0.08	—	5.42	0.05	—	3.79
			3以内	0.07	3.79	3.79	0.04	2.71	2.71
Ⅱ	1. 中类砂土(0.25~0.50mm颗粒含量占多数); 2. 紧密的、颗粒较细的砂砾石层; 3. 有裂缝透水的岩层	地面水	4以内	0.54	16.12	24.96	0.35	10.32	16.12
			3以内	0.44	11.96	18.72	0.29	7.74	11.96
			2以内	0.36	8.32	14.04	0.23	5.16	9.36
			1以内	0.31	6.24	10.92	0.19	4.13	7.28
		地下水	6以内	0.23	—	7.28	0.15	—	4.68
			3以内	0.19	4.16	4.68	0.12	2.58	3.12
Ⅲ	1. 粗粒砂(0.50~1.00mm颗粒含量占多数); 2. 砂砾石层(砾石含量大于50%); 3. 透水岩石,并有泉眼	地面水	4以内	1.04	30.76	47.14	0.68	19.85	30.76
			3以内	0.84	22.33	35.73	0.55	14.39	23.32
			2以内	0.69	16.37	26.79	0.45	10.42	17.37
			1以内	0.59	11.91	21.34	0.39	7.94	13.89
		地下水	6以内	0.44	—	10.92	0.29	—	6.95
			3以内	0.35	4.96	5.46	0.23	3.47	3.47
Ⅳ	1. 砂卵石层(平均颗粒大于50mm); 2. 漂石层有较大的透水孔道; 3. 有溶洞、溶槽的岩石,并有泉眼、涌水现象	地面水	4以内	1.52	45.26	68.35	0.99	29.37	44.45
			3以内	1.23	32.74	51.62	0.79	21.19	33.46
			2以内	1.01	23.59	39.19	0.65	15.41	25.33
			1以内	0.87	17.33	30.59	0.56	11.07	20.07
		地下水	6以内	0.64	—	15.77	0.41	—	10.04
			3以内	0.52	7.22	7.65	0.34	4.81	4.78

注:如钢板桩围堰打进覆盖层,则表列台班数量乘以 0.7 的系数。

【例 1-20】 某桥 2 孔 8m 为常年流水,桥台基础挖基为 200m³(黏土、粉砂土,地下水 2m 以内),桥墩基础挖基为 80m³(黏土、粉砂土,地面水 1m 以内)。试计算该桥桥台、桥墩的挖基和砌筑所需抽水的水泵台班。

解:由《预算定额》第四章第一节说明第 9、11 条,桥台和桥墩挖基所需抽水台班为:

（1）挖基

$$0.08\times20.0+0.11\times8.0=2.48(\text{台班})$$

（2）砌筑台班

$$3.25\times2+5.42\times1=11.92(\text{台班})$$

三、筑岛、围堰及沉井工程预算定额及应用实例

（1）围堰定额适用于挖基围堰和筑岛围堰。

（2）草土、草（麻）袋、竹笼、木笼铁丝围堰定额中已包括50m以内人工运土方的工日数量，定额括号内所列“土”的数量不计价，仅限于取土运距超过50m时，按人工挖运土方的增运定额，增加运输用工。

（3）沉井制作分钢筋混凝土重力式沉井、钢丝网水泥薄壁浮运沉井、钢壳浮运沉井三种。沉井浮运、落床、下沉、填塞定额，均适用于以上三种沉井。

（4）沉井下沉用的工作台、三脚架、运土坡道、卷扬机工作台均已包括在定额中。井下爆破材料除硝铵炸药外，其他列入“其他材料费”中。

（5）沉井下水轨道的钢轨、枕木、铁件按周转摊销量计入定额中，定额还综合了轨道的基础及围堰等的工、料，使用定额时不得另行计算。但轨道基础的开挖工作定额中未计入，需要时按有关定额另行计算。

（6）沉井浮运定额仅适用于只有一节的沉井或多节沉井的底节，分节施工的沉井除底节外的其余各节的浮运、接高均应执行沉井接高定额。

（7）导向船、定位船船体本身加固所需的工、料、机消耗及沉井定位落床所需的锚绳均已综合在定额中，使用定额时不得另行计算。

（8）无导向船定位落床定额已将所需的地笼、锚碇等的工、料、机消耗综合在定额中，使用定额时不得另行计算。有导向船定位落床定额未综合锚碇系统，应根据施工组织设计的需要按有关定额另行计算。

（9）锚碇系统定额均已将锚链的消耗计入定额中，并已将抛锚、起锚所需的工、料、机消耗综合在定额中，使用定额时不得随意进行抽换。

（10）钢壳沉井接高所需的吊装设备定额中未计入，需要时应按金属设备吊装定额另行计算。

（11）钢壳沉井作双壁钢围堰使用时，应按施工组织设计计算回收，但回收部分的拆除所需的工、料、机消耗定额未计入，需要时应根据实际情况按有关定额另行计算。

（12）沉井下沉定额中的软质岩石是指饱和单轴极限抗压强度在40MPa以下的各类松软的岩石，硬质岩石是指饱和单轴极限抗压强度在40MPa以上的各类较坚硬和坚硬的岩石。

（13）地下连续墙定额中未包括施工便道、挡水帷幕、注浆加固等，需要时应根据施工组织设计另行计算。挖出的土石方或凿铣的泥渣如需外运时，应按路基工程中的相关定额进行计算。

（14）工程量计算规则：

①草土、草（麻）袋、竹笼围堰长度按围堰中心长度计算，高度按施工水深加0.5m计算。

木笼铁丝围堰实体为木笼所包围的体积。

②套箱围堰的工程量为套箱金属结构的质量。套箱整体下沉时悬吊平台的钢结构及套箱内支撑的钢结构均已综合在定额中,不得作为套箱工程量进行计算。

③沉井制作的工程量:重力式沉井为设计图纸井壁及隔墙混凝土数量;钢丝网水泥薄壁浮运沉井为刃脚及骨架钢材的质量,但不包括铁丝网的质量;钢壳沉井的工程量为钢材的总质量。

④沉井下沉定额的工程量按沉井刃脚外缘所包围的面积乘以沉井刃脚下沉入土的深度计算。沉井下沉按土、石所在的不同深度分别采用不同下沉深度的定额。定额中的下沉深度指沉井顶面到作业面的高度。定额中已综合了溢流(翻砂)的数量,不得另加工程量。

⑤沉井浮运、接高、定位落床定额的工程量为沉井刃脚外缘所包围的面积,分节施工的沉井接高的工程量应按各节沉井接高工程量之和计算。

⑥锚碇系统定额的工程量指锚碇的数量,按施工组织设计的需要量计算。

⑦地下连续墙导墙的工程量按设计需要设置的导墙的混凝土体积计算;成槽和墙体混凝土的工程量按地下连续墙设计长度、厚度和深度的乘积计算;锁口管吊拔和清底置换的工程量按地下连续墙的设计槽段数(指槽壁单元槽段)计算;内衬的工程量按设计需要的内衬混凝土体积计算。

【例 1-21】 某桥桥墩基础施工为草袋围堰,已知围堰高 2.0m,装草袋土运距为 200m。试计算草袋围堰的预算定额值。

解:由《预算定额》4-2-2-5 查得:

人工:31.9 工日;

草袋:950 个。

根据《预算定额》第四章第二节说明第 2 条,已知装草袋土运距为 200m,大于 50m,应按"人工挖运土方"的增运定额,增加运输用工。即由《预算定额》1-1-6-5、4-2-2-5 查得:

人工:$7.3\times(200-50)\div10\div1\,000\times57.2=6.26$(工日)。

四、打桩工程预算定额及应用实例

(1)本定额适用于陆地上、打桩工作平台上、船上打桥涵墩台基础桩,以及其他基础工程和临时工程中的打桩工作。

(2)土质划分:打桩工程土壤分为Ⅰ、Ⅱ两组。

Ⅰ组土:较易穿过的土壤,如轻亚黏土、亚黏土、砂类土、腐殖土、湿的及松散的黄土等。

Ⅱ组土:较难穿过的土壤,如黏土、干的固结黄土、砂砾、砾石、卵石等。

当穿过两组土层时,如打入Ⅱ组土各层厚度之和等于或大于土层总厚度的 50% 或打入Ⅱ组土层连续厚度大于 1.5m 时,按Ⅱ组土计;不足上述厚度时,则按Ⅰ组土计。

(3)打桩定额中,均按在已搭好的工作平台上操作,但未包括打桩用的工作平台的搭设和拆除等的工、料消耗,需要时应按打桩工作平台定额另行计算。

(4)打桩定额中已包括打导桩、打送桩及打桩架的安、拆工作,并将打桩架、送桩、导桩及导桩夹木等的工、料按摊销方式计入定额中,编制预算时不得另行计算。但定额中均未包括拔桩。破桩头工作,已计入承台定额中。

(5)打桩定额均为打直桩,如打斜桩时,机械乘以1.20的系数,人工乘以1.08的系数。

(6)利用打桩时搭设的工作平台拔桩时,不得另计搭设工作平台的工、料消耗。如需搭设工作平台时,可根据施工组织设计规定的面积,按打桩工作平台人工消耗的50%计算人工消耗,但各种材料一律不计。

(7)打每组钢板桩时,用的夹板材料及钢板桩的截头、连接(接头)、整形等的材料已按摊销方式,将其工、料计入定额中,使用定额时不得另行计算。

(8)钢板桩木支撑的制作、试拼、安装的工、料消耗,均已计入打桩定额中,拆除的工、料消耗已计入拔桩定额中。

(9)打钢板桩、钢管桩定额中未包括钢板桩、钢管桩的防锈工作,如需进行防锈处理,另按相应定额计算(钢板桩围堰示意图如图1-5所示)。

图1-5　钢板桩围堰

(10)打钢管桩工程如设计钢管桩数量与本定额不相同时,可按设计数量抽换定额中的钢管桩消耗,但定额中的其他消耗量不变。

(11)工程量计算规则:

①打预制钢筋混凝土方桩和管桩的工程量,应根据设计尺寸及长度以体积计算(管桩的空心部分应予以扣除)。设计中规定凿去的桩头部分的数量,应计入设计工程量内。

②钢筋混凝土方桩的预制工程量,应为打桩定额中括号内的备制数量。

③拔桩工程量按实际需要数量计算。

④打钢板桩的工程量按设计需要的钢板桩质量计算。

⑤打桩用的工作平台的工程量,按施工组织设计所需的面积计算。

⑥船上打桩工作平台的工程量,根据施工组织设计,按一座桥梁实际需要打桩机的台数和每台打桩机需要的船上工作平台面积的总和计算。

【例1-22】　某桥采用陆地工作平台上桩基础,打桩工程土壤类别为轻亚黏土7m,砂类土5m,垂直桩入土深度为12m,斜桩入土深度为13m,打桩工作平台为220m^2,试计算确定打钢管桩及工作平台的预算定额(钢管桩直径60cm)。

解:(1)根据《预算定额》第四章第三节说明第2条可知,打入轻亚黏土、砂类土,属Ⅰ组土。

(2)根据《预算定额》第四章第三节说明第5条规定,打斜桩时人工乘以1.08的系数、机械乘以1.20的系数。

由《预算定额》4-3-3-3查得打拔钢管桩定额(10根):

①直桩。

人工:41.4工日。

材料:原木4.772m^3,锯材0.607m^3,电焊条17.2kg,钢管桩36.375t,铁件141.1kg,铁钉0.4kg,其他材料费173.3元。

机械:15t以内履带式起重机8.33台班,300kN以内振动打拔桩锤2.25台班,32kV·A以内交流电弧焊机4.50台班,小型机具使用费11.7元。

②斜桩。

人工:41.4×1.08=44.71(工日)。

材料:原木4.772m^3,锯材0.607m^3,电焊条17.2kg,钢管桩36.375t,铁件141.1kg,铁钉0.4kg,其他材料费173.3元。

机械:

15t以内履带式起重机:8.33×1.20=10.0(台班);

300kN以内振动打拔桩锤:2.25×1.20=2.7(台班);

32kV·A以内交流电弧焊机:4.50×1.20=5.4(台班);

小型机具使用费:11.7(元)。

据《预算定额》第四章第三节说明第3条:打桩定额中,均按在已搭好的工作平台上操作,但未包括打桩用的工作平台的搭设和拆除等的工、料消耗,需要时应按打桩工作平台定额另行计算。

由《预算定额》4-3-7-2,已知打桩工作平台220m^2,查得工、料、机消耗量为:

人工:17.9×220÷100=39.38(工日)。

材料:

锯材:1.466×220÷100=3.23(m^3);

型钢:0.263×220÷100=0.579(t);

电焊条:0.1×220÷100=0.22(kg);

铁件:12.7×220÷100=27.94(kg);

铁钉:2.5×220÷100=5.5(kg);

其他材料费:0.7×220÷100=1.5(元);

设备摊销费:152.8×220÷100=336.2(元)。

机械:

32kV·A以内交流电弧焊机:0.01×220÷100=0.022(台班);

小型机具使用费:1.8×220÷100=3.96(元)。

五、灌注桩工程预算定额及应用实例

(1)灌注桩造孔根据造孔的难易程度,将土质分为八种。

①砂土:粒径不大于2mm的砂类土,包括淤泥、轻亚黏土。

②黏土：亚黏土、黏土、黄土，包括土状风化。

③砂砾：粒径2～20mm的角砾、圆砾含量（指质量比，下同）小于或等于50%，包括礓石及粒状风化。

④砾石：粒径2～20mm的角砾、圆砾含量大于50%，有时还包括粒径20～200mm的碎石、卵石，其含量在10%以内，包括块状风化。

⑤卵石：粒径20～200mm的碎石、卵石含量大于10%，有时还包括块石、漂石，其含量在10%以内，包括块状风化。

⑥软石：饱和单轴极限抗压强度在40MPa以下的各类松软的岩石，如盐岩，胶结不紧的砾岩、泥质页岩、砂岩，较坚实的泥灰岩、块石土及漂石土，软而节理较多的石灰岩等。

⑦次坚石：饱和单轴极限抗压强度在40～100MPa的各类较坚硬的岩石，如硅质页岩、硅质砂岩、白云岩、石灰岩、坚实的泥灰岩、软玄武岩、片麻岩、正长岩、花岗岩等。

⑧坚石：饱和单轴极限抗压强度在100MPa以上的各类坚硬的岩石，如硬玄武岩，坚实的石灰岩、白云岩、大理岩、石英岩、闪长岩、粗粒花岗岩、正长岩等。

（2）灌注桩成孔定额分为人工挖孔、卷扬机带冲抓锥冲孔、卷扬机带冲击锥冲孔、冲击钻机钻孔、回旋钻机钻孔、潜水钻机钻孔六种。定额中已按摊销方式计入钻架的制作、拼装、移位、拆除及钻头维修所耗用的工、料、机械台班数量，钻头的费用已计入设备摊销费中，使用本节定额时不得另行计算。

（3）灌注桩混凝土定额按机械拌和、工作平台上导管倾注水下混凝土编制，定额中已包括混凝土灌注设备（如导管等）摊销的工、料费用及扩孔增加的混凝土数量，使用定额时不得另行计算。

（4）钢护筒定额中，干处埋设按护筒设计质量的周转摊销量计入定额中，使用定额时不得另行计算。水中埋设按护筒全部设计质量计入定额中，可根据设计确定的回收量按规定计算回收金额。

（5）护筒定额中，已包括陆地上埋设护筒用的黏土或水中埋设护筒定位用的导向架及钢质或钢筋混凝土护筒接头用的铁件、硫黄胶泥等埋设时用的材料、设备消耗，使用定额时不得另行计算。

（6）浮箱工作平台定额中，每只浮箱的工作面积为$18m^2$。

（7）使用成孔定额时，应根据施工组织设计的需要合理选用定额子目，当不采用泥浆船的方式进行水中灌注桩施工时，除按90kW以内内燃拖轮数量的一半保留拖轮和驳船的数量外，其余拖轮和驳船的消耗应扣除。

（8）在河滩、水中采用筑岛方法施工时，应采用陆地上成孔定额计算。

（9）定额系按一般黏土造浆进行编制的，如实际采用膨润土造浆时，其膨润土的用量可按定额中黏土用量乘以系数进行计算，即：

$$Q = 0.095 \cdot V \cdot 1\,000 \tag{1-9}$$

式中：Q——膨润土的用量（kg）；

V——黏土的用量（m^3）。

（10）当设计桩径与定额采用桩径不同时，可按表1-24调整。

桩径调整系数表　　表 1-24

桩径(cm)	130	140	160	170	180	190	210	220	230	240
调整系数	0.94	0.97	0.70	0.79	0.89	0.95	0.93	0.94	0.96	0.98
计算基数	桩径 150cm 以内		桩径 200cm 以内				桩径 250cm 以内			

(11)工程量计算规则:

①灌注桩成孔工程量按设计入土深度计算。定额中的孔深指护筒顶至桩底(设计高程)的深度。造孔定额中同一孔内的不同土质,不论其所在的深度如何,均采用总孔深定额。

②人工挖孔的工程量按护筒(护壁)外缘所包围的面积乘设计孔深计算。

③浇筑水下混凝土的工程量按设计桩径断面面积乘以设计桩长计算,不得将扩孔因素计入工程量。

④灌注桩工作平台的工程量按施工组织设计需要的面积计算。

⑤钢护筒的工程量按护筒的设计质量计算。设计质量为加工后的成品质量,包括加劲肋及连接用法兰盘等全部钢材的质量。当设计提供不出钢护筒的质量时,可参考表 1-25 进行计算,桩径不同时可内插计算。

根据桩径计算护筒单位重　　表 1-25

桩径(cm)	100	120	150	200	250	300	350
护筒单位重(kg/m)	170.2	238.2	289.3	499.1	612.6	907.5	1 259.2

【例 1-23】 某桥桩基础采用回旋钻钻孔,设计桩长 35m,直径为 ϕ220cm,地质断面为细砂、粉砂 5.4m,砂砾 8.6m,其余为砾石层。试确定该项目陆地钻孔预算定额,并估算其护筒(2m)设计质量。

解:(1)陆地钻孔

据《预算定额》第四章第四节说明第 10 条设计桩径 ϕ220cm,采用桩径 ϕ250cm 以内定额时,调整系数为 0.94,即定额需乘以 0.94 系数。并参照第四章第四节说明第 11(1)条规定,由《预算定额》查得钻孔定额:细砂、粉砂 5.4m 为 4-4-5-97、砂砾 8.6m 为 4-4-5-99、砾石层 35 − 5.4 − 8.6 = 21(m)为 4-4-5-100。

人工:(15.7 × 5.4 + 24.6 × 8.6 + 34.6 × 21) ÷ 10 × 0.94 = 96.15(工日)。

材料:

锯材:(0.023 × 5.4 + 0.023 × 8.6 + 0.023 × 21) ÷ 10 × 0.94 = 0.08(m^3);

电焊条:(0.2 × 5.4 + 0.5 × 8.6 + 0.7 × 21) ÷ 10 × 0.94 = 1.89(kg);

铁件:(0.5 × 5.4 + 0.5 × 8.6 + 0.5 × 21) ÷ 10 × 0.94 = 1.65(kg);

水:(133 × 5.4 + 189 × 8.6 + 189 × 21) ÷ 10 × 0.94 = 593.38(m^3);

黏土:(21.87 × 5.4 + 29.17 × 8.6 + 29.17 × 21) ÷ 10 × 0.94 = 92.26(m^3);

其他材料费:(1.3 × 5.4 + 1.3 × 8.6 + 1.3 × 21) ÷ 10 × 0.94 = 4.28(元);

设备摊销费:(20.4 × 5.4 + 23.8 × 8.6 + 27.5 × 21) ÷ 10 × 0.94 = 83.88(元)。

机械:

1.0m^3 以内履带式单斗挖掘机:(0.02 × 5.4 + 0.02 × 8.6 + 0.02 × 21) ÷ 10 × 0.94 = 0.07(台班);

15t 以内载货汽车：(0.07 ×5.4 +0.07 ×8.6 +0.07 ×21) ÷10 ×0.94 =0.23(台班)；

15t 以内履带式起重机：(0.06 ×5.4 +0.06 ×8.6 +0.06 ×21) ÷10 ×0.94 =0.20(台班)；

φ2 500mm 以内回旋钻机：(2.36 ×5.4 +4.54 ×8.6 +7.42 ×21) ÷10 ×0.94 =19.52(台班)；

泥浆搅拌机：(1.30 ×5.4 +1.30 ×8.6 +1.30 ×21) ÷10 ×0.94 =4.28(台班)；

32kV · A 以内交流电弧焊机：(0.02 ×5.4 +0.05 ×8.6 +0.08 ×21) ÷10 ×0.94 =0.21(台班)。

(2)护筒质量

根据《预算定额》第四章第四节说明第 11(5)条规定，桩径 φ220cm 在 φ200cm 和 φ250cm 之间，可内插算得 2m 高钢护筒质量为：499.1 +(612.6 −499.1) ÷(250 −200) ×(220 −200) =544.5(kg)。

六、砌筑工程预算定额及应用实例

(1)定额中的 M5、M7.5、M12.5 水泥砂浆为砌筑用砂浆，M10、M15 水泥砂浆为勾缝用砂浆。

(2)定额中已按砌体的总高度配置了脚手架，高度在 10m 以内的配踏步，高度大于 10m 的配井字架，并计入搭拆用工，其材料用量均以摊销方式计入定额中。

(3)浆砌混凝土预制块定额中，未包括预制块的预制，应按定额中括号内所列预制块数量，另按预制混凝土构件的有关定额计算。

(4)浆砌料石或混凝土预制块作镶面时，其内部应按填腹石定额计算。

(5)桥涵拱圈定额中，未包括拱盔和支架，需要时应按拱盔、支架工程中有关定额另行计算。

(6)定额中均未包括垫层及拱背、台背填料和砂浆抹面，需要时应按杂项工程中有关定额另行计算。

(7)砌筑工程的工程量为砌体的实际体积，包括构成砌体的砂浆体积。

【例 1-24】 某桥桥台锥坡 M7.5 浆砌片石 $265m^3$，砂砾垫层 $78m^3$，锥坡填土 $850m^3$。试确定以上内容的工料消耗。

解：(1)M7.5 浆砌片石锥坡

定额为 M5 水泥砂浆，需对水泥砂浆进行抽换。

由《预算定额》4-5-2-9 及附录二，砂浆和混凝土材料消耗中砂浆配合比表查得：

人工：15.2 ×265 ÷10 =(工日)。

材料：

32.5 级水泥：(0.266 ×3.5 +0.311 ×0.29) ×265 ÷10 =27.062(t)；

水：18 ×265 ÷10 =477(m^3)；

中粗砂：(1.09 ×3.5 +1.07 ×0.29) ×265 ÷10 =109.32(m^3)；

片石：11.50 ×265 ÷10 =304.75(m^3)；

其他材料费：1.2 ×265 ÷10 =31.8(元)；

小型机具使用费：7.5 ×265 ÷10 =198.75(元)。

(2)砂砾垫层

根据《预算定额》第四章第五节说明第6条:定额中均未包括垫层及拱背、台背填料和砂浆抹面,需要时应按杂项工程中有关定额另行计算。

由《预算定额》4-11-5-1 查得:

人工:$5.9 \times 78 \div 10 = 46.02$(工日);

砂砾:$13.00 \times 78 \div 10 = 101.4(m^3)$。

(3)锥坡填土

由《预算定额》4-11-2-1 查得:

人工:$4.5 \times 850 \div 10 = 382.5$(工日)。

七、现浇混凝土及钢筋混凝土预算定额及应用实例

(1)定额中未包括现浇混凝土及钢筋混凝土上部构造所需的拱盔、支架,需要时按有关定额另行计算。

(2)定额中片石混凝土中片石含量均按15%计算。

(3)有底模承台适用于高桩承台施工。

(4)使用套箱围堰浇筑承台混凝土时,应采用无底模承台的定额。

(5)定额中均未包括扒杆、提升模架、拐脚门架、悬浇挂篮、移动模架等金属设备,需要时,应按有关定额另行计算。

(6)桥面铺装定额中,橡胶沥青混凝土仅适用于钢桥桥面铺装。

(7)墩台高度为基础顶、承台顶或系梁底到盖梁顶、墩台帽顶或0号块件底的高度。

(8)索塔高度为基础顶、承台顶或系梁底到索塔顶的高度。当塔墩固结时,工程量为基础顶面或承台顶面以上至塔顶的全部数量;当塔墩分离时,工程量应为桥面顶部以上至塔顶的数量,桥面顶部以下部分的数量应按墩台定额计算。

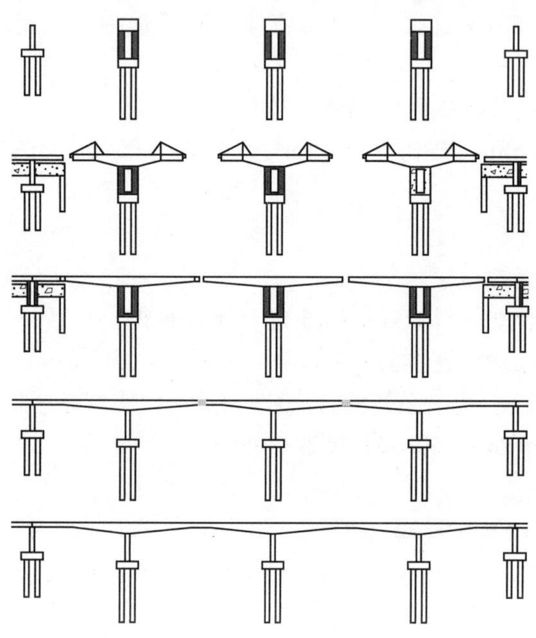

图1-6 悬浇(0号块支架、挂篮另计)

(9)斜拉索锚固套筒定额中已综合加劲钢板和钢筋的数量,其工程量以混凝土箱梁中锚固套筒钢管的质量计算。

(10)斜拉索钢锚箱的工程量为钢锚箱钢板、剪力钉、定位件的质量之和,不包括钢管和型钢的质量。

【例1-25】 某桥上部构造为连续刚构,悬浇段箱梁为C50预应力混凝土(图1-6),试确定其预算定额(已知块件重100t)。

解:(1)悬浇预应力箱梁

由《预算定额》4-6-11-4 查得:

人工:21.5 工日。

材料:

锯材:$0.071m^3$,型钢:0.032t,钢板:0.003t,

钢管:0.002t,电焊条:1.5kg,组合钢模板:0.024t,门式钢支架:0.007t,铁件:11.6kg,42.5级水泥:5.762t,水:21m^3,中(粗)砂:5.51m^3,碎石(2cm):6.86m^3,其他材料费:9.8元。

机械:

60m^3/h以内混凝土输送泵:0.10台班,30kN以内单筒慢动卷扬机:1.39台班,50kN以内单筒慢动卷扬机:0.46台班,ϕ100mm电动多级水泵(≤120m):0.36台班,32kV·A以内交流电弧焊机:0.25台班,小型机具使用费:87.4元。

(2)悬浇挂篮

根据《预算定额》第四章第六节说明第5条:定额中均未包括扒杆、提升模架、拐脚门架、悬浇挂篮、移动模架等金属设备,需要时,应按有关定额另行计算。

由《预算定额》4-7-31注1.各种金属结构安装设备全套参考质量(单位:t)表中查得:已知块件重100t对应的挂篮质量为55.5t,故由《预算定额》4-7-31-6查得:

人工:$124.1\times55.5\div10=688.76$(工日)。

材料:

锯材:$0.364\times55.5\div10=2.02$($m^3$);

钢丝绳:$0.003\times55.5\div10=0.017$(t);

聚四氟乙烯滑板:$6.1\times55.5\div10=33.85$(kg);

铁件:$7.9\times55.5\div10=43.85$(kg);

铁钉:$1.6\times55.5\div10=8.88$(kg);

8~12号铁丝:$1.1\times55.5\div10=6.11$(kg);

32.5级水泥:$0.521\times55.5\div10=2.892$(t);

水:$3\times55.5\div10=16.65$(m^3);

中(粗)砂:$0.83\times55.5\div10=4.61$($m^3$);

碎石(4cm):$1.44\times55.5\div10=7.99$($m^3$);

其他材料费:$10.0\times55.5\div10=55.5$(元);

设备摊销费:$3\,600.0\times55.5\div10=19\,980$(元)。

机械:

30kN以内单筒慢动卷扬机:$15.00\times55.5\div10=83.25$(台班);

小型机具使用费:$13.5\times55.5\div10=74.93$(元)。

八、预制、安装混凝土及钢筋混凝土构件预算定额及应用实例

(1)预制钢筋混凝土上部构造中,矩形板、空心板、连续板、少筋微弯板、预应力桁架梁、顶推预应力连续梁、桁架拱、刚架拱均已包括底模板,其余系按配合底座(或台座)施工考虑。

(2)顶进立交箱涵、圆管涵的顶进靠背由于形式很多,宜根据不同的地形、地质情况设计,定额中未单独编列子目,需要时可根据施工图纸采用有关定额另行计算。

(3)顶进立交箱涵、圆管涵定额是根据全部顶进的施工方法编制的。顶进设备未包括在顶进定额中,应按顶进设备定额另行计算。“铁路线加固”定额除了铁路线路的加固外,还包括临时信号灯、行车期间的线路维修和行车指挥等全部工作。

(4)预制立交箱涵、箱梁的内模、翼板的门式支架等工、料已包括在定额中。

(5)顶推预应力连续梁是按多点顶推的施工工艺编制的,顶推使用的滑道单独编列子目,其他滑块、拉杆、拉锚器及顶推用的机具、预制箱梁的工作平台均摊入顶推定额中。顶推用的导梁及工作平台底模顶升千斤顶以下的工程,定额中未计入,应按有关定额另行计算。

(6)构件安装系指从架设孔起吊起至安装就位,整体化完成的全部施工工序。本节定额中除安装矩形板、空心板及连续板等项目的现浇混凝土可套用桥面铺装定额计算外,其他安装上部构造定额中均单独编列有现浇混凝土子目。

(7)本节定额中凡采用金属结构吊装设备和缆索吊装设备安装的项目,均未包括吊装设备的费用,应按有关定额另行计算。

(8)制作、张拉预应力钢筋及钢丝束定额,是按不同的锚头形式分别编制的,当每吨钢丝的束数或每吨钢筋的根数有变化时,可根据定额进行抽换。定额中的“××锚”是指金属加工部件的质量,锚头所用其他材料已分别列入定额中有关材料或其他材料费内。定额中的束长为一次张拉的长度。(预应力钢绞线及群锚、波纹管示意图见图1-7、图1-8)

图1-7 预应力钢绞线及群锚

图1-8 波纹管

(9)预应力钢筋、钢丝束及钢绞线定额中均已计入预应力管道及压浆的消耗量,使用定额时不得另行计算。镦头锚的锚具质量可按设计数量进行调整。

(10)对于钢绞线不同型号的锚具,使用定额时可按表1-26的规定计算。

不同型号锚具所套用定额的锚具型号 表1-26

设计采用锚具型号(孔)	1	4	5	6	8	9	10	14	15	16	17	24
套用定额的锚具型号(孔)	3		7				12			19		22

(11)金属结构吊装设备定额是根据不同的安装方法划分子目的,如“单导梁”系指安装用的拐脚门架、蝴蝶架、导梁等全套设备。定额是以10t设备质量为单位,并列有参考质量。如果实际质量与定额数量不同时,可根据实际质量计算。但设备质量不包括列入材料部分的铁件、钢丝绳、鱼尾板、道钉及列入“小型机具使用费”内的滑车等。

(12)预制场用龙门架、悬浇箱梁用的墩顶拐脚门架,可套用高度9m内的跨墩门架定额,但质量应根据实际计算。

(13)安装金属支座的工程量系指半成品钢板的质量(包括座板、齿板、垫板、辊轴等)。至于锚栓、梁上的钢筋网、铁件等均以材料数量综合在定额内。

(14)工程量计算规则:

①预制构件的工程量为构件的实际体积(不包括空心部分的体积),但预应力构件的工程量为构件预制体积与构件端头封锚混凝土的数量之和。预制空心板的空心堵头混凝土已综合在预制定额内,计算工程量时不应再计列这部分混凝土的数量。

②使用定额时,构件的预制数量应为安装定额中括号内所列的构件备制数量。

③安装的工程量为安装构件的体积。

④构件安装时现浇混凝土的工程量为现浇混凝土和砂浆的数量之和。但如在安装定额中已计列砂浆消耗的项目,则在工程量中不应再计列砂浆的数量。

⑤预制、悬拼预应力箱梁临时支座的工程量为临时支座中混凝土及硫黄砂浆的体积之和。

⑥移动模架的质量包括托架(牛腿)、主梁、鼻梁、横梁、吊架、工作平台及爬梯的质量,不包括液压构件和内外模板(含模板支撑系统)的质量。(移动模架施工示意图如图1-9所示。)

图1-9　移动模架施工

⑦预应力钢绞线、预应力精轧螺纹粗钢筋及配锥形(弗氏)锚的预应力钢丝的工程量为锚固长度与工作长度的质量之和。

⑧配镦头锚的预应力钢丝的工程量为锚固长度的质量。

⑨先张钢绞线质量为设计图纸质量,定额中已包括钢绞线损耗及预制场构件间的工作长度及张拉工作长度。

⑩缆索吊装的索跨指两塔架间的距离。

(15)各种结构的模板接触面积见表1-27。

各种结构的模板接触面积　　表1-27

<table>
<tr><th colspan="2" rowspan="3">项　目</th><th rowspan="3">排架立柱</th><th rowspan="3">墩台管节</th><th rowspan="3">立交箱涵</th><th colspan="6">钢筋混凝土板</th><th rowspan="3">钢筋混凝土T形梁</th><th rowspan="3">钢筋混凝土I形梁</th></tr>
<tr><th colspan="2">矩形板(跨径,m)</th><th rowspan="2">空心板</th><th rowspan="2">少筋微弯板</th><th rowspan="2">连续板</th></tr>
<tr><th>4以内</th><th>8以内</th></tr>
<tr><td rowspan="3">模板接触面积($m^2/10m^3$混凝土)</td><td>内模</td><td>—</td><td>76.47</td><td>11.97</td><td>—</td><td>—</td><td>67.14</td><td>—</td><td>62.85</td><td>—</td><td>—</td></tr>
<tr><td>外模</td><td>94.34</td><td>96.86</td><td>4.02</td><td>38.85</td><td>30.95</td><td>25.61</td><td>34.57</td><td>42.24</td><td>88.33</td><td>82.68</td></tr>
<tr><td>合计</td><td>94.34</td><td>173.33</td><td>15.99</td><td>38.85</td><td>30.95</td><td>92.75</td><td>34.57</td><td>105.09</td><td>88.33</td><td>82.68</td></tr>
</table>

续上表

项目		预应力空心板	预应力混凝土T形梁	预应力混凝土I形梁	预应力组合箱梁				预应力箱梁		
					先张法		后张法		预制安装	预制悬拼	预制顶推
					主梁	空心板	主梁	空心板			
模板接触面积（$m^2/10m^3$混凝土）	内模	55.76	—	—	71.89	87.61	49.54	74.62	34.64	26.81	22.90
	外模	48.24	73.72	65.43	48.66	44.17	46.07	39.55	30.11	22.74	24.60
	合计	104.00	73.72	65.43	120.55	131.78	95.61	114.17	64.75	49.55	47.50

项目		预应力桁架梁		桁架拱			刚架拱			箱形拱	
		桁架	桥面板	桁拱片	横向联系	微弯板	刚拱片	横向联系	微弯板	拱圈	立柱盖梁
模板接触面积（$m^2/10m^3$混凝土）	内模	—	—	—	—	—	—	—	—	64.76	—
	外模	78.86	117.89	81.58	170.41	61.36	60.12	110.99	68.07	97.14	48.95
	合计	78.86	117.89	81.58	170.41	61.36	60.12	110.99	68.07	161.9	48.95

（16）各种金属结构安装设备全套参考质量如表1-28～表1-31所示。

导梁全套设备质量表（单位：t） 表1-28

标准跨径（m）	13	16	20	25	30	40	50
单导梁	43.5	46.2	53.1	—	—	—	—
双导梁	—	—	—	115.7	130.0	165.0	200.0

跨墩门架一套（两个）设备质量表（单位：t） 表1-29

门架高（m）		9	12	16
跨径（m）	20	29.7	43.9	—
	30	35.2	52.5	73.9

一个悬臂吊机及悬浇挂篮设备质量表（单位：t） 表1-30

块件重（t）	50	70	100	130	150	200
悬臂吊机	47.4	59.8	90.0	117.0	135.0	180.0
悬浇挂篮	—	—	55.5	63.3	105.0	140.0
零号块托架	按零号块顶面梁宽7t/m计算质量					

提升模架及墩顶拐角门架设备质量表（单位：t） 表1-31

项目	提升模架			墩顶拐角门架
	方柱式墩（间距6.4m）	空心墩	索塔	
断面尺寸	2个×1.6m×1.8m墩	8.6m×2.6m	2个×2m×4m塔柱间距25m	
全套设备质量（t）	9.7	11.0	60.0	36.0

注：本定额的设备摊销费按每t每月90元，并按使用4个月编制，如施工工期不同时，可以调整。

【例1-26】 某桥上部构造为20m预应力箱梁,设计采用锚具型号、数量及钢绞线质量分别为:3孔锚具64套2.75t、4孔锚具320套18.3t、5孔锚具160套4.90t。试确定钢绞线预算定额消耗。

解:根据《预算定额》第四章第七节说明第8条"制作、张拉预应力钢筋、钢丝束定额,是按不同的锚头形式分别编制的,当每吨钢丝的束数或每吨钢筋的根数有变化时,可根据定额进行抽换"。第10条,计算如下:

(1)首先设计锚具型号3孔、4孔应选用3孔定额;而5孔应选用7孔定额。

(2)计算对应锚具型号的每吨束数,由已知得:

3孔锚具64套2.75t,即对应每吨束数=64÷2÷2.75=11.64(束/t);

4孔锚具320套18.3t,即对应每吨束数=320÷2÷18.3=8.74(束/t);

5孔锚具160套4.90t,即对应每吨束数=160÷2÷4.9=16.32(束/t)。

(3)由《预算定额》4-7-20-15、16(本书表1-32)查得:

人工:[31.9+1.1×(11.64-18.94)]×2.75=65.6(工日)。

材料:

光圆钢筋:0.025×2.75=0.069(t);

钢绞线:1.04×2.75=2.86(t);

波纹管钢带:0.108×2.75=0.297(t);

电焊条:0.4×2.75=1.1(kg);

钢绞线群锚(3孔):[38.26+2.02×(11.64-18.94)]×2.75=64.66(套);

20~22号铁丝:0.9×2.75=2.5(kg);

32.5级水泥:0.243×2.75=0.668(t);

其他材料费:39.7×2.75=109.2(元)。

机械:

钢绞线拉伸设备:[4.02+0.21×(11.64-18.94)]×2.75=6.84(台班);

波纹管卷制机:0.56×2.75=1.54(台班);

32kV·A以内交流电弧焊机:0.30×2.75=0.83(台班);

小型机具使用费:[44.0+0.7×(11.64-18.94)]×2.75=106.95(元)。

(4)由《预算定额》4-7-20-15、16(本书表1-32)查得:

人工:[31.9+1.1×(8.74-18.94)]×18.3=378.4(工日)。

材料:

光圆钢筋:0.025×18.3=0.458(t);

钢绞线:1.04×18.3=19.032(t);

波纹管钢带:0.108×18.3=1.976(t);

电焊条:0.4×18.3=7.3(kg);

钢绞线群锚(3孔):[38.26+2.02×(8.74-18.94)]×18.3=323.10(套);

20~22号铁丝:0.9×18.3=16.47(kg);

32.5级水泥:0.243×18.3=4.447(t);

其他材料费:39.7×18.3=726.5(元)。

4-7-20 预应力钢筋、钢丝束及钢绞线

表 1-32

工程内容 预应力钢筋和钢丝束制作、张拉:1)钢筋或钢丝调直、切断、焊接、除锈、缠束、弯锚;2)制作、安装铁皮管及三通管,胶管预留孔道或制作、安装波纹管成孔,预应力钢束(筋)张拉,孔道压浆,钢丝束防护;3)浇镦锚头。

预应力钢筋和钢丝束拆除:松束、切割钢丝头、拆除、堆放、机具安拆及保养。

预应力钢绞线制作、张拉:1)波纹管制作、安装;2)安装压浆嘴、排气管、锚垫板、螺旋筋;3)搭拆临时脚手架及操作平台;4)钢绞线束制作,穿束;5)安装锚具、张拉;6)切割钢绞线(束)头、封锚头、清洗孔道及孔道压浆;7)机具安拆及保养。

Ⅲ. 预应力钢绞线

单位:1t 钢绞线

顺序号	项目	单位	代号	束长(m)							
				20 以内							
				锚具型号							
				3 孔		7 孔		12 孔		19 孔	
				每 t 18.94 束	每增减 1 束	每 t 8.12 束	每增减 1 束	每 t 4.73 束	每增减 1 束	每 t 2.99 束	每增减 1 束
				15	16	17	18	19	20	21	22
1	人工	工日	1	31.9	1.1	16.8	1.1	12.3	1.1	9.8	1.2
2	水泥浆	m^3	—	(0.18)	—	(0.17)	—	(0.18)	—	(0.16)	—
3	光圆钢筋	t	111	0.025	—	0.025	—	0.022	—	0.021	—
4	钢绞线	t	125	1.040	—	1.040	—	1.040	—	1.040	—
5	波纹钢管带	t	151	0.108	—	0.096	—	0.041	—	0.041	—
6	电焊条	kg	231	0.4	—	0.3	—	0.2	—	0.2	—
7	钢绞线群锚(3 孔)	套	572	38.26	2.02	—	—	—	—	—	—
8	钢绞线群锚(7 孔)	套	576	—	—	16.40	2.02	—	—	—	—

续上表

顺序号	项目	单位	代号	束长(m)							
				20以内							
				锚具型号							
				3孔		7孔		12孔		19孔	
				每t 18.94束	每增减1束	每t 8.12束	每增减1束	每t 4.73束	每增减1束	每t 2.99束	每增减1束
				15	16	17	18	19	20	21	22
9	钢绞线群锚(12孔)	套	580	—	—	—	—	9.55	2.02	—	—
10	钢绞线群锚(19孔)	套	585	—	—	—	—	—	—	6.04	2.02
11	钢绞线群锚(22孔)	套	586	—	—	—	—	—	—	—	—
12	钢绞线群锚(31孔)	套	588	—	—	—	—	—	—	—	—
13	20~22号铁丝	kg	656	0.9	—	0.8	—	0.8	—	0.7	—
14	32.5级水泥	t	832	0.243	—	0.229	—	0.243	—	0.216	—
15	其他材料费	元	996	39.7	—	17.6	—	10.7	—	7.1	—
16	钢绞线拉伸设备	台班	1349	4.02	0.21	1.72	0.21	1.00	0.21	0.63	0.21
17	波纹管卷制机	台班	1352	0.56	—	0.26	—	0.19	—	0.14	—
18	32kV·A以内交流电弧焊机	台班	1726	0.30	—	0.26	—	0.19	—	0.14	—
19	小型机具使用费	元	1998	44.0	0.7	21.8	1.1	17.6	1.6	13.3	2.3
20	基价	元	1999	13 989	295	12 736	579	12 020	933	11 816	1 433

机械：

钢绞线拉伸设备：[4.02+0.21×(8.74-18.94)]×18.3=34.37(台班)；

波纹管卷制机：0.56×18.3=10.25(台班)；

32kV·A以内交流电弧焊机：0.30×18.3=5.49(台班)；

小型机具使用费：[44.0+0.7×(8.74-18.94)]×18.3=674.5(元)。

(5)由《预算定额》4-7-20-17、18(本书表1-32)查得：

人工：[16.8+1.1×(16.32-8.12)]×4.9=126.5(工日)。

材料：

光圆钢筋：0.025×4.9=0.123(t)；

钢绞线：1.04×4.9=5.096(t)；

波纹管钢带：0.096×4.9=0.470(t)；

电焊条：0.3×4.9=1.47(kg)；

钢绞线群锚(7孔)：[16.40+2.02×(16.32-8.12)]×4.9=161.52(套)；

20~22号铁丝：0.8×4.9=3.9(kg)；

32.5级水泥：0.229×4.9=1.122(t)；

其他材料费：17.6×4.9=86.2(元)。

机械：

钢绞线拉伸设备：[1.72+0.21×(16.32-8.12)]×4.9=16.87(台班)；

波纹管卷制机：0.26×4.9=1.27(台班)；

32kV·A以内交流电弧焊机：0.26×4.9=1.27(台班)；

小型机具使用费：[21.8+1.1×(16.32-8.12)]×4.9=151.0(元)。

九、构件运输预算定额及应用实例

(1)本节的各种运输距离以10m、50m、1km为计算单位，不足第一个10m、50m、1km者，均按10m、50m、1km计；超过第一个定额运距单位时，其运距尾数不足一个增运定额单位的半数时不计，等于或超过半数时按一个定额运距单位计算。

(2)运输便道、轨道的铺设，栈桥码头、扒杆、龙门架、缆索的架设等，均未包括在定额内，应按有关章节定额另行计算。

(3)本节定额未单列构件出坑堆放的定额，如需出坑堆放，可按相应构件运输第一个运距单位定额计列。

(4)凡以手摇卷扬机和电动卷扬机配合运输的构件重载升坡时，第一个定额运距单位不增加人工及机械，每增加定额单位运距按以下规定乘以换算系数。

①手推车运输每增运10m定额的人工，按表1-33乘以换算系数。

手推车运输人工换算系数 表1-33

坡度(%)	1以内	5以内	10以内
系数	1.0	1.5	2.5

②垫滚子绞运每增运10m定额的人工和小型机具使用费，按表1-34乘以换算系数。

垫滚子绞运人工和小型机具使用费换算系数　　表 1-34

坡度(%)	0.4 以内	0.7 以内	1.0 以内	1.5 以内	2.0 以内	2.5 以内
系数	1.0	1.1	1.3	1.9	2.5	3.0

③轻轨平车运输配电动卷扬机每增运 50m 定额的人工及电动卷扬机台班,按表 1-35 乘以换算系数。

轻轨平车运输配电动卷扬机人工和机械台班换算系数　　表 1-35

坡度(%)	0.7 以内	1.0 以内	1.5 以内	2.0 以内	3.0 以内
系数	1.00	1.05	1.10	1.15	1.25

【例 1-27】　某桥梁上部预制构件为轨道平车运输,构件重 50t 以内,且需出坑堆放,运距为 160m,采用卷扬机牵引,龙门架装车,坡度为 1.5%。试确定其预算定额。

解:(1)根据《预算定额》第四章第八节说明第 1 条,构件重 50t 以内可按《预算定额》4-8-2-5 计列第一个 50m,又已知运距 160m,160 - 50 = 110(m),故应列增运定额 4-8-2-14。110m/50m = 2.2,故增运定额应乘以系数 2。

又已知运输坡度为 1.5%,由《预算定额》第四章第八节说明第 4 条(3)规定,上述定额的人工及电动卷扬机应乘以 1.1 系数,即定额值应为:

人工:(3.1 + 0.4 × 2) × 1.1 = 4.3(工日)。

材料:

锯材:0.158m^3;

钢丝绳:0.003t;

铁件:1.4kg;

其他材料费:9.5 元。

机械:

50kN 以内单筒慢动卷扬机:(1.23 + 0.16 × 2) × 1.1 = 1.71(台班);

小型机具使用费:41.8 + 10.5 × 2 = 62.8(元)。

(2)出坑堆放。

《公路工程定额应用释义》中的条文说明中解释为:所谓出坑堆放,是指在预制场内设置的特定区域,将预制完成但无法立即安装的构件进行储存的操作,故该预算定额应为 4-8-2-5,即

人工:3.1 工日。

材料:略。

机械:略。

十、拱盔、支架工程预算定额及应用实例

(1)桥梁拱盔、木支架及简单支架均按有效宽度 8.5m 计,钢支架按有效宽度 12.0m 计,如实际宽度与定额不同时可按比例换算。

(2)木结构制作按机械配合人工编制,配备的木工机械均已计入定额中。结构中的半圆木构件,用圆木对剖加工所需的工日及机械台班均已计入定额内。

(3)所有拱盔均包括底模板及工作台的材料,但不包括现浇混凝土的侧模板。

(4)桁构式拱盔安装、拆除用的人字扒杆、地锚移动用工及拱盔缆风设备工料已计入定额,但不包括扒杆制作的工、料,扒杆数量根据施工组织设计另行计算。

(5)桁构式支架定额中已包括了墩台两旁支撑排架及中间拼装、拆除用支撑架,支撑架已加计了拱矢高度,并考虑了缆风设备。定额以孔为计量单位。

(6)木支架及轻型门式钢支架的帽梁和地梁已计入定额中,地梁以下的基础工程未计入定额中,如需要时应按有关相应定额另行计算。

(7)简单支架定额适用于安装钢筋混凝土双曲拱桥拱肋及其他桥梁需增设的临时支架。稳定支架的缆风设施已计入本定额内。

(8)涵洞拱盔支架、板涵支架定额单位的水平投影面积为涵洞长度乘以净跨径。

(9)桥梁拱盔定额单位的立面积系指起拱线以上的弓形侧面积,其工程量按下式计算:

$$F = K \times (\text{净跨径})^2 \tag{1-10}$$

式中:F——桥梁拱盔定额单位面积;

K——拱矢度,见表1-36。

拱　矢　度　　表1-36

拱矢度	1/2	1/2.5	1/3	1/3.5	1/4	1/4.5	1/5	1/5.5
K	0.393	0.298	0.241	0.203	0.172	0.154	0.138	0.125
拱矢度	1/6	1/6.5	1/7	1/7.5	1/8	1/9	1/10	—
K	0.113	0.104	0.096	0.09	0.084	0.076	0.067	—

(10)桥梁支架定额单位的立面积为桥梁净跨径乘以高度,拱桥高度为起拱线以下至地面的高度,梁式桥高度为墩、台帽顶至地面的高度,这里的地面指支架地梁的底面。

(11)钢拱架的工程量为钢拱架及支座金属构件的质量之和,其设备摊销费按4个月计算,若实际使用期与定额不同时可予以调整。

(12)钢管支架定额指采用直径大于30cm的钢管作为立柱,在立柱上采用金属构件搭设水平支撑平台的支架,其中下部指立柱顶面以下部分,上部指立柱顶面以上部分。下部工程量按立柱质量计算,上部工程按支架水平投影面积计算。

(13)支架预压的工程量按支架上现浇混凝土的体积计算。

【例1-28】 某现浇矩形板小桥,跨径为2-8m,桥梁高度为5.6m,桥宽为26m。试确定该桥满堂式轻型钢支架的数量及预算定额。

解:(1)根据《预算定额》第四章第九节说明第10条:桥梁支架定额单位的立面积为桥梁净跨径乘以高度。

由已知得桥梁满堂支架的立面积 $=5.6\times2\times8=89.6(m^2)$。

(2)根据《预算定额》第四章第九节说明第1条及第10条:钢支架按有效宽度12.0m计,如实际宽度与定额不同时可按比例换算;定额的换算系数 $=26\div12=2.167$。

由《预算定额》4-9-3-8查得:

人工:$7.2\times89.6\div10\times2.167=139.8$(工日)。

材料:

锯材:$0.043\times89.6\div10\times2.167=0.835(m^3)$;

型钢：$0.014 \times 89.6 \div 10 \times 2.167 = 0.272$(t)；

钢管：$0.004 \times 89.6 \div 10 \times 2.167 = 0.078$(t)；

门式钢支架：$0.020 \times 89.6 \div 10 \times 2.167 = 0.388$(t)；

铁件：$1.6 \times 89.6 \div 10 \times 2.167 = 30.07$(kg)。

机械：

12t以内汽车式起重机：$0.16 \times 89.6 \div 10 \times 2.167 = 3.11$(台班)。

十一、钢结构工程预算定额及应用实例

(1)本节钢桁梁桥定额是按高强螺栓栓接、连孔拖拉架设法编制的，钢索吊桥的加劲桁拼装定额也是按高强螺栓栓接编制的，如采用其他方法施工，应另行计算。

(2)钢桁架桥中的钢桁梁，施工用的导梁钢桁和连接及加固杆件，钢索吊桥中的钢桁、钢纵横梁、悬吊系统构件、套筒及拉杆构件均为半成品，使用定额时应按半成品价格计算。

(3)主索锚碇除套筒及拉杆、承托板以外，其他项目如锚洞开挖、衬砌，护索罩的预制、安装，检查井的砌筑等，应按其他章节有关定额另计。

(4)钢索吊桥定额中已综合了缆索吊装设备及钢桁油漆项目，使用定额时不得另行计算。

(5)抗风缆结构安装定额中未包括锚碇部分，使用定额时应按有关相应定额另行计算。

(6)安装金属栏杆的工程量系指钢管的质量，至于栏杆座钢板、插销等均以材料数量综合在定额内。

(7)定额中成品构件单价构成：

工厂化生产，无需施工企业自行加工的产品为成品构件，以材料单价的形式计入定额。其材料单价为出厂价格与运输至施工场地的费用之和。

①平行钢丝拉索，吊杆、系杆、索股等以吨(t)为单位，以平行钢丝、钢丝绳或钢绞线质量计量，不包括锚头和PE或套管等防护料的质量，但锚头和PE或套管防护料的费用应含在成品单价中。

②钢绞线斜拉索的工程量以钢绞线的质量计算，其单价包括厂家现场编索和锚具费用。悬索桥锚固系统预应力环氧钢绞线单价中包括两端锚具费用。

③钢箱梁、索鞍、拱肋、钢纵横梁等以吨(t)为单位。钢箱梁和拱肋单价中包括工地现场焊接费用。

(8)施工电梯、施工塔式起重机没有计入定额中，需要时根据施工组织设计另行计算其安拆及使用费。

(9)钢管拱桥定额中未计入钢塔架、扣塔、地锚、索道的费用，应根据施工组织设计套用“预制、安装混凝土及钢筋混凝土构件”相关定额另行计算。

(10)悬索桥的主缆、吊索、索夹、检修道定额未包括涂装防护，应另行计算。

(11)定额未含施工监控费用，需要时另行计算。

(12)定额未含施工期间航道占用费，需要时另行计算。

(13)工程量计算规则：

①定位钢支架质量为定位支架型钢、钢板、钢管质量之和，以吨(t)为单位计算。

②锚固拉杆质量为拉杆、连接器、螺母(包括锁紧和球面)、垫圈(包括锁紧和球面)质量

之和,以吨(t)为单位计算。

③锚固体系环氧钢绞线质量以吨(t)为单位计算。定额包括了钢绞线张拉的工作长度。

④塔顶门架质量按门架型钢质量,以吨(t)为单位计算。钢格栅按钢格栅和反力架质量之和计算,以吨(t)为单位。主索鞍质量包括承板、鞍体、安装板、挡块、槽盖、拉杆、隔板、锚梁、锌质填块的质量,以吨(t)为单位计算。散索鞍质量包括底板、底座、承板、鞍体、压紧梁、隔板、拉杆、锌质填块的质量,以吨(t)为单位计算。主索鞍定额按索鞍顶推6次计算,如顶推次数不同,则按人工每10t·次1.8工日进行增减。鞍罩为钢结构,以套为单位计算,一个主索鞍处为一套。鞍罩的防腐和抽湿系统费用需另行计算。

⑤牵引系统长度为牵引系统所需的单侧长度,以米(m)为单位计算。

⑥猫道系统长度为猫道系统的单侧长度,以米(m)为单位计算。

⑦索夹质量包括索夹主体、螺母、螺杆、防水螺母、球面垫圈质量,以吨(t)为单位计算。

⑧缠丝以主缆长度扣除锚跨区、塔顶区、索夹处无需缠丝的主缆长度后的单侧长度,以米(m)为单位计算。

⑨缆套包括套体、锚碇处连接件、标准镀锌紧固件质量,以吨(t)为单位计算。

⑩钢箱梁质量为钢箱梁(包括箱梁内横隔板)、桥面板(包括横肋)、横梁、钢锚箱质量之和。

⑪钢拱肋的工程量以设计质量计算,包括拱肋钢管、横撑、腹板、拱脚处外侧钢板、拱脚接头钢板及各种加劲块,不包括支座和钢拱肋内混凝土的质量。

【例1-29】 已知某悬索桥的塔在水中,但有施工便桥可将主索鞍运至塔底,主索鞍顶推次数为4次,试确定该桥主索鞍的预算定额。

解:(1)根据《预算定额》4-10-8注中规定:如果水中塔可利用施工便桥将主索鞍运至塔底时,应按岸上塔主索鞍定额计算。

(2)根据《预算定额》第四章第十节说明第13(4)条规定:主索鞍定额按索鞍顶推6次计算,如顶推次数不同,则按人工每10t·次1.8工日,顶推设备每10t·次0.18台班进行增减。

(3)依据上述两条,由《预算定额》4-10-8-4查得(每10t):

人工:$117.3-1.8\times2=113.7$(工日)。

材料:

锯材:0.833m^3;

钢绞线:0.060t;

型钢:0.038t;

钢板:0.015t;

钢丝绳:0.011t;

电焊条:4.0kg;

索鞍构件:10.000t;

钢绞线群锚(19孔):0.59套;

其他材料费:171.2元。

机械:

500t以内预应力拉伸机:1.34台班;

100t 以内平板拖车组:0. 29 台班;

75t 以内汽车式起重机:0. 29 台班;

50kN 以内单筒慢动卷扬机:0. 45 台班;

80kN 以内单筒慢动卷扬机:0. 45 台班;

32kV · A 以内交流电弧焊机:0. 92 台班;

小型机具使用费:67. 2 元。

十二、杂项工程预算定额及应用实例

(1)杂项工程包括平整场地、锥坡填土、拱上填料及台背排水、土牛(拱)胎、防水层、基础垫层、水泥砂浆勾缝及抹面、伸缩缝及泄水管、混凝土构件蒸汽养生室建筑及蒸汽养生、预制构件底座、先张法预应力张拉台座、混凝土搅拌站、混凝土搅拌船及混凝土运输、钢桁架栈桥式码头、冷却管、施工电梯、塔吊安拆、拆除旧建筑物等项目,本节定额适用于桥涵及其他构造物工程。

(2)大型预制构件底座定额分为平面底座和曲面底座两项。

平面底座定额适用于 T 形梁、I 形梁、等截面箱梁,每根梁底座面积的工程量按下式计算:

$$底座面积 = (梁长 + 2.00m) \times (梁宽 + 1.00m) \tag{1-11}$$

曲面底座定额适用于梁底为曲面的箱形梁(如 T 形钢构等),每块梁底座的工程量按下式计算:

$$底座面积 = 构件下弧长 \times 底座实际修建宽度 \tag{1-12}$$

平面底座的梁宽指预制梁的顶面宽度。

(3)模数式伸缩缝预留槽钢纤维混凝土中钢纤维的含量是按水泥用量的 1% 计算,如设计钢纤维含量与定额不同时,可按设计用量抽换定额中钢纤维的消耗。

(4)蒸汽养生室面积按有效面积计算,其工程量按每一养生室安置两片梁,其梁间距离为 0. 8m,并按长度每端增加 1. 5m,宽度每边增加 1. 0m 考虑。定额中已将其附属工程及设备,按摊销量计入定额中,编制预算时不得另行计算。

(5)混凝土搅拌站的材料,均已按桥次摊销列入定额中。

(6)钢桁架栈桥式码头定额适用于大型预制构件装船。码头上部为万能杆件及各类型钢加工的半成品和钢轨等,均已按摊销费计入定额中。

(7)施工塔式起重机和施工电梯所需安拆数量和使用时间按施工组织设计的进度安排进行计算。

【例 1-30】 某桥采用毛勒伸缩缝,伸缩量为每排 160mm,每排质量为 180kg/m,全桥共计 75m;另已知伸缩缝预留槽混凝土为 45m^3,钢纤维为 481. 5kg。试确定伸缩缝及预留槽的预算定额消耗。

解:(1)计算伸缩缝的总质量及预算定额消耗

由已知得伸缩缝每排质量为 180kg/m,共计 75m,则伸缩缝的总质量为:

0. 180 × 75 = 13. 5(t)。

由《预算定额》4-11-7-1 查得:

人工:1.2×13.5=16.2(工日)。

材料:

钢丝绳:0.003×13.5=0.041(t);

电焊条:1.3×13.5=17.55(kg);

毛勒伸缩缝:1.000×13.5=13.5(t);

其他材料费:42.0×13.5=567(元)。

机械:

12t以内汽车式起重机:0.05×13.5=0.68(台班);

32kV·A以内交流电弧焊机:0.23×13.5=3.11(台班);

小型机具使用费:21.1×13.5=284.9(元)。

(2)预留槽的预算定额消耗

根据《预算定额》第四章第十一节说明第3条:模数式伸缩缝预留槽钢纤维混凝土中钢纤维的含量是按水泥用量的1%计算,如设计钢纤维含量与定额不同时,可按设计用量抽换定额中钢纤维的消耗。

由已知预留槽混凝土为45m^3,钢纤维为481.5kg,结合《预算定额》4-11-7-5查得:每10m^3混凝土的水泥用量为5.345t,则设计的总水泥用量为:45÷10×5.345=24.05(t)。

设计钢纤维含量为:0.4815÷24.05×100÷100=2%。

则定额中钢纤维的消耗量为:0.4815÷45÷10=0.107(t),由《预算定额》4-11-7-5查得:

人工:24.7×45÷10=111.2(工日)。

材料:

锯材:0.023×45÷10=0.104(m^3);

钢纤维:0.107×45÷10=0.239(t);

42.5级水泥:5.345×45÷10=24.053(t);

水:15×45÷10=67.5(m^3);

中(粗)砂:4.49×45÷10=20.21(m^3);

碎石(2cm):7.65×45÷10=34.43(m^3);

其他材料费:2.0×45÷10=9.0(元)。

机械:

12t以内汽车式起重机:0.42×45÷10=1.89(台班);

小型机具使用费:4.3×45÷10=19.4(元)。

第九节　公路设施及预埋管线工程预算定额及应用实例

一、总体说明

(1)定额中包括交通安全设施、服务设施和管理设施等项目。

(2)定额中只列工程所需的主要材料用量,对次要、零星材料和小型施工机具均未一一列出,分别列入“其他材料费”和“小型机具使用费”内,以元计,编制预算即按此计算。

(3)定额中均已包括混凝土的拌和费用。

(4)如有未包括的项目,可参照相关行业定额。

二、安全设施预算定额及应用实例

本节定额包括柱式护栏,墙式护栏,波形钢板护栏,隔离栅,中间带,车道分离块,标志牌,轮廓标,路面标线,机械铺筑拦水带,里程碑、百米桩、界碑,公共汽车停靠站防雨篷等项目。

(1)定额中波形钢板、型钢立柱、钢管立柱、镀锌钢管、护栏、钢板网、钢板标志、铝合金板标志、柱式轮廓标、钢管防撞立柱、镀锌钢管栏杆、预埋钢管等均为成品,编制预算时按成品价格计算。其中标志牌单价中不含反光膜的费用。

(2)水泥混凝土构件的预制、安装定额中均包括了混凝土及构件运输的工程内容,使用定额时不得另行计算。

(3)工程量计算规则:

①钢筋混凝土防撞护栏中铸铁柱与钢管栏杆按柱与栏杆的总质量计算,预埋螺栓、螺母及垫圈等附件已综合在定额内,使用定额时不得另行计算。

②波形钢板护栏中钢管柱、型钢柱按柱的成品质量计算;波形钢板按波形钢板、端头板(包括端部稳定的锚碇板、夹具、挡板)与撑架的总质量计算,柱帽、固定螺栓、连接螺栓、钢丝绳、螺母及垫圈等附件已综合在定额内,使用定额时不得另行计算。

③隔离栅中钢管柱按钢管与网框型钢的总质量计算,型钢立柱按柱与斜撑的总质量计算,钢管柱定额中已综合了螺栓、螺母、垫圈及柱帽钢板的数量,型钢立柱定额中已综合了各种连接件及地锚钢筋的数量,使用定额时不得另行计算。钢板网面积按各网框外边缘所包围的净面积之和计算。刺铁丝网按刺铁丝的总质量计算,铁丝编织网面积按网高(幅宽)乘以网长计算。

④中间带隔离墩上的钢管栏杆与防眩板分别按钢管与钢板的总质量计算。

⑤金属标志牌中立柱质量按立柱、横梁、法兰盘等的总质量计算;面板质量按面板、加固槽钢、抱箍、螺栓、滑块等的总质量计算。

⑥公共汽车停靠站防雨篷中钢结构雨篷的长度按顺路方向防雨篷两端立柱中心间的长度计算;钢筋混凝土防雨篷的水泥混凝土体积按水泥混凝土垫层、基础、立柱及顶棚的体积之和计算,定额中已综合了浇筑立柱及篷顶混凝土所需的支架等,使用定额时不得另行计算。

⑦站台地坪按地坪铺砌的净面积计算,路缘石及地坪垫层已综合在定额中,使用定额时不得另行计算。

【例1-31】 某收费站设计隔离墩为预制钢筋混凝土,已知C30混凝土数量为9.6m^3,光圆钢筋为0.45t,隔离墩上不需安装钢管栏杆及防眩板。试确定该工程的预算定额。

解:(1)预制混凝土

由《预算定额》6-1-5-4查得:

人工:42.2×9.6÷10=40.5(工日)。

材料:略。

机械:略。

(2)钢筋工程

根据《预算定额》6-1-5 注规定:隔离墩上如不安装钢管栏杆及防眩板时,应在钢筋子目中扣除人工 4.0 工日,钢板 0.081t,电焊条 7.7kg,30kV · A 交流电焊机 2.30 台班。则由《预算定额》6-1-5-5 查得:

人工:(14.6 −4.0) ×0.45 =4.77(工日)。

材料:

光圆钢筋:1.025 ×0.45 =0.461(t);

钢板:(0.081 −0.081) ×0.45 =0(t);

电焊条:(7.7 −7.7) ×0.45 =0(kg);

20 ~22 号铁丝:5.1 ×0.45 =2.30(kg)。

机械:

32kV · A 以内交流电弧焊机:(2.30 −2.30) ×0.45 =0(台班);

小型机具使用费:46.7 ×0.45 =21.02(元)。

三、监控、收费系统预算定额及应用实例

(1)本节包括监控、收费系统中管理站、分中心、中心(计算机及网络设备,视频控制设备安装,附属配套设备),收费车道设备,外场管理设备(车辆检测设备安装、调试,环境检测设备安装、调试,信息显示设备安装、调试,视频监控与传输设备安装、调试),系统互联与调试,系统试运行、收费岛、人(手)孔十二个项目。

(2)本节不包括以下工作内容:

①设备本身的功能性故障排除。

②制作缺件、配件。

③在特殊环境条件下的设备加固、防护。

④与计算机系统以外的外系统联试、校验或统调。

⑤设备基础和隐蔽管线施工(收费岛除外)。

⑥外场主干通信电缆和信号控制电缆的敷设施工及试运行。

⑦接地装置、避雷装置的制作与安装,安装调试设备必需的技术改造和修复施工。

(3)收费岛上涂刷反光标志漆和粘贴反光膜的数量,已综合收费岛混凝土定额中,使用定额时均不得另行计算。

(4)防撞栏杆的预埋钢套管数量已综合在定额中,使用定额时不得另行计算。

(5)防撞立柱的预埋钢套管及立柱填充水泥混凝土、立柱与预埋钢套管之间灌填水泥砂浆的数量,均已综合在定额中,使用定额时不得另行计算。

(6)设备基础混凝土定额中综合了预埋钢筋、地脚螺母、底座法兰盘的数量,使用定额时不得另行计算。

(7)敷设电线钢套管定额中综合了螺栓、螺母、镀锌管接头、钢管用塑料护口、醇酸防锈漆、裸铜线、钢锯条、溶剂汽油等的数量,使用定额时不得另行计算。

(8)如设计采用的人(手)孔混凝土强度等级和数量与定额不同时,可调整定额用量。

（9）工程量计算规则：

①设备安装定额单位除LED显示屏以平方米（m^2）计、系统试运行以系统·月计外，其余均以台或套计。

②计算机系统的可靠性、稳定性运行按计算机系统24h连续计算确定，超过要求时，其费用另行计算。

③收费岛浇筑混凝土工程量按岛身、收费亭基础、收费岛敷设穿线钢管水泥混凝土垫层、防撞柱水泥混凝土基础、配电箱水泥混凝土基础和控制箱水泥混凝土基础体积之和计算。

④收费岛钢筋工程量按收费岛、收费亭基础的钢筋数量之和计算。

⑤设备基础混凝土工程量按设备水泥混凝土基础体积计算。

⑥镀锌防撞护栏的工程量按镀锌防撞护栏的质量计算。

⑦钢管防撞柱的工程量按钢管防撞立柱的质量计算。

⑧配电箱基础预埋PVC管的工程量按PVC管长度计算。

⑨敷设电线钢套管的工程量按敷设电线钢套管质量计算。

【例1-32】　某高速公路监控分中心共计6个站点，设计该系统试运行期为3个月。试确定该监控系统试运行的预算定额。

解：由《预算定额》6-2-10-1、4查得：

人工：(120 + 18) × 3 = 414（工日）；

其他材料费：(425.3 + 95.2) × 3 = 1 561.5（元）；

90kW以内工程修理车：(5.0 + 1.0) × 3 = 18（台班）；

小型机具使用费：(143.3 + 29.7) × 3 = 519（元）。

四、通信系统预算定额及应用实例

（1）本节定额适用于通信系统工程，内容包括光电传输设备安装，程控交换设备安装、调试，有线广播设备安装，会议专用设备安装，微波通信系统的安装、调试，无线通信系统的安装、调试，电源安装、通信管道敷设和包封等共二十三个项目。

（2）安装电缆走线架定额中，不包括通过沉降（伸缩）缝和要做特殊处理的内容，需要时按有关定额另行计算。

（3）布放电缆定额只适用于在电缆走道、槽道及机房内地槽中布放。

（4）2.5Gb/s系统的ADM分插复用器，分插支路是按8个155Mb/s（或140Mb/s）光口或电口考虑的，当支路数超过8个时，每增加1个155Mb/s（或140Mb/s）支路增加2个工日。

（5）通信铁塔的安装是按在正常的气象条件下施工确定的，定额中不包括铁塔基础施工、预埋件埋设及防雷接地工程等内容，需要时按有关定额另行计算。

（6）安装通信天线，不论有无操作平台均执行本定额；安装天线的高度均指天线底部距塔（杆）座的高度。

（7）通信管道定额中不包括管道过桥时的托架和管箱等工程内容，应按相关定额另行计算。挖管沟本定额也未包括，应按“路基工程”项目人工挖运土方定额计算。

（8）硅芯管敷设定额已综合标石的制作及埋放，人孔处的包封等，使用定额时不得另行计算。

(9)镀锌钢管敷设定额中已综合接口处套管的切割、焊接、防锈处理等内容,使用定额时不得另行计算。

(10)敷设通信管道和管道包封均按管道(不含桥梁)长度计算。

【例 1-33】 某项目铺设硅芯管通信管道工程,设计为 14 孔,共计 5 600m,挖沟土方为 1 200m^3(硬土)。试确定该工程的预算定额。

解:(1)铺设硅芯管

由《预算定额》6-3-22-1、2 查得:

人工:(47.2 +3.3 ×2) ×5 600 ÷1 000 =301.3(工日);

硅芯管:(12 120 +1 010 ×2) ×5 600 ÷1 000 =79 184(m);

其他材料费:241.8 ×5 600 ÷1 000 =1 354.1(元);

4t 以内载货汽车:0.50 ×5 600 ÷1 000 =2.8(台班);

5t 以内汽车式起重机:0.50 ×5 600 ÷1 000 =2.8(台班)。

(2)挖沟

根据《预算定额》第六章第三节说明第 7 条:挖管沟本定额也未包括,应按“路基工程”项目人工挖运土方定额计算。

由《预算定额》1-1-6-3 查得:

人工:258.5 ×1 200 ÷1 000 =310.2(工日)。

五、供电、照明系统预算定额及应用实例

(1)本节定额包括干式变压器安装,电力变压器干燥,杆上、埋地变压器安装,组合型成套箱式变电站安装,控制、继电、模拟及配电屏安装,电力系统调整试验,柴油发电机组及其附属设备安装,排气系统安装,其他配电设备安装,灯架安装,立灯杆,杆座安装,高杆灯具安装,照明灯具安装,标志、诱导装饰灯具安装,其他灯具安装十六个项目。

(2)干式变压器如果带有保护外罩时,人工和机械乘以系数 1.2。

(3)变压器油是按设备自带考虑的,但施工中变压器油的过滤损耗及操作损耗已包括在定额中。变压器安装过程中放注油、油过滤所使用的油罐,已摊入油过滤定额中。

(4)高压成套配电柜中断路器安装定额系综合考虑的,不分容量大小,也不包括母线配制及设备干燥。

(5)组合型成套箱式变电站主要是指 10kV 以下的箱式变电站,一般布置形式为变压器在箱的中间,箱的一端为高压开关位置,另一端为低压开关位置。

(6)控制设备安装未包括支架的制作和安装,需要时可按相关定额另行计算。

(7)送配电设备系统调试包括系统内的电缆试验、瓷瓶耐压等全套调试工作。供电桥回路中的断路器、母线分段断路器皆作为独立的供电系统计算,定额皆按一个系统一侧配一台断路器考虑,若两侧皆有断路器时,则按两个系统计算。如果分配电箱内只有刀开关、熔断器等不含调试元件的供电回路,则不再作为调试系统计算。

(8)3 ~10kV 母线系统调试含一组电压互感器,1kV 以下母线系统调试定额不含电压互感器,适用于低压配电装置的各种母线(包括软母线)的调试。

(9)灯具安装定额是按灯具类型分别编制的,对于灯具本身及异型光源,定额已综合了

安装费,但未包括其本身的价值,应另行计算。

(10)各种灯架元器具件的配线,均已综合考虑在定额内,使用时不作调整。

(11)本节定额已包括利用仪表测量绝缘及一般灯具的试亮等工作内容,使用定额时不得另行计算,但不包括全负荷试运行。

(12)本节定额未包括电缆接头的制作及导线的焊压接线端子。

(13)各种灯柱穿线均套用相应的配管配线定额。

(14)室内照明灯具的安装高度,投光灯、碘钨灯和混光灯定额是按10m以下编制的,其他照明灯具安装高度均按5m以下编制的。

(15)普通吸顶灯、荧光灯、嵌入式灯、标志灯等成套灯具安装是按灯具出厂时达到安装条件编制的,其他成套灯具安装所需配线,定额中均已包括。

(16)立灯杆定额中未包括防雷及接地装置。

(17)25m以上高杆灯安装,未包括杆内电缆敷设。

【例1-34】　某高速公路服务区供电系统采用干式变压器,容量为500kV·A,且带有保护外罩。试确定该变压器安装的预算定额。

解:根据《预算定额》第六章第四节说明第2条规定:干式变压器如果带有保护罩时,人工和机械乘以系数1.2,则由《预算定额》6-4-1-3查得:

人工:11.2×1.2=13.4(工日)。

材料:

钢板:0.004t;

镀锌钢板:0.005t;

电焊条:0.3kg;

镀锌螺栓:1.4kg;

8~12号铁丝:1.0kg;

其他材料费:49.9元。

机械:

6t以内载货汽车:0.12×1.2=0.14(台班);

5t以内汽车式起重机:0.10×1.2=0.12(台班);

32kV·A以内交流电弧机:0.21×1.2=0.25(台班)。

六、光缆、电缆敷设预算定额及应用实例

(1)本节定额包括室内光缆穿放和连接,安装测试光缆终端盒,室外敷设管道光缆,光缆接续,光纤测试,敷设塑料子管,穿放或布放电话线,敷设双绞线缆,跳线架和配线架安装,布放同轴电缆,敷设多芯电缆,安装线槽,开槽,电缆沟铺砂盖板,揭盖板,顶管、铜芯电缆敷设,热缩式电缆终端头或中间头制作安装,控制电缆头制作安装,桥架或支架安装共十八个项目。

(2)本节定额均包括:准备工作、施工安全防护、搬运、开箱、检查、定位、安装、清理、接电源、接口正确性检查和调试、清理现场和办理交验手续等工作内容。

(3)本节定额不包括:设备本身的功能性故障排除,制作缺件、配件,在特殊环境下的设备加固、防护等工作内容。

(4)双绞线缆的敷设及跳线架和配线架的安装、打接定额消耗量是按五类非屏蔽布线系统编制的,高于五类的布线工程按定额人工工日消耗量增加10%、屏蔽系统增加20%计取。

(5)工程量计算规则:

①电缆敷设按单根延长米计算(如一个架上敷设3根各长100m的电缆,工程量应按300m计算,以此类推)。电缆附加及预留的长度是电缆敷设长度的组成部分,应计入电缆工程量之内。电缆进入建筑物预留长度按2m计算,电缆进入沟内或吊架的预留长度按1.5m计算,电缆中间接头盒预留长度两端各按2m计算。

②电缆沟盖板揭、盖定额,按每揭、盖一次以延长米计算。如又揭又盖,则按两次计算。

③用于扩(改)建工程时,所用定额的人工工日乘以1.35系数;用于拆除工程时,所用定额的人工工日乘以0.25系数。施工单位为配合认证单位验收测试而发生的费用,按本定额验证测试子目的工日、仪器仪表台班总用量乘以0.30系数计取。

【例1-35】 某一级公路改扩建工程,采用人工敷设塑料子管(3孔)。试确定该工程的预算定额。

解:根据《预算定额》第六章第五节说明第5(3)条规定:用于扩(改)建工程时,所用定额的人工工日乘以1.35系数。

由《预算定额》6-5-6-2查得:

人工:30.1×1.35=40.6(工日)。

材料:

8~12号铁丝:3.0kg;

20~22号铁丝:20.3kg;

通信子管:3 030m;

其他材料费:351.2元。

七、配管、配线及接地工程预算定额及应用实例

(1)本节定额包括镀锌钢管安装,给水管道安装,钢管地埋敷设,钢管砖、混凝土结构暗配,钢管钢结构支架配管,PVC阻燃塑料管敷设,母线、母线槽安装,落地式控制箱安装,成套配电箱安装,接线箱、接线盒的安装,接地装置安装,避雷针及引下线安装,防雷装置安装,防雷接地装置测试共十四个项目。

(2)镀锌钢管法兰连接定额中,管件是按成品、弯头两端是按短管焊法兰考虑的,包括了直管、管件、法兰等全部安装工序内容。

(3)接地装置是按变配电系统接地、车间接地和设备接地等工业设施接地编制的。定额中未包括接地电阻率高的土质换土和化学处理的土壤及由此发生的接地电阻测试等费用,需要时应另行计算。接地装置换填土执行电缆沟挖填土相应子目。

(4)定额中避雷针安装、避雷引下线的安装均已考虑了高空作业的因素。避雷针按成品件考虑。

(5)工程量计算规则:

①给水管道,室内外界线以建筑物外墙皮1.5m为界,入口处设阀门者以阀门为界;与市政管道界线以水表井为界,无水表井者,以与市政管道碰头点为界。

②配管的工程量计算不扣除管路中的接线箱(盒)、灯盒、开关盒所占的长度。

第十节　绿化及环境保护工程预算定额及应用实例

一、绿化及环境保护工程预算定额介绍

(1)死苗补植在栽植子目中已包含,使用定额时不得更改。盆栽植物均按脱盆的规格套用相应的定额子目。

(2)苗木及地被植物的场内运输已在定额中综合考虑,使用定额时不得另行增加。

(3)本定额的工作内容中清理场地,是指工程完工后将树穴余泥杂物清除并归堆,若有余泥杂物需外运时,其费用另按土石方有关定额子目计算。

(4)栽植子目中均按土可用的情况进行编制,若需要换土,则按有关子目进行计算。

(5)当编制中央分隔带部分的绿化工程预算时,若中央分隔带内的填土没有计入该项工程预算,其填土可按路基土方定额有关子目计算,但应扣减树穴所占的体积。

(6)为了确保路基边坡的稳定而修建各种形式的网格植草或播种草籽等护坡,应并入防护工程内计算。

(7)测量放样均指在场地平整好、达到设计要求后进行,场地平整费用另按场地平整定额子目计算。

(8)运苗木子目仅适用于自运苗木的运输。

(9)定额适用于公路沿线及管理服务区的绿化和公路交叉处(互通立交、平交)的美化绿化工程。

(10)定额中的胸径是指距地坪 1.30m 高处的树干直径,株高是指树顶端距地坪的高度,篱高是指绿篱苗木顶端距地坪的高度。

二、绿化及环境保护工程预算定额应用实例

【例 1-36】 某绿化工程自运乔木 1 500 株,乔木的裸根直径为 5 ~7cm,运距为 2km。试确定其预算定额。

解:由《预算定额》6-7-9-27、28 查得:

人工:4. 5 ×1 500 ÷1 000 =6. 75(工日);

6t 以内载货汽车:(5. 48 +0. 05) ×1 500 ÷1 000 =8. 30(台班)。

第十一节　材料采集、加工及运输预算定额及应用实例

一、材料采集及加工预算定额及应用实例

(1)材料计量单位标准,除有特别说明者外,土、黏土、砂、石屑、碎(砾)石、碎(砾)石土、煤渣、矿渣均按堆方计算;片石、块石、大卵石均按码方计算;料石、盖板石均按实方计算。

(2)开炸路基石方的片(块)石如需利用时,应按捡清片(块)石项目计算。

(3)材料采集及加工定额中,已包括采、筛、洗、堆及加工等操作损耗在内。

【例1-37】 某一级公路路基工程软土地基处理采用抛片石挤淤,而片石为利用路基开炸石方。试确定该工程用片石的材料供应价格。

解:根据《预算定额》第八章说明第2条:开炸路基石方的片(块)石如需利用时,应按本章捡清片(块)石项目计算。

由《预算定额》8-1-6-3 查得(100m^3码方):

人工:27.7工日。

二、材料运输预算定额及应用实例

(1)汽车运输项目中因路基不平、土路松软、泥泞、急弯、陡坡而增加的时间消耗,定额内已予考虑。

(2)人力装卸船舶可按人力挑抬运输、手推车运输相应项目定额计算。

(3)所有材料的运输及装卸定额中,均未包括堆、码方工日。

(4)本章定额中未列名称的材料,可按下列规定执行,其中不是以质量计量的应按单位质量进行换算。

①水按运输沥青、油料定额乘以0.85系数计算。

②与碎石运输定额相同的材料有:天然级配、石渣、风化石。

③定额中未列的其他材料,一律按水泥运输定额计算。

【例1-38】 某高速公路工程用水,需从水源地自办运输,运距为3km(15t以内运输车)。试确定水的运输台班。

解:根据《预算定额》第九章说明第4(1)条:水按运输沥青、油料定额乘以0.85系数计算。

由《预算定额》9-1-5-59、60 查得(每100t):

15t以内载货汽车:$(1.49+0.05\times2)\times0.85=1.35$(台班)。

第十二节 基本定额、材料周转及摊销定额及应用实例

一、基本定额的内容及组成

基本定额是指在合理的社会平均条件下,生产单位数量的半成品和中间产品所规定的各种资源消耗量的标准,如模板工作定额。基本定额是《预算定额》的组成部分,其内容及组成如图1-10所示。

二、基本定额的作用

基本定额的主要作用如下:

(1)对定额进行抽换。当设计与定额表出现不同时,可通过基本定额表对定额进行抽换。

(2)当定额表中的分项工程项目不能满足设计需要的项目时,如新结构、新工艺,可根据其具体的工程数量通过基本定额的相关内容,分析计算其所需的工、料、机消耗量。例如某

桥新型结构工艺现浇混凝土所需模板与定额消耗不同，即可通过基本定额中的“桥涵模板工作”来分析确定工料消耗。

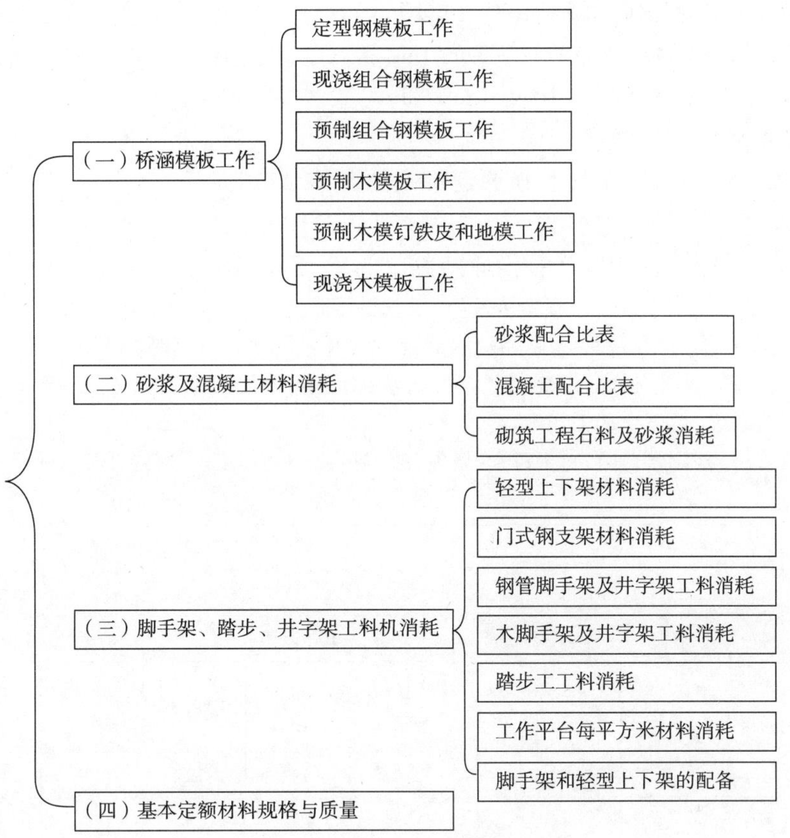

图 1-10　基本定额的内容及组成

【例 1-39】　某桥桩基础工程，设计采用 C30 水下混凝土（回旋钻钻孔、泵送），桩径为 1.5m。试分析编制预算时是否需要抽换定额消耗，如何抽换？

解：(1)由《预算定额》4-4-7-15（见本书表 1-37）可知，该定额表所列为 C25 水下混凝土，与设计不符，故应对定额进行抽换。

(2)具体抽换计算如下：

①由灌注桩混凝土预算定额 4-4-7-15（见本书表 1-37）查得（每 $10m^3$）：

C25 水下混凝土：$12.24m^3/10m^3$；

32.5 级水泥：$5.226t/10m^3$；

中（粗）砂：$6.12m^3/10m^3$；

碎石（4cm）：$9.18m^3/10m^3$。

②由基本定额查得（见本书表 1-38）：

32.5 级水泥：$385kg/m^3$；

中粗砂：$0.47m^3/m^3$；

碎石（4cm）：$0.83m^3/m^3$。

③每 $10m^3$ 灌注桩混凝土材料定额为：

C30 水下混凝土：

32.5 级水泥：12.24 × 0.385 = 4.712（$t/10m^3$）；

中粗砂：12.24 × 0.47 = 5.75（$m^3/10m^3$）；

碎石(4cm)：12.24 × 0.83 = 10.16（$m^3/10m^3$）。

④最终抽换后采用值为：

32.5 级水泥：4.712$t/10m^3$（替换原定额中的 5.226$t/10m^3$）；

中粗砂：5.75$m^3/10m^3$（替换原定额中的 6.12$m^3/10m^3$）；

碎石(4cm)：10.16$m^3/10m^3$（替换原定额中的 9.18$m^3/10m^3$）。

4-4-7 灌注桩混凝土 表 1-37

工程内容 混凝土：1）安、拆导管及漏斗；2）浇筑混凝土或水下混凝土；3）凿除混凝土桩头。

钢筋：除锈、下料、制作、点焊，焊接骨架，场内运输，钢筋骨架起吊入孔、接长（焊接或套筒连接）、定位等全部工作内容。

检测管：1）检测管截断、封头；2）套管制作、焊接；3）对接、定位、焊接、固定，临时支撑保护。

Ⅰ. 混 凝 土 单位：$10m^3$ 实体

序号	项目	单位	代号	回旋、潜水钻成孔					
				桩径(cm)					
				100 以内			150 以内		
				卷扬机配吊斗	起重机配吊斗	输送泵	卷扬机配吊斗	起重机配吊斗	输送泵
				10	11	12	13	14	15
1	人工	工日	1	18.1	9.5	2.8	17.0	8.5	1.9
2	C25 水泥混凝土	m^3	19	—	—	—	—	—	—
3	C25 水下混凝土	m^3	29	(12.19)	(12.19)	(12.43)	(12.01)	(12.01)	(12.24)
4	C25 泵送混凝土	m^3	47	—	—	—	—	—	—
5	32.5 级水泥	t	832	5.205	5.205	5.308	5.128	5.128	5.226
6	水	m^3	866	3	3	3	3	3	3
7	中(粗)砂	m^3	899	6.10	6.10	6.22	6.01	6.01	6.12
8	碎石(4cm)	m^3	952	9.14	9.14	9.32	9.01	9.01	9.18
9	其他材料费	元	996	2.7	2.7	2.7	1.4	1.4	1.4
10	设备摊销费	元	997	52.6	52.6	52.6	51.6	51.6	51.6
11	$60m^3/h$ 以内混凝土运输泵	台班	1316	—	—	0.10	—	—	0.10
12	12t 以内汽车式起重机	台班	1451	—	0.41	—	—	0.40	—
13	50kN 以内单筒慢动卷扬机	台班	1500	0.95	—	—	0.93	—	—
14	小型机具使用费	元	1998	3.8	1.6	—	3.7	1.6	—
15	基价	元	1999	3 580	3 349	2 889	3 484	3 254	2 802

混凝土配合比　　表 1-38

单位:1m^3 混凝土

顺序号	项目	单位	水下混凝土				防水混凝土				喷射混凝土				片石混凝土		
			碎(砾)石最大粒径(mm)														
			40								20				80		
			混凝土强度等级														
			C20	C25	C30	C35	C25	C30	C35	C40	C15	C20	C25	C30	C10	C15	C20
			水泥强度等级														
			32.5	32.5	32.5	32.5	32.5	32.5	42.5	42.5	32.5	32.5	32.5	32.5	32.5	32.5	32.5
			61	62	63	64	65	66	67	68	69	70	71	72	73	74	75
1	水泥	kg	368	398	385	434	368	427	460	505	435	445	469	510	180	215	240
2	中(粗)砂	m^3	0.49	0.46	0.47	0.46	0.52	0.51	0.50	0.49	0.61	0.61	0.6	0.59	0.49	0.47	0.46
3	碎(砾)石	m^3	0.8	0.84	0.83	0.81	0.71	0.69	0.67	0.66	0.58	0.57	0.57	0.56	0.71	0.71	0.7
4	片石	m^3	—	—	—	—	—	—	—	—	—	—	—	—	0.215	0.215	0.215

注:(1)采用细砂配制混凝土时,每 m^3 混凝土的水泥用量增加 4%。

(2)表列各种强度混凝土的水泥用量,系按机械捣固计算的,如采用人工捣固时,每 m^3 混凝土增加水泥用量 25kg。

(3)表列用量已包括场内运输及操作损耗。

(4)公路水下构造物每 m^3 混凝土水泥用量:机器捣固不应少于 240kg,人工捣固不应少于 265kg。

三、材料周转与摊销

在《预算定额》附录三中编有“材料的周转与摊销”定额,它的主要作用是:

(1)规定了周转性材料的周转、摊销次数。

(2)对于达不到规定的周转次数的材料,应对定额进行抽换。

关于周转性材料,《预算定额》总说明第八条规定:定额中周转性材料、模板、支撑、脚手杆、脚手板和挡土板等数量,已考虑了材料的正常周转次数并计入定额内。其中,就地浇筑钢筋混凝土梁用的支架及拱圈用的拱盔、支架,如确因施工安排达不到规定的周转次数时,可根据具体情况进行换算并按规定计算回收,其余工程一般不予抽换。

材料的周转及摊销均按下式计算:

$$定额用量 = 图纸一次使用量 \times (1 + 场内运输及操作损耗) / 周转次数(或摊销次数) \tag{1-13}$$

各种工程材料周转及摊销次数规定见《预算定额》附录三。周转性材料的回收规定见《公路工程基本建设项目概预算编制办法》(JTG B06—2007)。

第二章　公路工程机械台班费用定额及其应用

交通部2007年第33号公告所公布的《公路工程机械台班费用定额》(JTG B06-03—2007)(以下简称《台班费用定额》),是《公路工程概算定额》和《公路工程预算定额》的配套定额,在编制公路工程概算、预算时配合使用。

第一节　机械台班费用定额的编制原则和依据

一、编制原则和编制依据

(1)为了合理确定和控制公路基本建设工程造价,提高投资效益,依据目前国家有关技术经济政策,充分考虑公路基本建设工程的特点以及近几年来高等级公路和施工机械技术发展情况编制机械台班费用定额。

(2)有利于促进公路基本建设工程施工机械化的发展,提高公路施工企业的管理水平和自我积累、自我发展的能力。

(3)施工机械选型。国产机械按国家已定型生产的,目前公路基本建设工程中常用的施工机械型号、规格取定;进口机械中凡国产机械性能、规格相同的一律选用国产机械,其性能、规格与国产机械不同的,则从我国公路施工中应用较广泛、成熟的机型和规格选择取定。

(4)机械预算价格的确定。国产机械,由于近年来国家对大部分施工机械的价格已经放开,因此国产机械的预算价格主要按照机械生产厂家询价、市场价格以及各地公路施工企业的实购价格,经分析后合理取定;进口机械,按照公路施工企业实际购置或外贸部门调查的到岸完税价格取定。

(5)充分考虑公路施工机械管理部门的机械设备能力、机械完好率和利用率以及台班费的经营核算情况等。

(6)注重调查研究,广泛搜集各地公路施工企业和各部门有关施工机械的技术、经济基础数据资料。

二、机械分类

1.按机械的作业对象划分

①土石方工程机械;

②路面工程机械;

③混凝土及灰浆机械;

④水平运输机械；
⑤起重及垂直运输机械；
⑥打桩、钻孔机械；
⑦泵类机械；
⑧金属、木、石加工机械；
⑨动力机械；
⑩工程船舶；
⑪其他机械。

2. 按机械的自重划分

(1)特大型、大型机械
①土石方工程机械；
②路面工程机械；
③水平运输机械；
④起重及垂直运输机械；
⑤打桩、钻孔机械；
⑥工程船舶；
⑦其他。

(2)中、小型机械
①混凝土及灰浆机械；
②泵类机械；
③金属、木、石加工机械；
④动力机械；
⑤垂直及水平运输机械(皮带运输机、轨道平车、卷扬机等)；
⑥其他。

第二节　定额的适用范围、内容及用途

一、适用范围

《台班费用定额》是编制公路基本建设工程概、预算，以及进行经济核算的依据。公路养护大、中修工程可参考使用。

二、主要内容

《台班费用定额》的内容包括土石方工程机械，路面工程机械，混凝土及灰浆机械，水平运输机械，起重及垂直运输机械，打桩、钻孔机械，泵类机械，金属、木、石料加工机械，动力机械，工程船舶，其他机械等 11 类 746 个子目。

三、《台班费用定额》的用途

(1)据以计算机械台班单价。编制预算时，根据工程所在地区机械工人的工资、燃料、水

和电的预算单价，按《台班费用定额》分析计算确定。

(2)据以计算台班消耗的人工、燃料等实物量。为了编制施工组织设计，需要统计人工、材料等实物量，其中有关机械所消耗的各种资源实物量，要根据《台班费用定额》分析计算确定。

(3)供编制施工组织方案(特别是机械化施工方案)进行经济比较之用。

第三节　机械台班费用的组成

一、费用项目划分

《台班费用定额》的费用项目划分为不变费用和可变费用两类。不变费用包括：折旧费、大修理费、经常修理费、安装拆卸及辅助设施费；可变费用包括：人工费、动力燃料费、养路费及车船使用税。

(1)折旧费：系指施工机械在规定的使用期限内陆续收回其原值的费用。

(2)大修理费：系指施工机械按规定的大修间隔台班进行必需的大修，已恢复其正常功能所需的费用。

(3)经常修理费：系指机械在寿命期内除大修理以外的各级保养(包括一、二、三级保养)以及临时故障排除所需的费用；为保障机械正常运转所需的替换设备、随机使用工具、附具摊销和维护的费用；机械运转与日常保养所需的润滑油脂、擦拭材料(布及棉纱等)费用和机械在规定年工作台班以外的维护、保养费用等。

(4)安装拆卸及辅助设施费：系指机械在施工现场进行安装、拆卸所需的人工费、材料费、机械费、试运转费以及安装所需的辅助设施费；辅助设施费包括安置机械的基础、底座及固定锚桩等项费用。

(5)人工费：系指随机操作人员的工作日工资(包括基本工资、工资性津贴、地区性生活补贴、辅助工资、工资附加费、流动施工津贴和劳动保护费)。

(6)动力燃料费：系指机械在运转施工作业中所耗用的电力、固体燃料(煤、木柴)、液体燃料(汽油、柴油、重油)和水等的费用。

(7)养路费及车船使用税：系指机械按国家有关规定应缴纳的养路费和车船使用税等。

二、计算方法及基本数据的取定

1. 折旧费

折旧费的计算公式为：

$$台班折旧费 = 机械预算价格 \times (1 - 残值率)/耐用台班 \qquad (2\text{-}1)$$

(1)机械预算价格：由机械出厂(或到岸完税)价格和从生产厂(销售单位交货地点或口岸)运至使用单位机械管理部门验收入库的全部费用组成，即：

国产机械预算价格 = 出厂(或销售)价格 + 供销部门手续费 + 一次性运杂费

国产运输机械预算价格 = 出厂(或销售)价格 × (1 + 购置附加费率) + 供销部门手续费 + 一次性运杂费　　(2-2)

进口机械预算价格 = 到岸价格 + 关税 + 增值税 + 外贸部门手续费 + 银行财务费 +

海关监管手续费 + 检疫费 + 商检费 + 国内一次性运杂费 (2-3)

进口运输机械预算价格 =(到岸价格 + 关税 + 增值税)×(1 + 购置附加费率)+ 外贸部门手续费 + 银行财务费 + 海关监管手续费 + 检疫费 + 商检费 + 国内一次性运杂费 (2-4)

国产机械的出厂(或销售)价格主要按照机械生产厂家询价、市场价格以及各地公路施工企业的实购价格,经分析后合理取定。

国产机械的供销部门手续费和一次性运杂费,按机械出厂(或销售)价格的7%计算。

进口机械的到岸价格主要是依据机械到岸价格的外币值乘以定额编制期国家公布的外汇汇率计算。

进口机械的国内一次性运杂费,按机械到岸完税价格的3%计算。

机械预算价格中有关的关税、增值税、车辆购置附加费、外贸部门手续费、银行财务费、海关监管手续费、检疫费、商检费按现行国家规定计算。

(2)残值率:指施工机械报废时,其回收残余价值占机械原值的比率,一般为2% ~5%。

其中,运输机械的残值率为2%、特大型机械的残值率为3%、中小型机械的残值率为4%、掘进机械的残值率为5%。

(3)各类施工机械的折旧年限按财政部、中国人民建设银行(1993)财预字第6号通知颁布的《施工、房地产开发企业财务制度》中"企业固定资产分类折旧年限表"的规定取值。

(4)年工作台班:指施工机械在规定的使用期内,每年应作业的平均台班数。其数值根据国家的有关规定和公路施工企业的调查资料取定,考虑了北方地区因气候寒冷施工期短而进行两班作业的因素。

(5)耐用总台班:指机械设备从开始投入使用至报废前所使用的总台班数。

耐用总台班 = 年工作台班 × 折旧年限 (2-5)

(6)大修理间隔台班:指机械从开始投入使用至第一次大修理或自上次大修理起至下次大修理止的使用台班数。

大修理间隔台班 = 耐用总台班/使用周期 (2-6)

(7)使用周期:即为大修理周期,是指机械在正常施工作业的条件下,在其寿命期(耐用总台班)内,按规定的大修理次数划分的工作周期数。

使用周期 = 大修理次数 + 1 (2-7)

大修理间隔台班、大修理次数根据《技术经济定额》的规定,结合公路工程的施工作业特点取定。

2. 大修理费

大修理费的计算公式为:

台班大修理费 = 大修理一次费用 ×(使用周期 - 1)/耐用总台班 (2-8)

大修理一次费用:指机械设备按规定的大修理范围,修理工作内容所需更换零件、配件、消耗材料及机械和工时、送修运杂费等。

大修理一次费用可根据《技术经济定额》中的有关数据,按定额编制期的配件、辅料及工时等市场价格计算。对于少量的目前尚无大修理一次费用资料的机械项目,按同类或相近机械的大修理一次费用占机械预算价格的比例予以取定。

3. 经常修理费

经常修理费的计算公式为：

台班经常修理费 = [Σ(大修理期内各级保养一次费用 × 保养次数) + 临时故障排除费用/大修理间隔台班] + {[替换设备及工具附具费用 × (1 − 残值率) + 替换设备及工具附具维护费用]/替换设备及工具附具耐用台班} + Σ例保辅料 (2-9)

替换设备及工具附具包括轮胎、电缆、蓄电池、运转皮带、钢丝绳、胶皮管、履带、刀片、斗齿、锯片等消耗性设备和随机配备的全套工具附具。

台班经常修理费的计算方法是：典型机械采用按照确定经常修理范围、内容等测算的办法计算；其余机械则采用典型机械测算的台班经常修理费与台班大修理费的比值（K 值）办法推算。

台班经常修理费与台班大修理费的比值计算公式为：

K = 典型机械台班经常修理费测算值/典型机械台班大修理费测算值 (2-10)

即： 台班经常修理费 = 台班大修理费 × K

4. 安装拆卸及辅助设施费

安装拆卸及辅助设施费的计算公式为：

台班安装拆卸及辅助设施费 = (机械一次安装拆卸费 × 年平均安装拆卸次数/年工作台班) + 台班辅助设施摊销费 (2-11)

各种机械的一次安装拆卸费、年平均安装拆卸次数和台班辅助设施摊销费根据各公路施工部门的资料经分析平衡后取定。

5. 人工消耗

人工消耗指随机操作人员的数量，根据机械规格型号及有关资料确定。

人工费 = 定额机上人工工日 × 日工资单价 (2-12)

6. 动力燃料消耗

动力燃料消耗指机械在运转施工作业中所耗用的电力、固体燃料（煤、木柴）、液体燃料（汽油、柴油、重油）和水等。

定额动力燃料消耗量按以下方法确定：

(1) 施工现场实测数据和施工企业的统计资料。

(2) 机械规格与《技术经济定额》中相同的机械项目按《技术经济定额》中相应的燃料动力消耗量，结合公路施工的特点和机械燃料动力消耗的调查资料分析平衡后取定。

对于无法取得上述资料的机械项目按下式计算。

①电力台班消耗量计算公式为：

$$Q = (P \times 8 \times K_1 \times K_2 \times K_3)/K_4 \tag{2-13}$$

式中：Q——电力台班消耗量（kW · h）；

P——电动机额定功率（kW）；

K_1——电动机时间利用系数；

K_2——电动机能力利用系数；

K_3——低压线路损耗系数，$K_3 = 1.05$；

K_4——电动机有效利用系数，取与K_2相对应的值（见表2-1，可用内插法求得）。

K_4 取值表　　表2-1

负荷程度	荷载						
	0	1/4	1/4～1/2		1/2	3/4	1
K_2	0.20	0.50	0.60	0.70	0.78	0.85	0.88
K_4	0	0.78	0.80	0.83	0.85	0.88	0.89

②燃油台班消耗量计算公式为：

$$Q = (P \times 8 \times G \times K_1 \times K_2 \times K_3 \times K_4)/1\,000 \tag{2-14}$$

式中：Q——燃油台班消耗量（kg）；

P——发动机额定功率（kW）；

G——比油耗（g/kW·h），汽油机比油耗 $G = 325$，柴油机比油耗取值见表2-2；

K_1——时间利用系数；

K_2——能力利用系数；

K_3——车速耗油系数，$K_3 = 0.97 \sim 1.00$，为简化计算，取定 $K_3 = 1.00$；

K_4——油耗损耗系数，$K_4 = 1.03$。

柴油机比油耗取值表　　表2-2

发动机系列	85	95	105	110	115	120	125	135	146	160	250
G	271.42	245.58	258.50	258.50	252.04	245.58	245.58	232.66	271.42	232.66	226.20

式（2-14）可简化为：

$$Q = (P \times 8 \times G \times K_1 \times K_2)/1\,000 \tag{2-15}$$

7. 养路费及车船使用税

养路费及车船使用税按各省、自治区、直辖市及国家有关部门的规定标准计算公式如下：

台班养路费及车船使用税 =［养路费（元/t·月）×计算吨位（t）×12（年工作月）+
车船使用税（元/t·年）×计算吨位（t）］/年工作台班　（2-16）

计算吨位 = 征费计量标准 × 应征系数　（2-17）

征费计量标准执行交通部、国家物价局通知公布的《公路汽车征费标准计量手册》的有关规定。

应征系数执行各省、自治区、直辖市的有关规定。

第四节　机械台班费用定额表

一、机械台班费用定额表介绍

台班费用定额表是《台班费用定额》的主要组成部分。台班费用定额表是按机械分类编制的，共分11个表。每个表又根据机械的规格分为若干子目的定额。

现将台班费用定额表的组成栏目（表2-3）介绍如下：

机械定额表

表 2-3

序号	代号	机械名称				主机型号	不变费用					可变费用									定额基价
							折旧费	大修理费	经常修理费	安拆及辅助设施费	小计	人工	汽油	柴油	重油	煤	电	水	木柴	养路费及车船使用税	
							元					工日	kg				kW·h	m^3	kg	元	
	一、土、石方工程机械																				
1	1002	推土机	履带式	功率(kW)	60 以内	T80	54.40	21.53	5.98	0.59	132.50	2	—	43.68	—	—	—	—	—	—	444.93
2	1003				75 以内	TY100	101.41	39.73	103.30	0.70	245.14	2	—	54.97	—	—	—	—	—	—	612.89
3	1004				90 以内	T120A	128.75	50.44	131.14	0.81	311.14	2	—	65.37	—	—	—	—	—	—	729.85
4	1005				105 以内	T140-1	136.68	53.55	139.23	0.95	330.41	2	—	76.52	—	—	—	—	—	—	803.76
5	1006				135 以内	T180	250.44	98.11	255.09	1.05	604.69	2	—	98.06	—	—	—	—	—	—	1 183.58
6	1007				165 以内	T220	287.91	112.79	293.25	1.18	695.13	2	—	120.35	—	—	—	—	—	—	1 383.25
7	1008				240 以内	SH320	450.61	176.53	354.83	1.29	983.26	2	—	174.57	—	—	—	—	—	—	1 937.05
8	1009				320 以内		498.50	195.29	361.29	1.34	1 056.42	2	—	237.72	—	—	—	—	—	—	2 319.65
9	1010		湿地		105 以内	TS140	152.11	50.81	124.99	0.95	328.86	2	—	76.52	—	—	—	—	—	—	802.21
10	1011				135 以内	TS180	250.98	83.83	206.22	1.05	542.08	2	—	98.06	—	—	—	—	—	—	1 120.97
11	1012				165 以内	TS220	300.70	100.44	247.08	1.18	649.40	2	—	120.35	—	—	—	—	—	—	1 337.52
12	1013		轮胎式		135 以内	TL180A	201.39	63.53	174.71	1.05	440.68	2	—	98.06	—	—	—	—	—	—	1 019.57
13	1014				160 以内	TL210A	245.00	77.29	212.55	1.18	536.02	2	—	114.40	—	—	—	—	—	—	1 194.98
14	1016	铲运机	自行式	斗容量(m^3)	4 以内		193.00	60.88	163.16	—	417.04	2	—	47.06	—	—	—	—	—	—	746.03
15	1017				8 以内	C1-6	198.01	62.47	167.42	—	427.90	2	—	70.40	—	—	—	—	—	—	871.26
16	1018				10 以内	CL7	261.17	82.39	220.81	—	564.37	2	—	91.67	—	—	—	—	—	—	1 111.95
17	1019				12 以内	621B	316.82	99.94	267.84	—	684.60	2	—	129.60	—	—	—	—	—	—	1 418.04

（1）表名：如“五、起重及垂直运输机械”，是指《台班费用定额》第 40～41 页所列的各种规格机械的台班费用定额。

（2）代号：是指每种规格的机械在用软件编制概、预算时对机械的识别符号，也就是该子目机械的代号。各子目所示的代号与《公路工程概算定额》（JTG/T B06-01—2007）、《公路工程预算定额》（JTG/T B06-02—2007）中该子目所示机械的代号是一致的、相同的。代号不允许变动修改，而且在各类机械之间，留有一些空号，以备补充之用。

（3）子目：每个代号为一个子目，表示一种规格的机械。如代号 1057 表示 120kW 以内平地机，而 1080 则表示 18～21t 光轮压路机。

二、机械台班费用定额中有关费用规定

（1）不变费用：定额表中的 1～4 项费用（折旧费、大修理费、经常修理费、安拆及辅助设施费）为不变费用。编制机械台班单价时，除青海、新疆、西藏边远地区外，应直接采用定额值，亦即直接采用不变费的小计值。

根据规定，边远地区因维修工资、配件材料等价差较大而需调整不变时，可根据具体情况，由省、自治区交通运输厅制定系数并报交通运输部公路局备案后执行。

（2）可变费用：定额表中第 5～7 项费用（人工费、动力燃料费、养路费及车船使用税）为可变费用。编制机械台班单价时，随机操作人员数量及动力物资消耗应以本定额中的数量为准。

构成可变费用的人工单价、燃料单价以及养路费标准等，不仅各地不同，而且每年也可能不同，所以构成人工费、燃料费、养路费及车船使用税等可变费用也必然是变动的。

人工工资标准按《公路工程基本建设项目概算预算编制办法》执行。

工程驳船和潜水设备的工日单价，按当地有关部门规定计算。

动力燃料费按当地动力物资的工地预算价格计算。

养路费及车船使用税，如需缴纳时，应按各省、自治区、直辖市及国务院有关部门规定的标准，按机械的年工作台班计入台班费中。

机械的年工作台班按《台班费用定额》总说明六的规定选取。

（3）机械自管理部门至工地或自某一工地至另一工地的运杂费，不包括在本定额中。

（4）加油及油料过滤的损耗和由变电设备至机械之间的输电线路电力损失，均已包括在本定额中。

第五节　机械台班费用定额应用实例

一、施工机械使用费的计算

概预算中发生的施工机械使用费，包括按台班数量计算的机械使用费和不按台班数量计算的（小型）机械使用费两类。施工机械使用费系指列入概预算定额的施工机械台班数量按相应机械台班费用定额计算的施工机械使用费和小型机械使用费。

（1）按台班数量计算的机械使用费可按下式计算：

$$\text{工程细目中某机械使用费} = \text{工程细目的工程数量} \times \text{概预算定额值} \times \text{机械台班单价} \qquad (2\text{-}18)$$

(2)不按台班数量计算的机具使用费指某工程细目的小型机具使用费。它在概预算定额中以“元”的形式表示,而不是“台班”。

某工程细目的小型机具使用费可按下式计算:

$$\text{工程细目的小型机具使用费} = \text{工程细目的工程数量} \times \text{概预算定额值} \quad (2\text{-}19)$$

(3)机械使用费可按下式计算:

$$\text{工程细目的机械使用费} = \sum \text{工程细目中的某机械使用费} + \text{工程细目的小型机具使用费} \quad (2\text{-}20)$$

上列两类施工机械使用费,均在《公路工程基本建设项目概算预算编制办法》(JTG B06—2007)08-2 表中体现计算。

二、机械台班单价的计算

式(2-18)中的机械台班单价应按交通部颁布的《公路工程机械台班费用定额》(JTG/T B06-03—2007),通过 11 表分析计算。

机械台班单价由不变费用和可变费用两部分组成。

(1)不变费用:包括折旧费、大修理费、经常修理费、安拆及辅助设施费。不变费用按《公路工程基本建设项目概算预算编制办法》(JTG B06—2007)规定直接套用。

(2)可变费用:包括机上人员的人工费、动力燃料费、养路费及车船使用税。

①人工工日数、动力燃料消耗量,应以机械台班费用定额中的数值为准取定。

②台班人工费的工日单价按生产工人工日单价计算,即:

$$\text{人工费} = \text{工程数量} \times \text{定额值(概预算)} \times \text{每工日人工费} \quad (\text{元/工日}) \quad (2\text{-}21)$$

③动力燃料费用则按材料费计算的有关规定计算。

④当工程用电为自备发电时,电动机械每 kW·h(度)电的单价可由下式计算:

$$A = 0.24(k/N) \quad (2\text{-}22)$$

式中:A——每 kW·h 电单价(元);

k——发电机组的台班单价(元);

N——发电机组的总功率(kW)。

其中:

$$\text{台班单价} = \text{不变费用} + \text{可变费用} \quad (2\text{-}23)$$

【例 2-1】 试确定 135kW 以内(T180 带松土器)履带式推土机的台班单价。当地规定人工工资为 45.83 元/工日,柴油单价为 8.63 元/kg。

解:(1)135kW 以内推土机的代号为 1006(表 2-3)。

(2)在代号 1006 子目查得定额值:不变费用小计为 604.69 元(其中折旧费 250.44 元;大修理费 98.11 元;经常修理费 255.09 元;安拆及辅助设施费 1.05 元)。

(3)可变费用:人工 = 2 × 45.83 = 91.66(元);

柴油 = 98.06 × 8.63 = 846.26(元)。

台班单价 = 604.69 + 91.66 + 846.26 = 1 542.61(元/台班)。

【例 2-2】 某路基工程土方量约为 180 000m^3(普通土)。挖掘机配合自卸汽车运输施工,挖掘机施工普通天然密实方,履带式斗容量为 2.0m^3,15t 自卸汽车运输距离为 3km。按预算定额计算其所需机械台班数及机械使用费总金额。当地规定人工工资为45.83元/工日,柴油单价为8.63元/kg。

解:(1)确定挖掘机施工台班定额值

根据《预算定额》1-1-9-8查得:75kW以内履带式推土机为0.25台班/1 000m^3,2.0m^3以内履带式单斗挖掘机为1.15台班/1 000m^3。

根据《预算定额》1-1-11-21、22查得:15t自卸汽车运输3km为5.57+0.70×4=8.37(台班/1 000m^3)。

(2)确定机械台班费用定额

查《台班费用定额》,代号1003为75kW以内履带式推土机。

不变费用:245.14元(其中折旧费101.41元,大修理费39.73元,经常修理费103.30元,安拆及辅助设施费0.70元)。

可变费用:人工=2×45.83=91.66(元);

柴油=54.97×8.63=474.39(元)。

可变费用合计:91.66+474.39=566.05(元)。

查《台班费用定额》,代号1032为2.0m^3以内履带式单斗挖掘机。

不变费用:541.15元(其中折旧费255.00元,大修理费92.01元,经常修理费194.14元,安拆及辅助设施费0元)。

可变费用:人工=2×45.83=91.66(元);

柴油=92.19×8.63=795.60(元)。

可变费用合计:91.66+795.60=887.26(元)。

查《台班费用定额》,代号1388为15t自卸汽车。

不变费用:303.18元(其中折旧费178.84元,大修理费28.65元,经常修理费95.69元,安拆及辅助设施费0元)。

可变费用:人工=1×45.83=45.83(元);

柴油=67.89×8.63=585.89(元)。

可变费用合计:45.83+585.89=631.72(元)。

(3)确定机械台班单价

75kW以内履带式推土机:245.14+566.05=811.19(元);

2.0m^3以内履带式单斗挖掘机:541.15+887.26=1 428.41(元);

15t自卸汽车:303.18+631.72=934.90(元)。

(4)台班使用费总金额

180 000/1 000×(0.25×811.19+1.15×1 428.41+8.37×934.90)=1 740 704.76(元)

第三章　材料预算单价的确定与计算

第一节　材料供应价(原价)的确定

材料预算价格由材料原价、运杂费、场外运输损耗、采购及仓库保管费组成。

材料预算价格 =(材料原价 + 运杂费)×(1 + 场外运输损耗率)×(1 + 采购及保管费率)- 包装品回收价值。

各种材料原价按以下规定计算。

外购材料:国家或地方的工业产品,按工业产品出厂价格计算,如供应情况、交货条件不明确时,可采用当地规定的价格计算。

地方性材料:地方性材料包括外购的砂、石材料等,按实际调查价格或当地主管部门规定的预算价格计算。

自采材料:自采的砂、石、黏土等材料,按定额中开采单价加辅助生产间接费和矿产资源税(如有)计算。

材料原价应按实计取。各省、自治区、直辖市公路(交通)工程造价(定额)管理站应通过调查,编制本地区的材料价格信息,供编制概、预算使用。

第二节　材料运距的确定及计算

在计算材料费时,涉及材料运距计算问题,《公路工程基本建设项目概算预算编制办法》(JTG B06—2007)规定:“一种材料如有两个以上供应地点时,应根据不同的运距、运量、运价采用加权平均的方法计算运费”。下面就材料供应经济范围的确定和平均运距的计算进行介绍。

一、材料运输终点的确定

由于公路路线工程是线形构造物,所以材料运距终点的确定对运距的计算影响极大。原则上运距终点是工地仓库或工地堆料点。但是当施工组织设计不能提供工地仓库或工地堆料点的具体位置时,一般可按下述方法确定运料终点。

对于外购材料一般以路线(独立大中桥、隧道)中心点桩号作为运料终点,当工程用料分布不均衡时,可按加权平均法确定某种材料的卸料中心点位置作为运料终点。而对于自采材料则应根据料场供应范围几个工程点用料数量、距料场运距等情况具体计算确定。例如:中粗砂材料,由于它的用途不同(路线工程沿线现场、各类集中预制场、拌和场、互通立交、分离式立交桥、大中桥梁等工程点均要用到此材料），故在计算中粗砂的平均运距时，需分别考虑上述工程点后，再加权平均计算确定。

二、材料经济供应范围的确定

自采材料料场对路线经济范围的划分，有两种方法可供选择，即最大运距相等法和平均运距相等法。这两种方法的计算结果相差不大，下面介绍比较直观的最大运距相等法。

当一条路线工程，在其沿线有多个供应同种材料的料场，则应在各相邻料场间确定一个经济供应分界点，即经济合理地确定各自采材料料场的经济供应范围。

料场供应范围的经济划分，与料场开采价格、沿路线（各段）各点的用料量、料场到卸料点的运距、运价等有关。

（1）用最大运距相等法确定料场（或供料点）间的经济分界点 K 时，一般认为：

①各料场的开采价格（供应价格）相等。

②某种材料沿路线的用量是比较均匀的（个别用量特别大的路段材料用量超出平均用量的部分，应另按点式卸料计算其运距），而且设计阶段无法细算。

③各料场至用料地点间的运价是相等的。

按最大运距相等法确定料场间分界点的原则是：当 A 料场与 B 料场相邻，且料价、运价相等，沿线材料用量均匀，则 A、B 两料场至分界点 K 的运距相等（图 3-1）。

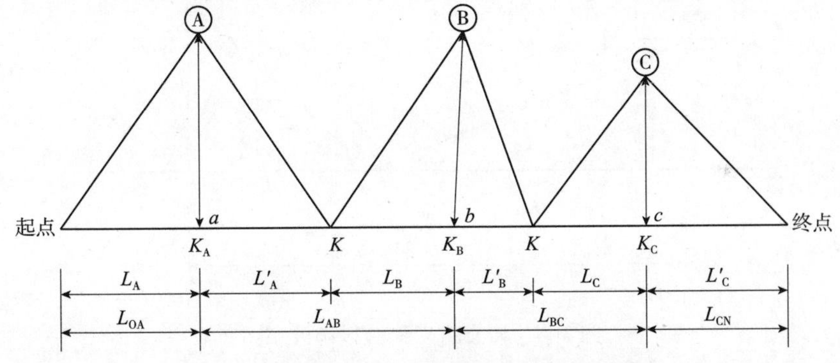

图 3-1 按最大运距相等法确定料场间分界点

如图 3-1 所示，当 $a>(b+L_{AB})$ 时，取消 A 料场，由 B 料场供料；当 $b>(a+L_{AB})$ 时，取消 B 料场，由 A 料场供料；

当 $a<(b+L_{AB})$ 或 $b<(a+L_{AB})$ 时，应确定两料场的经济分界点 K，其计算表达式如下：

$$L_{max}=a+L'_A=b+L'_B \tag{3-1}$$

根据定义，则

$$L'_A=\frac{1}{2}[L_{AB}+(b-a)]$$

$$L'_B=\frac{1}{2}[L_{AB}-(b-a)]$$

式中：a——A 料场至上路桩号运距；

b——B 料场至上路桩号运距；

L_{AB}——A 料场支线上路点 K_A 至 B 料场支线上路点 K_B 之间的运距；

L'_A——K_A 点到 K 点运距；

L'_B——K 点到 K_B 点的距离；

L_{max}——最大运距。

(2)确定相邻料场间经济分界点的注意事项：

①路线起点或终点之外无料场时，则路线的起点和终点为自然分界点；若有料场，则应视为路线供应料场之一，按上述方法确定经济分界点。

②计算运距时，要考虑断链影响。

③支线等运距以调查的实际运距为准(不是距离)。

④确定料场的取舍，尚应充分考虑料场开发、运输的可行性，还要考虑运料重载升坡的影响。

⑤若料场料价、运价差异很大时，可按两料场至分界点间加权最大运距相等的原则来划分。

【例 3-1】 某公路工程的料场分布如图 3-2 所示。已知 A 料场的上路桩号为 K18 + 000，支线运距 2.8km；B 料场的上路桩号为 K32 + 600，支线运距 4.2km。试确定 A、B 料场间的经济分界点桩号。

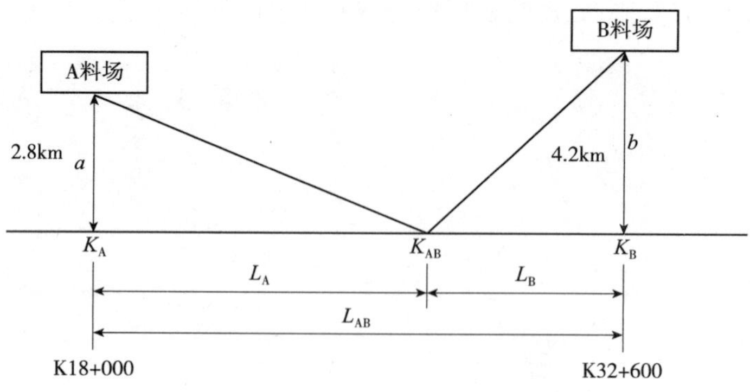

图 3-2 某公路工程的料场分布图

解： 由图 3-2 可知，

$L_{AB}=32.6-18.0=14.6(\text{km})$　　$b-a=4.2-2.8=1.4(\text{km})$

$L_A=0.5\times(14.6+1.4)=8(\text{km})$　　$L_B=14.6-8=6.6(\text{km})$

分界点 K_{AB} 桩号 = (18 + 000) + (8 + 000) = K26 + 000

复核：2.8 + 8 + 4.2 + 6.6 = 21.6km(正确)。

三、路线材料平均运距计算

为了计算构成材料的运杂费，必须首先确定各种材料的平均运距。当一种材料有多个供应地点时，必须首先确定各供应点的经济供应范畴；一种材料有多个卸料点时，必须计算其平均运距。

1. 自采材料平均运距计算

当一种自采材料沿路线有多个供料点时，可用下列方法确定该种材料的平均运距。

（1）加权平均法

当料场供应范围及各卸料点的位置、运距、用料数量确定后，可按下式计算该种材料的全路线加权平均运距。

$$L = \frac{\sum_{i=1}^{n} M_i}{\sum_{i=1}^{n} Q_i} = \frac{\sum_{i=1}^{n} Q_i L_i}{\sum_{i=1}^{n} Q_i} \tag{3-2}$$

式中：L——各种材料全路线加权平均运距（km）；

n——卸料点个数；

M_i——各卸料点材料运量（t · km）；

Q_i——各卸料点各种材料数量，路面材料卸料点为路段中心，构造物用料卸料点为仓库或料堆；

L_i——各供料点至卸料点间运距（km）。

【例 3-2】 试计算图 3-3 所示路段的某种自采材料的加权平均运距。

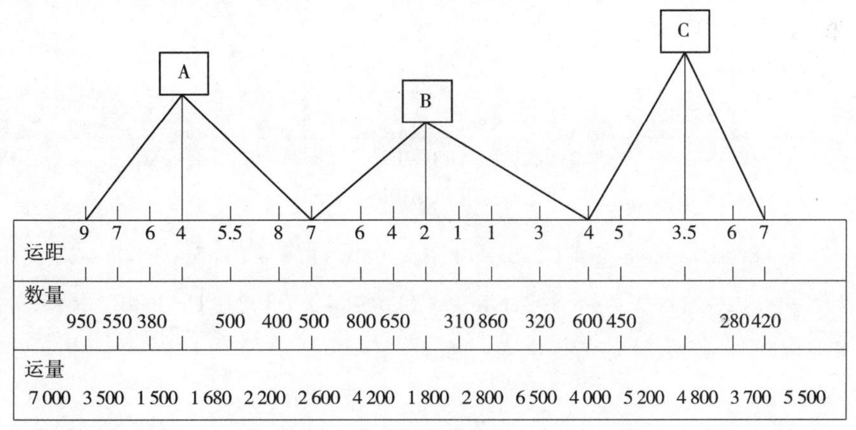

图 3-3

解：

$$L = \frac{\sum_{i=1}^{n} Q_i L_i}{\sum_{i=1}^{n} Q_i} = \frac{7\ 000 + 3\ 500 + 1\ 500 + 1\ 680 + \cdots + 5\ 200 + 4\ 800 + 3\ 800 + 5\ 500}{950 + 550 + 380 + 500 + \cdots + 600 + 450 + 280 + 420}$$

$$= 6.47(\text{km})$$

当料场供应范围及各卸料点的位置、运距、用料数量不确定时，可按下式计算该种材料的全路线加权平均运距（图 3-4）。

$$L = [(L_1' + L_1/2) \times L_1 + (L_1' + L_2/2) \times L_2 + (L_2' + L_3/2) \times L_3 + (L_2' + L_4/2) \times L_4 + \cdots + (L_n' + L_n/2) \times L_n] / (L_1 + L_2 + L_3 + L_4 + L_n) \tag{3-3}$$

式中：L——某种材料全线加权平均运距（km）；

L_n——某料场支线上路点至供应段落起、终点间距离（km）；

L_n'——某料场上路支线距离（km）。

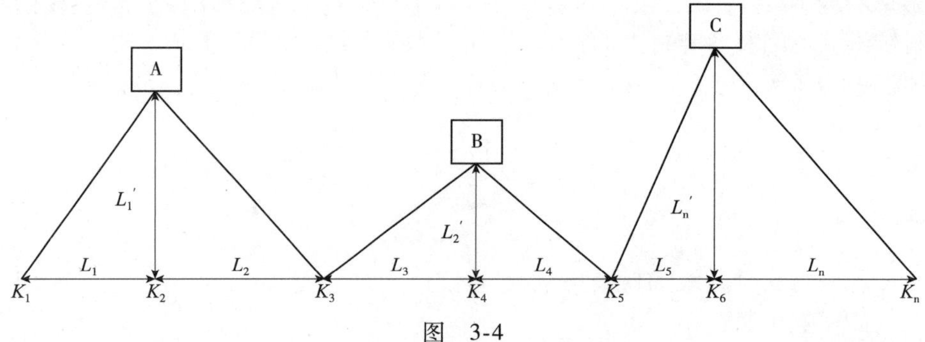

图 3-4

【例 3-3】 试计算图 3-5 所示路段某种自采材料的平均运距。

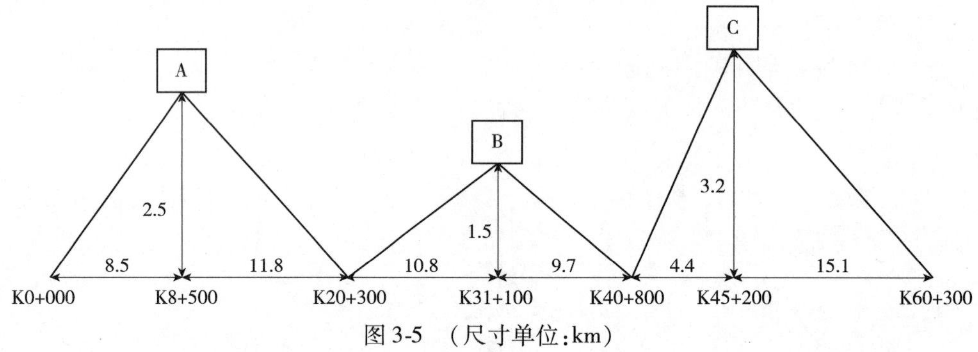

图 3-5 （尺寸单位:km）

$$
\begin{aligned}
L =& [(2.5+8.5\div 2)\times 8.5+(2.5+11.8\div 2)\times 11.8+(1.5+10.8\div 2)\times 10.8+\\
& (1.5+9.7\div 2)\times 9.7+(3.2+4.4\div 2)\times 4.4+(3.2+15.1\div 2)\times 15.1]\div\\
& (8.5+11.8+10.8+9.7+4.4+15.1)\\
=& 7.94(\text{km})
\end{aligned}
$$

2. 算术平均值法

图 3-3 所示路线材料平均运距可采用算术平均值法计算：

$$
L' = \frac{\sum_{i=1}^{n} L_i}{n} \tag{3-4}
$$

式中:L——某种材料全路线算术平均运距(km)；

其他符号意义同前。

【例 3-4】 试计算【例 3-3】的算术平均运距。

解： 根据算术平均值法式(3-4)计算如下：

$$
L' = \frac{\sum_{i=1}^{n} L_i}{n} = \frac{8+6+\cdots+5.5+5}{13} = 5.31(\text{km})
$$

由【例 3-3】、【例 3-4】可知:加权平均运距与算术平均运距仅相差 3% 左右,考虑到运距不一定经过丈量,本身的误差可能是大于计算误差,特别是加权平均法需待各分项预算编完后才有条件计算运距,故在工程用料量分布大致均衡的情况下,以用算术平均法较为简便。

3. 外购材料平均运距计算

(1)外购材料一般为一个或两个供应地点,可分别计算出合理的经济供应点后再加权平均计算运距。

当只有一个供应点时,其平均运距即为该供应点至路线中点桩号(独立大中桥中心桩号、隧道中心桩号)的距离。

【例3-5】 某路线工程项目建设里程为62.8km,路线起讫桩号为K0+000~K60+800。外购材料由银川供应,已知银川至路线起点的上路支距是105km。试计算该路线工程外购材料供应的平均运距。

解:

$$L = 105 + 62.8 \div 2 = 136.4(\text{km})$$

(2)当外购材料一般只有一个供应点,却具有一个或多个用料点(仓库、料堆),如图3-6所示,外购材料平均运距可按下式计算。

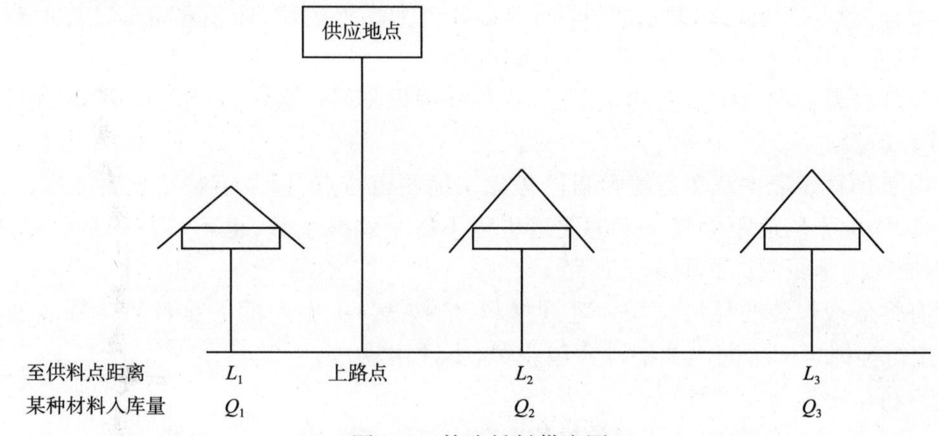

图3-6 外购材料供应图

①加权平均运距

$$L = \frac{\sum_{i=1}^{n} Q_i L_i}{\sum_{i=1}^{n} Q_i} \tag{3-5}$$

②算术平均运距

$$L' = \frac{\sum_{i=1}^{n} L_i}{n} \tag{3-6}$$

式中:L——某种外购材料全线加权平均运距(km);

n——卸料仓库(或料堆)个数;

Q_i——某种材料各仓库入库量(t);

L_i——卸料仓库距供料点运距(km);

L'——某种外购材料全线算术平均运距(km)。

第三节　材料运杂费的计算

一、材料运杂费计算的规定

运杂费是指材料供应地点至工地仓库(施工地点存放材料的地方)的运杂费用,包括装卸费、运费。如果发生,还应包括囤存费及其他杂费(如过磅、标签、支撑加固、路桥通行等费用)。

(1)通过铁路、水路和公路运输部门运输的材料,按铁路、航运和当地交通运输部门规定的运价计算运费。

(2)施工单位自办的运输,单程运距在15km以上的长途汽车运输,按当地交通运输部门规定的统一运价计算运费;单程运距为5~15km的汽车运输按当地交通运输部门规定的统一运价计算运费;当工地所在地交通不便、社会运输力量缺乏时,如边远地区和某些山岭区允许按照当地交通部门规定的统一运价加50%计算运费。

(3)单程运距在5km及以内的汽车运输以及人力场外运输,按预算定额计算运费,其中人力装卸和运输另按人工费加计辅助生产间接费。

(4)一种材料如有两个以上的供应点时,都应根据不同的运距、运量、运价采用加权平均的方法计算运费。

(5)由于预算定额中汽车运输台班已考虑工地便道特点,以及定额中已计入了"工地小搬运"项目,因此平均运距中汽车运输便道里程不得乘调整系数,也不得在工地仓库或堆料场之外再加场内运距或二次倒运的运距。

(6)有容器或包装的材料及长大轻浮材料,应按表3-1规定的毛重计算。桶装沥青、汽油、柴油按每吨摊销一个旧汽油桶计算包装费(不计回收)。

(7)材料单位运杂费的计算:

$$\text{材料单位运杂费} = \text{单位运费} + \text{单位装卸费} + \text{单位杂费} \tag{3-7}$$

$$\text{单位运费} = (\text{运价率} \times \text{运距} + \text{吨次费}) \times \text{单位毛重} \tag{3-8}$$

$$\text{单位装卸费} = \text{装卸费率} \times \text{单位毛重} \tag{3-9}$$

对于有包装及容器的材料,其单位毛重按下式计算:

$$\text{单位毛重} = \text{单位重} \times \text{毛重系数} \tag{3-10}$$

式中:　　运价率——运输每吨公里物资金额,按当地运输部门规定计列;

运距——由运料起点至运料终点间的里程;

吨次费——因短途运输所增加的费用;

毛重系数、单位毛重——按表3-1及式(3-10)确定;

单位重——按《预算定额》附录四确定。

材料毛重系数及单位毛重表　　表3-1

材料名称	单　位	毛重系数	单位毛重
爆破材料	t	1.35	—
水泥、块状沥青	t	1.01	—

续上表

材料名称	单　　位	毛重系数	单位毛重
铁钉、铁件、焊条	t	1.10	—
液体沥青、液体燃料、水	t	桶装 1.17，油罐车装 1.00	—
木料	m^3	—	1.000t
草袋	个	—	0.004t

(8)场外运输损耗：指有些材料在正常的运输过程中发生的损耗，这部分损耗应摊入材料单价内。材料场外运输操作损耗率见表3-2。

材料场外运输操作损耗率表(单位：%)　　表3-2

材　料　名　称		场外运输(包括一次装卸)	每增加一次装卸
块状沥青		0.5	0.2
石屑、碎砾石、砂砾、煤渣、工业废渣、煤		1.0	0.4
砖、瓦、桶装沥青、石灰、黏土		3.0	1.0
草　皮		7.0	3.0
水泥(袋装、散装)		1.0	0.4
砂	一般地区	2.5	1.0
	多风地区	5.0	2.0

注：汽车运水泥，如运距超过500km时，增加损耗率，即袋装增加0.5%。

(9)采购及保管费：指材料供应部门(包括工地仓库以及各级材料管理部门)在组织采购、供应和保管材料过程中，所需的各项费用及工地仓库的材料储存损耗。

①材料采购及保管费以材料的原价加运杂费及场外运输损耗的合计数为基数，乘以采购保管费率计算。材料的采购及保管费费率为2.5%。

②外购的构件、成品及半成品的预算价格，其计算方法与材料相同，但构件(如外购的钢桁梁、钢筋混凝土构件及加工钢材等半成品)的采购保管费率为1%。

③商品混凝土预算价格的计算方法与材料相同，但其采购保管费率为0。

二、材料运杂费计算的典型算例

【例3-6】　某桥需运输钢筋560t，汽车运输运距为35km，运价率为0.32元(t·km)，装卸费为4.5元/t。试计算钢筋的单位运杂费和总运杂费。

解：(1)单位运杂费

由《预算定额》附录四查得钢筋的单位重为1.0m/t，毛重系数(无包装)应为1.00，则可由式(3-8)得：

$$单位运杂费=(0.32\times35)\times1.0\times1.00=11.2[元/(t\cdot km)]$$

由于钢筋的装卸费为4.5元/t，则根据式(3-7)算得：

$$单位装卸费=4.5\times1.0=4.5(元/t)$$

故由式(3-7)算得钢筋的单位运杂费为:

$$钢筋单位运杂费 = 11.2 + 4.5 = 15.7(元/t)$$

(2)总计运杂费用

钢筋的总计运杂费用:15.7 ×560 = 8 792(元)。

$$总运杂费 = (11.2 + 4.5 + 15.7) \times 560 = 17\ 584(元)$$

【例 3-7】 某小桥工程需运输原木 650m³,其中火车运输运距为 200km;汽车运输运距为 53km,路线所经地区为平原微丘区,火车每公里运价为 0.15 元;汽车运输每公里运价为 0.6 元,火车装卸费为 2.5 元/m³;汽车(不计吨次数)装卸费为 5.4 元/m³,囤存费为 4 元/m³。试计算其单位运杂费及总运杂费。

解:(1)单位运费

由式(3-6)得:

$$火车单位运费 = 0.15 \times 200 = 30(元/m^3)$$

$$汽车单位运费 = 0.6 \times 53 = 31.8(元/m^3)$$

(2)材料单位运杂费

由式(3-5 得):

$$单位运杂费 = 30 + 31.8 + 2.5 + 5.4 = 69.7(元/m^3)$$

(3)总运杂费

$$总运杂费 = 69.7 \times 650 = 45\ 305(元)$$

【例 3-8】 某路面工程,用桶装石油沥青,调查供应价为 5 800 元/t,运价为 0.9 元/(t·km),装卸费为 7 元/t,运距为 85km。试确定其预算价格。

解:(1)单位运杂费 = 0.9 ×85 + 7 = 83.5(元/t)。

(2)由表 3-2 查得:场外运输损耗率为 3%,采购及保管费率为 2.5%。

(3)按照规定摊销回收沥青桶 50 元/t。

(4)沥青预算价格 = (5 800 + 83.5) ×(1 + 3%)×(1 + 2.5%) − 50 = 6 211.5(元/t)。

第四章　公路工程预算资料调查

第一节　调查的目的和要求

一、外业调查的目的

外业调查,常称为现场调查,即对建设工程的现场情况,进行调查了解和收集有关各种计价资料。外业调查包括两个方面的内容:一是以设计图纸为依据,了解落实与现场实际情况,是否有不相符之处或需研究解决的疑难问题;二是设计图表资料上没有反映的内容,要结合现场实际情况才能确定,如建设环境,自然条件,经济条件等与工程造价有关的因素。总之,外业调查是初步设计概、预算编制工作的一项重要内容,为使编制的概、预算能准确地、完整地反映建设项目的实际情况和符合设计文件的内容与要求,必须全面的、深入细致的对建设工程现场的实际情况和各种价格信息进行调查,并应取得相关的协议书面文件。

在编制工程造价之前,造价工程师必须进行现场调查,搜集有关资料。实践证明,现场调查时往往能发现降低工程费用的更佳施工方法和结合实际的技术组织措施,这是编制好工程造价的一个重要工作环节和必要手段。

二、外业调查的要求

概、预算资料调查的范围和内容,必须满足现行《公路工程概算定额》(JTG/T B06-01—2007)、《公路工程预算定额》(JTG/T B06-02—2007)、《公路工程基本建设项目概算预算编制办法》(JTG B06—2007)及各省、自治区、直辖市、中央各部(委)、地方政府所发布的有关规定的要求和需要。

概、预算资料调查的作业,要符合《公路勘测规范》(JTG C10—2007)。

在整个概、预算编制工作中,概、预算资料调查是一项很重要的基础工作,是概、预算编制工作的第一步。该项工作的优劣、深浅直接影响概、预算编制工作的质量、工程造价的高低,甚至还影响到下一步工作的进行。

公路工程概、预算中,第一部分建筑安装工程费是用工料机分析法进行计算的,不通过材料原价、运距、运杂费等的调查就无法进行预算价格计算,也就无法进行分项工程计算,同时第三部分工程建设其他费用如果没有调查资料也无法计算。再者概、预算资料调查还起着向设计人员提供信息,影响设计的作用。例如国道110线的一个特大桥,原设计为高填方引道,经调查计算填土和建桥本身其造价基本相当,因建桥可减少征地拆迁,同时方便当地农民生活出行,经过论证,最终增加孔跨改为特大桥。因此说概、预算资料调查是公路工程设计的一部分,是概、预算编制工作的关键的第一步,也是工程造价管理在整个公路工程建设中的第一关。

概、预算资料调查的主要内容一般分为:筑路材料调查和相应的运杂费调查;征用土地上附着物拆迁赔偿调查;工程点位置和临时工程调查;土质、地质、地形、地貌一般调查;其他概、预算资料调查等。

编制设计阶段的施工组织文件和概、预算文件的调查活动,是在勘察设计阶段由勘测队中的"调查组"负责进行。

编制施工阶段的施工组织文件和施工预算的调查工作,是在施工准备阶段,由施工单位组成的调查组,结合恢复路线工作进行的。

在勘察设计阶段所进行的调查,具有勘察、调研的性质;而在施工阶段所进行的调查,则具有复查和补充的性质,但两者的内容和方法基本上是一致的。调查组一般由负责施工组织设计和编制工程概、预算的工程师 1 人、技术员 1 人以及测工 2 ~ 3 人组成,调查组应备有各种调查记录表格、各种拟好的空白协议书,以及皮尺、测杆等测量工具。

调查方法,主要根据现行《公路勘测规范》(JTG C10—2007)及各省的有关规定采取现场勘测、走访、座谈、函调等方式进行。调查的深度和广度,除满足现行《公路工程基本建设项目概算预算编制办法》(JTG B06—2007)的要求,尚应满足地方政府及有关部门的各项规定。

调查工作的基本要求是:座谈有纪要、协商有协议、调查有证明、政策规定应索取书面资料。特别要注意所有资料均要真实可靠、手续健全、措辞严谨、具有法律效应。

取得全面、正确的调查资料,不仅是编制施工组织文件和概、预算文件的需要,而且也是确保工程按时开工和顺利进行的前提条件。资料调查与技术工作是同样重要的两个方面。由于各级政府的有关规定非常多,特别是调查结果涉及"千家万户"的利益,而且既有技术、经济问题,又有法律问题,所以调查工作十分烦琐,需要细致、耐心,否则,稍有疏忽,就会给随后所进行的工作造成麻烦,甚至使工程受到经济损失。为此必须掌握调查的内容和方法,以确保高质量地完成资料调查任务。

第二节　现场调查的主要内容

熟悉设计图纸资料与现场调查是公路工程造价编制的两项重要工作。这两项工作不是截然分开的,并不是在前者完成之后,然后才进行后者,实际上是互相交错进行的。在一般情况下,除在勘察期间,造价工程师应随同勘察队进行工程造价必须掌握的各种基础资料调查外,还应在熟悉设计内容的基础上,检验现场实施的可能性和经济的合理性,对有关编制工程造价所需的各种基础资料应密切结合设计内容开展调查工作。因此,根据编制公路工程造价的要求,应进行如下各项现场调查并搜集相关的资料。

一、社会条件

社会条件是指建设工程所在地的政治、历史、人情、风俗以及社会、经济的发展情况,对此应进行必要的调查了解,它对建设工程的顺利实施有着极其重要的影响。

二、自然条件

自然条件包括沿线地形、地质、水文、气候等,是直接影响建设工程实施可能性的重要因素，必须进行细致和充分地调查研究。凡遗漏或不全的，均应加以补充和完善，要认真细致，务使所搜集的资料真实可靠。

（1）地形情况：包括地貌、河流、交通及附近建筑物、构筑物等情况。因公路是一种线形建筑工程，往往要穿越各种各样的地带，如城镇居民地区；地形起伏不定，河流纵横交错的复杂地区；亦可能是沙漠、草原、原始森林或地质不良的地区。此外，在实施过程中或建成后，可能遭遇到山洪、冰川、雪崩和塌陷等自然灾害的影响。通过深入调查研究，做到情况明确，就能从实际出发，确定合理可靠的设计方案和工程造价，从而避免建设资金的浪费和对当地居民的生产、生活产生不利的影响。

（2）土壤地质情况：如土壤的性质和类别，不良地质地区的特征，泥石流、滑坡以及地震级别等。其中土的类别等是计价的信息资料，如果不实，就会使工程造价脱离实际，影响工程的顺利实施。

（3）水文资料：包括河流的流量、流速、漂浮物情况，水质、最高洪水位、枯水期水位以及地下水等，这些都是确定编制工程造价及安排施工组织计划的客观依据，应深入群众中了解收集。

（4）气象资料：如气温、季节风、雨量、积雪、冰冻深度等情况，以及雨季和冬季的期限，应向沿线气象部门调查搜集所需资料。若与概预算编制办法中有关冬雨季的规定要求有较大出入时，可作为调整计算冬雨季费用的依据。

三、技术经济条件

技术经济条件是指技术物资、生活资料、劳务、社会运力、市场行情，以及当地政府颁布的经济法规等多方面的经济信息，是工程计价极其重要的信息资料，应做到资料准确，某些资料尚应取得协议书面文件。

（1）运输道路情况：工程施工时，沿线可资利用的场地、运输道路和桥梁，在使用前和使用过程中，必要的改建加固和维修，以及需要支付的补偿费等情况。除应搜集各项具体数据外，一般应与物主取得书面协议。

（2）建筑材料：工程所在地各种建筑材料的供应能力、流通渠道、供应地点、规格质量是否符合工程设计要求，砂石材料若能自行开采则应探明储存量和开采条件。当地有无工业废料（如粉煤灰、矿渣等），以及数量、质量、价格及其利用的可能性等情况。这些都应调查了解清楚，一般应绘制运距示意图，作必要的文字说明，并按表4-1的内容和要求进行搜集调查。

建筑材料价格调查表　　　　表4-1

建设项目名称：

序号	材料名称及规格	单位	供货地点	供应价格（元）	运输方式及运距（km）	供应价格依据

调查者：　　　　年　　月　　日

为了建立和完善工程价格信息资料的管理机制，规范工程计价行为，以利加强宏观调控，近年来各省、自治区、直辖市的公路（交通）工程定额（造价管理）站，根据国家赋予造价管理的行政职能，都定期发布指令性的建筑材料价格信息，故在进行建筑材料价格的调查时，原则上应以此为依据，结合所搜集的建设工程所在地的价格信息资料，征询建设单位的意见，进行必要的分析研究，合理取定。

（3）社会运力：当地可能提供的运输方式（如汽车、火车、船舶等）、能力、转运情况，以及运杂费标准，如过路费、过桥费、各种装卸费、养路费和车船使用税征收标准等。除应向当地交通运输主管部门调查了解外，还应注意运输市场情况的调查研究。

（4）劳务：一是要调查建设工程所在地可利用的社会劳动力资源的情况，如数量、技术水平、分包的可能性；二是要搜集工人工资的资料。

（5）用水、用电：当地供水、供电能力和管线设施情况，收费标准，以及提供通信的可能程度。个别地区供水、供电对工程造价有较大的影响，应尽可能做好相关的各项资料的搜集。

（6）生活资料：如主副食、日用生活品的可供情况，以及医疗卫生、文化教育、消防治安等社会服务机构的支援能力，并按表4-2的内容，分段调查登记，以提供计算主副食运费补贴综合里程的依据。

主副食运输调查表 表4-2

建设项目名称：

序号	名称	供应地点	供应比重（%）	运距（km）	备注

调查者： 年 月 日

注：主副食若多个供应点，应分别填写并注明其供应比重。

（7）市场行情：通过对市场情况的调查，了解其发展趋势。

（8）筹资方式：应向工程建设主管部门或建设单位了解兴建工程筹建建设资金的方式，若系贷款项目，则应明确所需贷款总额、资金来源、年利率、建设年限、当年是否计息，以及年度贷款的分配比例等，以便计算建设期的贷款利息。

（9）实施方法：要向工程建设主管部门或建设单位了解建设项目是实行招标、议标或其他方法选定施工单位，对施工单位应具备的资质等级的要求和初步选定施工单位的意向，以及施工方案，标段的划分和机械化程度等。这不仅是确定工地转移费用的依据，也是取定其他各项有关计价依据的重要条件。既要考虑施工单位的承受能力，也要考虑市场竞争的影响因素，总之，要正确处理好两者之间的关系。

（10）征地、拆迁：要向沿线当地人民政府的土地管理部门调查了解工程建设征用和租用的土地，被征用土地上青苗的铲除，经济林木的砍伐，房屋、水井等建筑物的拆除，应予支付补偿的标准，以及土地征收管理费、耕地占用税的有关规定。同时，要搜集近三年各种农作物的平均年产量，人均占有耕地亩数，农作物的市场价格等资料。

至于电力、电信设施的迁移，以及水利工程、铁路及铁路设施互相干扰时，应与有关部门联系，商定合理的解决方案和赔偿标准。

由于征地、拆迁涉及面广，对人们的生产、生活都会产生极大的不利影响，应认真细致地按照表4-3～表4-6的内容和要求，做好现场调查和资料的搜集工作。

征用土地补偿调查表　　表4-3

建设项目名称：

县(市)别	土地种类	土地等级	农作物种类	近三年平均产量（公斤/亩）	实物单价（元/公斤）	备注

补充资料：人均占有耕地亩数。

提供单位：　　调查者：　　年　月　日

砍伐林木补偿调查表　　表4-4

建设项目名称：

县(市)别	林木种类规格	单位	补偿单价(元)	备注

提供单位：　　调查者：　　年　月　日

迁移电力电信线路补偿调查表　　表4-5

建设项目名称：

县(市)别	迁移线路种类	型号与规格	单位	补偿单价(元)	备注

提供单位：　　调查者：　　年　月　日

拆迁建筑物补偿调查表　　表4-6

建设项目名称：

县(市)别	建筑物种类	规格标准	单位	补偿单价(元)	备注

提供单位：　　调查者：　　年　月　日

(11)其他:除上述各项现场调查内容外,还有临时工程、研究试验等。研究试验应向工程建设主管部门或建设单位了解并商定其内容、数量和费用;临时工程应按表4-7的内容要求进行调查,其中临时占用土地,如需恢复耕种的,要了解分析复耕所需的费用,并计入工程造价。

临时工程调查表

表4-7

建设项目名称:

序号	工程名称	设置地点或桩号	规格标准	单位	数量	备注
1	电信线路					
2	电力线路					
3	汽车便道					
4	汽车便桥					
5	大型场地					
6	轨道铺设					
7	临时占地数量					

调查者:　　　　　　　　　　年　月　日

在现场调查和搜集资料过程中,凡涉及下列事项时,应取得书面协议文件。主要如下:

(1)与地方政府就砂石料场的开采使用、运输以及取土场、弃土堆的意向协议。

(2)拆迁建筑物、构筑物与物主协商的处理方案。

(3)与原有的电力、电信设施、水利工程、铁路及铁路设施互相干扰的处理方案。

(4)施工中利用电网供电的协议。

(5)当地环境保护对公路建设工程的特殊要求。

凡调查所搜集的各种基础资料或协议,均应制作成书面文件,装订成册,作为设计和造价文件的必要附件。

第三节　调查资料的分析与选用

一、外业调查的工作方法

编制施工图预算的外业调查工作,是为了给计算人工、材料、征地拆迁单价提供依据,也为编制预算提供原始资料。外业调查是否深入细致,资料是否齐全、准确,直接影响到预算的编制质量,因此做好外业调查是编好预算的一个重要方面。在我国市场经济条件下,材料价格已全部放开,随着市场供求关系的变化和时间的不同,材料价格的变化也比较大,所以在外业调查工作中要特别注意各种价格的时间性。在预算编制的过程中,如果调查工作与预算编制相隔的时间较长,而且又是处在市场价格变化比较大的时期,外业的调查价格应根据市场的变化进行必要的分析和调整。

由于材料价格的放开,材料供应的渠道也随之多样化,有的材料是通过物资部门,有的是通过生产厂家的主管公司,有的则不通过材料供应的中间环节,由生产厂家与用户直接见面，所以在进行外业调查时应从多方面进行。有的特殊材料或半成品，物资部门并不掌握，必须通过生产厂家才能了解到，比如桥梁用的各种锚具、大吨位支座、伸缩缝、混凝土的各种外掺剂等。

编制施工图预算的外业调查应和建设项目的外业勘察工作同步进行，并与有关勘察工作进行很好的协调与分工。外业调查工作主要应由造价工程师担任，调查工作中比较大的项目或与其他调查有关的项目，比如征地、拆迁，应由其他人员配合进行，在调查时如果已成立了建设单位的项目管理机构，可请他们配合共同进行调查工作。一般情况下，建设单位对当地的情况了解得比较清楚，熟悉各方面的关系和建设环境，对调查工作中所遇到的问题能够及时地进行解决和处理，这样会给调查工作带来很大的方便，也有利于提高资料的可靠性。

外业调查工作比较烦琐，对调查的项目、内容和要求应该做出安排，按计划进行。对于调查搜集的资料应及时分析整理，对出入比较大、不真实的资料应当剔除或落实；资料的来源应真实可靠、有依有据，在调查过程中可请对方对提供的资料加以确认和证明，在可能的情况下双方可以签订意向性的协议，为实施阶段提供必要的依据。当一个建设项目有两个以上的单位承担编制施工图预算时，应当把各参编单位搜集的资料进行进一步的分析平衡，通过分析，最后取定有代表性的资料作为各分编单位预算的编制依据，以统一整个建设项目预算编制资料的标准。

二、外业调查的主要内容及资料的分析与选用

施工图预算的外业调查，是在初步设计或技术设计调查的基础上进行的，是对原有调查资料的补充与修正，尤其是对审批中提出的问题作出进一步的落实，据此分析比较两者之间存在的差异，以利做好施工图预算的编制工作。外业调查工作，应包括以下各项内容。

（一）人工工资、施工机械养路费、车船使用税

人工费是由各省、自治区、直辖市公路（交通）工程定额（造价管理）站负责发布的，是一种指令性的价格，系结合省内不同工资地区类别以及哪些地区享有地区生活补贴等情况，以属于生产工人开支范围的各项费用为依据，分别制定的不同地区和施工企业性质的人工费标准，在实际编制施工图预算时，应根据工程所在地人工费的标准选用，并应征得建设工程的主管部门或建设单位的认可。

机械养路费和车船使用税的外业调查要搜集国家、各省、自治区、直辖市对于机械养路费和车船使用税的有关文件和规定，弄清楚费用的征收标准，如哪些机械应征收，哪些机械免征，以及计征办法，有关机械的年工作台班，计算吨位等，为计算机械台班养路费和车船使用税提供依据。

（二）材料供应价格

材料费占工程项目建安费相当比例，设备费尤其是高等级公路的设备费含量也不小，因此工程造价计算的准确程度与材料单价关系很大，必须认真、准确地调查。

对工程所在地的材料供应、管理部门和大型建材市场等进行多方面的调查，并多方搜集市场动态，掌握价格的发展趋势，并与公路（交通）工程定额（造价管理）站发布的材料价格

信息进行比较,有无较大的差异,以便与工程建设主管部门或建设单位商定较为合理的价格。对于地方性的砂、石材料,重点是根据设计人员确定的料场,进行料场价格调查,在价格中应包括所有应支付的费用,如砂石场的管理费、矿产资源费等。并要注意调查价与实际购买价可能产生的价差,即要考虑在调查时,往往价格偏低,当工程一开工大量需要时,则往往提价这一因素,可适当加以综合考虑。

进行调查要根据预算定额所规定的材料规格,结合工程项目实际情况,确定调查的内容,如供应地点、出厂价或市场价、运距、运输方式、运价、装卸费、路况及其他费用等。

材料供应价格的外业调查,包括建设项目中所发生的一切建筑材料、零件、构件、半成品、成品的规格品种、质量、数量和价格,以及自采加工材料的料场情况调查工作。

一个工程建设项目所需要的建筑材料品种比较多,用量也比较大,而施工图预算又是指导施工的依据,故在外业调查前要做好准备工作,有计划地安排好外业调查工作。外购材料、地方性材料、自采加工材料要分开进行。外购材料的调查应由造价工程师承担;地方性材料、自采加工材料则应由造价工程师和地质人员共同配合进行调查,造价工程师主要侧重考察确定材料料场价和材料运输方面的有关问题,而地质人员则应着重确定材料的质量和储量问题。就自采加工材料料场的调查而言,造价工程师应对全线的料场进行一次全面的调查,先初步确定各种自采加工材料料场的位置,然后再和地质人员及其他有关人员一起进一步察勘,对于不能直接观察到或取样的有覆盖层的料场,要进行必要的勘探,可以采取挖试坑、扦探甚至钻探的办法取样并查明覆盖层的厚度和岩土种类和数量,以确定覆盖层剥削方法和材料开采的方法。造价工程师还应对整个料场的开采、加工、材料及覆盖层弃土的堆放等整个料场用地面积进行测量,必要时测绘料场平面图,以作为临时用地的依据。对于水源也要作深入的了解,需要外部供水的要确定临时供水的方法。造价工程师还应一并对材料的运输条件进行调查,比如是否需要修建临时便桥、便道,临时便道的长度和标准,都应进行具体的测量并确定上路的具体位置和桩号;临时便道需要征地时要计算其占地面积。

对于砂石材料,工程地质人员应通过现场勘察或通过必要的取样试验对材料的物理、化学、力学性能作出判断,以确定材料的质量。通过勘察钻探或试验,估算出材料的储藏量、开采率或成品率,为材料料场单价计算提供依据。所有外业调查、勘察、试验报告均应清楚、完善、可靠,并整理成册。

在材料价格调查中,一个建设项目需要调查的材料品种特别多,为避免遗漏,满足预算编制的需要,外业调查前应把需要调查的材料填写在表上,注明材料的名称、单位、规格及质量要求,材料的品种可以参照以前类似工程的预算文件和《预算定额》中人工、材料、半成品的附录资料填写,在材料价格调查中一定要按照预算定额中材料划分的品种进行;材料的计量单位也应和预算定额材料计量单位一致,这样避免在材料价格调查中和预算单价计算中,由于调查材料的单位和预算定额不一致而产生错误。

材料供应价格除砂石材料外,是由省、自治区、直辖市公路(交通)工程定额(造价管理)站定期负责发布的,是一种指令性的价格信息,故在外业调查时,主要应了解其供应渠道、规格品种和质量是否能满足建设工程的技术要求。至于外购的砂石材料则应调查了解当地主管部门的有关规定和市场销售情况,作为取定其供应价格的依据。

在材料价格调查时，有条件的可以请建设单位的人员配合进行，确保调查的资料的可靠性。尽可能地取得调查资料的凭证，使调查资料有可靠的根据，并应满足不同材料品种、规格、质量要求，要明确各种材料的供货方式和交货地点，作为材料预算单价计算的依据。

根据调查和对调查记录的整理，应填写好“沿线筑路材料料场表”、“主要材料试验资料表”、绘制“沿线筑路材料供应示意图”，图中应标出路线的里程桩号、大中桥、隧道、立体交叉、大型挡土墙及两侧主要料场的相互位置，材料的上路桩号及距离。大桥、隧道、互通式立体交叉亦可各自分别计算运距，路面及其他构造物可全线或分段计算平均运距，其中复杂中桥和分离式立叉及大型挡土墙也可分别计算运距，并分别编制材料预算价格。

（三）材料运输情况

材料运输情况外业调查主要是针对材料的运距、运输方式、运价、装卸费和运输过程中有关费用的调查，为材料预算价格运杂费的计算提供依据。材料的运距起点为供应点，终点为工地仓库或堆料场，当施工组织不能提供工地仓库位置时，其运价终点为：独立大桥为桥梁中心桩号，路线工程的外购材料（不包括砂石材料）为路线的中点里程，若工程分布不均衡也可按加权平均法求出卸料的中心位置，计算出平均运距的里程。自采加工材料或地方经营的砂石材料运距应当根据材料供应示意图，采用加权平均法计算。

材料的供应点及交货点确定以后，可根据材料运输距离的远近、当地的运输条件、运费的多少来采用不同的运输方式。材料运输有时采用一种运输方式就可以到达目的地，有时需要采用两种以上的运输方式才能完成。汽车运输机动性强可以直接运送到目的地，而火车、轮船运输就很难做到，一般情况下都是由汽车或其他运输工具把货物送到发货站或轮船码头，到达卸货站后也是要经过转运才能到达工地，采用火车、轮船运输装卸次数多，材料损耗大，周转时间长，除了零担的货物以外，很少采用火车运输；轮船运输运价虽然比较低，但若两头都需要转运，通过计算有时不一定比直接采用汽车运输便宜，采用什么运输方式要进行经济比较，根据比较的结果确定。

当采用社会汽车运输时，汽车运距应根据当地交通运输部门颁发的“公路营运里程图表”计算，进入便道或上路以后的距离应实地测算确定。运价调查要到省、市运输公司了解，现在运价已放开，应以市场运输价格为依据。装卸费一般应向当地搬运公司了解，在材料运输经过的路线中还应调查有无汽车渡口和需要收费的道路、桥梁以及收费标准。现在大部分省市公路（交通）工程定额（造价管理）站负责发布材料的运价及装卸费标准。

铁路货物运价是国家计划价格的组成部分，由中央定价，集中管理。《铁路货物运价规则》是计算铁路货物运输费用的依据。铁路运价和装卸费的调查应到铁路分局了解，铁路运价里程根据《货物运价里程表》按照发站至到站间最短路径计算。铁路货物运杂费项目较多，如过秤费、运单费、货签费、货车清扫费、洗刷费、除污费、货车延期使用费、暂存费等。材料运输如果需要经过电气化铁路路段，应按有关规定计算另外加收的运价。材料由供应点至发货站或由到货站至工地运输距离、运输方式应同时调查确定。

采用轮船运输时运价应向航运管理部门和交通管理部门调查，有些省轮船运输价格已经放开，没有明确的规定，运价由双方协商确定，以市场运输价格为准。根据以前的规定，轮船运输价格的组成内容比较多，除了运费以外，还包括仓费、回空费、码头费、养河费、起坡费（上、下码头装卸费）等。

(四)征用土地

主要调查被征用土地三年内各类农作物的产量、播种面积,农、副产品的单价,人均占地亩数。在调查单价时,不但要调查主要产品的价格,还要调查副产品的价格,如小麦,不但要调查麦子的价格,还要调查麦秆的价格等。

公路建设大多数规模大、占地数量多。一条公路的修建距离短则几公里、几十公里,长则上百公里,路线横向要求有一定的宽度,一般公路都有两个车道,高等级公路有四车道、六车道,路基很宽,又由于立体交叉、通道和其他构造物的设置,路基填土很高,由于这两方面的原因,路基放坡后宽度很大,有的宽达三、四十米。这样一条宽而长的覆盖在地面上的带状建筑物占地是相当大的。

现代的公路建设不仅仅是公路本身的工程建设,还包括公路建设有关的其他工程建设的内容,如高等级公路沿线的各种其他工程和附属工程等,因此公路建设用地是指与公路建设有关的各项工程占用土地的总和。由于公路建设用地内容多、涉及面很广,故在做征用土地调查、用地图测量以及计算征用土地面积时要全面考虑,不要遗漏。

为了使公路建设用地考虑全面,工作中不至于漏项,占地内容更加明确,公路建设用地可按下面4个方面划分:①公路路线用地;②附属设施(交通工程)用地;③沿线其他工程用地;④临时用地。

公路路线用地是指公路本身的用地,包括路基、桥梁、防护工程、分离式和互通式立体交叉等。

附属设施(交通工程)用地:一是公路管理养护机构(管理所或管理站)用地,包括办公楼、宿舍、修理厂、加工厂、养路用房、变电所、监控室、停车场、材料堆放场等;二是服务区建筑用地,包括旅馆、餐厅、宿舍、小卖部、加油站、变电所、停车坪、锅炉房等;三是沿线汽车停靠站用地,包括停车场、厕所、加油站等;四是收费站用地,包括收费站前后车道加宽部分(也可以列入主线),办公楼等。

沿线其他工程用地:包括高等级公路修建(改建)的汽车铺道(便道)、高等级公路与城镇修建的联络线、被交叉道的改移、扩建、改河、改沟工程等。

临时性用地:包括施工企业的办公、生活用房、加工厂、修理间、预制场、路面材料的拌和场、沿线的堆料场、施工便道、临时轨道铺设、自采材料的加工场、材料运输便道、取土、弃土占地等。临时性用地施工完成后不能恢复耕地的应按永久性占地考虑。

土地种类的划分和各种土地的征用补偿办法,在当地政府制定的土地管理实施办法和实施细则中都作了具体的规定,征用土地调查中要取得这些资料。

公路用地图测量是征用土地外业调查工作中非常重要的一项内容,它是计算占地面积和上报国土管理部门审批征用土地的主要依据。公路用地图测量应能测绘出沿公路两侧纵向、横向(一定范围)土地类别和分界线以及与路线相应的里程桩号,土地所属市、县、乡、镇,路线用地界线(变宽点处注明前后用地宽度及里程桩号)。图纸应清晰、准确,能满足计算征用土地面积的要求。

在公路用地图外业的测量中,应同时进行征用土地的外业调查和资料收集工作。通过调查要弄清沿线各类土地平均产量(产值),以县、乡、镇为单位的各类土地的所有量和人口数量,以便计算人平均占有耕地亩数,为耕地赔偿费计算提供依据。

通过公路用地图的外业测量和实地调查，可以清楚地绘制出沿线各种土地的分布情况和相对位置，待路基横断面图出来后，按横断面两边（包括防护、排水设施等）实际的占地宽度加上公路用地范围所规定的预留宽度，得出两边需要的占地宽度；再将每个横断面两边需要的占地宽度按相应的里程桩号点绘到用地图上，得出两边的变宽点；变宽点之间纵向相连即绘制出公路用地图的界线（红线）。公路用地界线纵向应顺直，不宜折线太多。公路用地范围确定以后，即可根据公路用地图计算出各类土地的占地面积。沿线其他工程用地可以比照上述方法计算。

沿线服务区、管理区用地以及施工单位临时用地等可以根据它们各自的平面总体布置图红线所确定的建筑范围计算各类土地的征用面积。

此外，因确定公路征用土地的面积，都是按照横断面双边需占地的宽度加上规定的预留宽度来计算的，往往产生一些田边、地角等不在计算的范围内等情况，即一整块耕地被征用之后，尚剩下一个小角落，不在被征用范围内，而客观上已无法再作为耕地使用，所以在以往实际执行过程中，一般都一并计入征用补偿范围，故在现场调查时，也不可忽略这些情况。

施工图预算编制阶段一般情况下工程的开工期已经基本确定，在这个阶段注意调查在征地范围内地面上各类青苗生长的情况。青苗补偿费和土地征用费的土地类别划分往往是不一样的，如蔬菜基地，征地是按不同的类别，而青苗补偿则按蔬菜的品种补偿，因此施工图预算阶段青苗补偿的调查应详细一些。

一个公路建设项目一般通过一个或几个地、市区，公路征用土地的征地和安置补偿费，应根据公路所通过不同的地区，按当地具体的规定计算。南方各省征用土地补偿费和安置补助费，一般以水田补偿费为计算依据，其他类别的土地则折合成水田补偿费的系数计算，比如旱地按临近水田的0.6、菜地的1.0倍计算等。

根据国务院发布的《中华人民共和国耕地占用税暂行条例》，为了合理利用土地资源，加强土地管理，保护农用耕地，凡占用耕地从事其他非农业建设的单位和个人都要缴纳耕地占用税，耕地占用税以纳税人实际占用的面积计算，按照规定税额一次性征收，故应了解调查当地政府规定的税额和有关规定。

公路勘察设计中通过调查测量计算出各类土地征地费用，这些费用仅仅是征地费用的总体控制数，初步设计批准后或施工图设计经审定后，在工程未开工前，要办理好各种征地手续，包括跟各级有关政府的联系，签订各种合同或协议，对被征土地逐块的进行重新测量，直到付清征地的所有费用为止。这些工作比较复杂，需要耗用大量的人力和时间，因此除了土地的征用费外，还应计算土地征用管理费。

另，国土资源部等七部委联合下发文件，“谁破坏，谁复垦”，土地复垦必须根据破坏土地面积和类型、复垦标准等，依法缴纳土地复垦费。因此在编制概算时要根据有关复垦费征收标准，计列该项费用。

（五）拆迁房屋及建筑物树木补偿

在路线范围内，对所有建筑物、树木等要进行调查。建筑物不但包括地面以上的，尤其是埋在地面以下的建筑物，如水管、电缆等更要调查清楚，以便采取必要的工程措施。

进行调查时，要全面收集如下有关各项原始数据资料：

(1)需迁移的建筑物要详细注明路线桩号,左右距离。

(2)所有拆迁的建筑物必须注明结构形式,材料情况,新、旧程度。

(3)对于树木的调查,必须分清树种、直径,经济林还应调查产量、单价等。

另外,假如路基征地范围的红线正好画在一处民房墙角处,而房屋并不在征地范围内,但很显然工程开工后,该房屋已无法居住,所以在以往实际执行过程中,一般都一并计入征用补偿范围。

为保护森林资源,促进我国林业可持续发展,财政部、国家林业局联合下发文件,凡勘察、开采矿藏和修建道路、水利、电力、通信等各项建设工程需要占用、征用或者临时占用林地,经县级以上林业主管部门审核同意批准的,均要预缴森林植被恢复费,且收费标准按照不同的林地划分,取费也不同。因此在外业调查时,对所占用的林地一定要仔细认真地划分明确,以便按照不同的取费标准计算。

一条公路需要通过很多田野、城镇、村庄,公路建设提倡靠近城市而不进城市,但由于路线长、规模大,从技术标准的要求和工程经济来考虑,在很多情况下要和许多建筑物发生干扰,这样就必须进行拆迁。建筑物的拆迁和征用土地一样,在公路用地图测量中把沿路线两边的建筑物绘制在用地图上,注明左右的距离、各部尺寸以及地名。在外业工作中除在图上示意外,还要做好调查工作,对房屋的轮廓尺寸、结构类型(混凝土结构、砖瓦结构、砖木结构、土木结构、竹木结构),楼房的层数以及其他设施(牛棚、猪圈、粪池、晒谷坪、围墙、护坡、明沟暗道、城市里的供水、供气管道),都要调查清楚并注明各种建筑物的所属单位和个人。房屋、附属设施分类应根据当地政府主管部门制定的拆迁生活、生产房屋以及附属设施补偿标准的分类执行。

建筑物拆迁的范围应该是在确定的公路用地范围内,所有的房屋和附属设施都是被拆迁征用的对象。拆迁房屋要有一定的根据,必须持有国家规定的批准文件、拆迁计划、房屋调查资料和补偿、安置方案,向省、市、县政府房屋拆迁的主管部门提出申请,经批准并颁发房屋拆迁许可证后方可拆迁。房屋拆迁需要变更土地使用权的必须依法取得土地使用权。拆除军事设施、教堂、寺庙、文物古迹等一般都有特殊的法律、法规,应依照有关的法律、法规执行。拆迁违章建筑、临时建筑一般不予补偿。

拆迁单位的生产、营业用房必须停产、停业的,从停产、停业之日起应计算停产、停业补助费;设备搬迁、运输费应当另计补助费。居民房屋内设施的拆迁和居民搬家要给予一次性的补助,此部分费用也可分摊到各类房屋拆迁补偿费用的单价内一并计算。

(六)拆迁电力、电信线路

电杆迁移必须注明形式、负荷量、几线等,是木质还是钢筋混凝土。

电杆要注明与公路中心线的交角,确定拆迁数量要充分考虑由于迁移使两端受影响的数量,一并计入迁移数量中。

公路建设点多、线长,不但要占用很多土地,而且和其他工程的相互干扰也很多,公路通过的地区一般都有电力、电信线路,特别是靠近城镇地区电力线路纵横交错,干扰更大,需要拆迁的数量也很多。电力、电信线路沿公路两边的分布,在公路路线平面图和公路用地图测量时应准确地测绘在图纸上,同时也要做好野外调查工作。电力、电信线路种类比较多,造价也不一样,拆迁补偿费用也不相同,调查中要弄清电力、电信线路的分类和所属单位。电力线路分类以按电压分类等级划分为主；其次是杆塔的结构类型，混凝土杆或铁塔杆计算拆迁长度，要确定电力线路与公路的交角。一般来讲都是按线路电压等级进行拆迁赔偿的。电力、电信线路的拆迁范围应控制在公路用地范围以内，但它的拆迁和其他建筑物不一样，拆迁一个杆塔就会影响到前后两个也要拆迁，拆迁范围要留有余地。有的电力、电信线路在公路上空跨过，虽然横向净空能满足要求，但净高不一定满足要求，因为导线弧垂最低点至公路路面和行驶的车辆要有一定的安全高度，所以导线弧垂最低点至地面的高度一般需要测量，这对路基高程设计非常重要，通过路基高程设计，虽然宽度没有问题，往往也要进行拆迁。

对电力线路的拆迁调查，如果缺乏必要的常识，就很难分清供电线路的种类，也难以正确确定赔偿费用，所以公路工程造价工程师具备一些有关电力、电信线路的常识也是必要的。

送电线路有架空送电和电缆送电两种方式。连接发电厂、变电所之间的35kV及以上电压等级的线路，一般称为送电线路，亦称输电线路，其作用是将发电厂发出的电力送到变电所，组成电力网。送电线路按电流划分有交流送电线路和直流送电线路，按架设形式分有架空送电线路和地直电缆线路，按电压分有35kV、66kV、110kV、220kV、330kV、550kV的送电线路。根据输送功率及距离确定送电线路的电压等级，一般关系见表4-8。

输送功率及输送距离与电压等级关系 表4-8

电压(kV)	输送功率(万kW)	输送距离(km)
35	1～2	50
66	2～3	80
110	3～6	110
220	10～30	220
330	40～50	330
500	60以上	500

1.架空送电线路

架空送电线路通常由杆塔(包括横担)、导地线、绝缘子、金具、杆塔基础及接地线等组成。

(1)导线及避雷线

送电线路的导线是电流通道，一般采用钢芯铝绞线。根据钢芯截面的大小分正常型(LGJ)、减轻型(LGJQ)、加强型(LGJJ)三种型号。避雷线亦称架空地线，位于导线上方，保护导线不受雷电伤害，一般采用镀锌钢绞线。

(2)绝缘子及金具

绝缘子亦称瓷瓶，是使导线与杆塔绝缘的原件，一般用瓷、钢化玻璃等制成伞群，再与钢帽、铁角黏结而成。送电线路采用盘形悬式绝缘子(分普通型和防污型)，有时也采用棒式绝缘子(瓷横担)。金具是将杆塔、导线、瓷瓶、拉线等连成整体及保护导线的零部件，一般采用铸铁、马口铁、铝合金等制成。金具通常分为线夹、连接金具、接续金具、保护金具、拉线金具等。

(3)杆塔

架设导线的支持物,有钢筋混凝土杆、预应力钢筋混凝土杆与铁塔,统称杆塔。杆塔承受导线、地线、复冰、风等垂直和水平荷载,确保导线对地距离。杆塔一般分为直线杆塔、耐张杆塔、转角杆塔、换位杆塔和终端杆塔。按架线的回路数,可分为单回路杆塔、双回路杆塔、多回路杆塔。

(4)杆塔基础

基础是保持杆塔稳定的地下建筑物。一般可分为现浇基础、装配式基础、岩石基础和预制基础等。

(5)接地线

接地线是将避雷线中的雷电池导入地下的装置。其一端接于塔腿或水泥杆接地孔后全部埋于地下,一般采用 $d=8$mm 或 $d=10$mm 圆钢埋设。

2. 电缆送电线路

(1)电缆送电线路的特点

广义的“电缆”一词,包括了全面“电线电缆”,即包括电力输配线,电气通信线和作为各种线圈绕组的电磁线。电力输配线又分架空裸绞线和电力电缆两大类。电力电缆与架空裸绞线相比,优点有:①线间绝缘距离小,占地广,敷设于地下不占地面上空间;②受周围环境影响小,送电可靠性高;③对人身比较安全。

因此,在市区架空线路走廊在技术上难以解决时,狭窄街道、繁华市区高层建筑地区及市容环境有特殊要求时,重点风景旅游地区的某些地段和对架空线路严重腐蚀的特殊地段,可采用电缆线路。此外在发电厂及其他大型厂矿、交通枢纽、电网交叉以及过江跨海等特殊场合,也必须使用电缆。但是,与架空线相比,电力电缆的缺点有:①基建投资大;②故障修理费用大,时间长;③不易分支。

电力电缆与架空线在结构上相比,前者有完整的、连续的绝缘层和对绝缘层起保护作用的护层。电缆的导电线芯、绝缘层和护层,为一般电缆结构上的三个组成部分。

(2)电缆的品种与型号

电力电缆的品种规格达数千种之多。根据绝缘材料的不同,可分为纸绝缘和橡塑绝缘两大类。

纸绝缘电缆,根据其浸渍黏度或加压方式不同,可分为黏性纸绝缘、干绝缘、不滴流、充气、充油及压力(钢管)电缆。

油纸电缆的绝缘是油和纸的复合绝缘。电缆纸是木材纤维纸,具有较高的化学稳定性和一定的机械强度,但缺点是很易吸水,吸收了水分后,绝缘电阻将明显下降,这就是电缆敷设施工之前,必须先“校验潮气”的道理。经检验已经受潮(吸水)的油纸电缆应该割去废弃。

橡胶和塑料电缆是均匀质绝缘。在制造厂,这类绝缘采用“挤压法”一次成型,生产效率比油纸绝缘高得多。

电缆的基本结构形式有三种:统包型、分相屏蔽型与单芯电缆。统包型电缆的特点是在多芯型绝缘成缆后,再绕包统包绝缘。由于统包型电缆结构的特点,一般只能使用于10kV及以下的电缆。

充油电缆是利用补充浸渍原理来消除绝缘层中形成的气隙，从而提高电缆工作场强的一种电缆结构。常见的形式是自容式充油电缆。

电缆型号由汉语拼音字母和阿拉伯数字组合而成。电缆的类别、导体、内护层以及电缆特征，采用相应的汉语拼音安母（大写）表示。如，用 Z(zhi) 表示纸，用 Q(qian) 表示铅，用 L(lu) 表示铝，用 F(fen) 表示分相符。

(3)电缆附件

在电缆线路中，除了电缆本身以外的其他各种部件，统称“电缆附件”。

电缆附件主要包括终端头及其支架，中间接头及其保护盒，供油装置，护层保护器和信号装置等。

①终端头及支架

弱端头是电缆与其他电气设备（如架空线、变压器、开关等）相连接的部件。主要组成部分是：内绝缘、外绝缘（瓷套管）、密封结构、出线杆与屏蔽罩等。

终端头的形式一般分为户外式、户内式和封密式。户外式终端头通常采用瓷套作为外绝缘。

终端头一般安装在特制的金属支架上。金属支架既是终端头的机械固定装置，又能使终端头金属导电部分对大地以及不同相终端头相互之间保持足够的安全距离。

②接头及保护盒

把一段段电缆连接起来，以构成一条电缆线路的部件称为电缆接头。电缆接头的结构形式因电缆形式、电压等级及用途的不同而异。

为了降低电缆金属护套损耗，以提高输送容量，对于较长的单芯电缆线路需要以环氧树脂或瓷质垫片把两段电缆金属护套轴向绝缘连接，并且将电缆金属护套经交叉换位和互联接地。

为了使电缆内部各段的油压力不超过容许值，并减少暂态油压的变化，防止在电缆发生故障时导致漏油而不扩大到整个电缆线路，必须安装一定数量的塞止接头。通常在塞止接头上需要装设一定数量的油压力箱。因此需建造塞止接头人井，在有条件的地方，可在地面上建造油压力箱房。

在电缆直埋敷设的情况下，接头外需加装用钢筋混凝土制成的保护盒或铸铁盒以对接头进行机械保护。

③供油装置

充油电缆借助于供油装置的油压来消除由于油温变化而可能形成的气隙，从而使油纸绝缘的工作电场强度有很大提高。

自容式充油电缆的供油装置，主要是供油箱。供油箱有重力供油箱、压力供油箱两种。

电缆的供油装置还包括全部油管路、控制油路的阀门和压力表等。

④护层保护器

大截面和超高压电缆，一般都采用单芯结构。单芯电缆在三相交流电网中运行，线芯电流在电缆金属护层中产生感应电压，如果护层两端接地，则必形成护层循环电流，从而产生相当大的护层损耗，这种损耗有时可使电缆的输送容量下降约 1/3。为了降低线路损耗，提高输送容量，常一端接地。当采用一端接地时，为了降低电缆护套或绝缘接头夹板两侧之间的冲击过电压，须在护套不接地端与大地之间在绝缘接头夹板之间装设护层过电压保护器。

护层保护器按其构造分单项式与三相式两种。单项式的阀片置于密封罐内或环氧铸件中，常用于终端装置或人井内。三相式的三组阀片接成星形连接线，并以三根同轴电缆将绝缘接头跟换位铜排及阀片相连。

⑤信号装置

在电缆线路上，尤其是在110kV及以上的高压电缆线路上，为了对电缆的运行状态进行自动监视，应根据不同线路的要求，安装必要的指示仪表、传感元件继电器以及控制电缆等信号装置。

a. 油压信号装置：为了监视电缆油压，需加装带有电接点的压力表。

b. 护层绝缘监视装置：当采用护层一端接地或者护层交叉互联接地时，一旦发生护层绝缘损坏，必形成护层内循环电流。一般采用穿心式电流互感器作为监视护层绝缘电阻装置。

c. 温度信号装置：为了对电缆运行温度进行监视，通常选择电缆散热条件最差的地方，在电缆护层上安装铂热电阻或者铜—康铜热电偶，从而自动测得各监视点的温度，并通过控制电缆接至巡回检测装置，以发送示警信号并记录各点温度。

(4)电缆线路分类

电缆线路分为电缆送电线路、电缆通信线路、纵差保护电缆线路等。

(七)工地转移费和主副食运费补贴里程的调查

1. 工地转移费

根据公路工程概预算编制办法，工地转移费系指施工企业根据建设任务的需要，由已竣工的工地或后方基地迁至新工地的搬迁费用。调遣距离以调遣前后工程主管单位(如工程处、队或工程公司、分公司等)驻地距离或两路线中点的距离计。在施工图设计阶段如果施工单位明确，即可按上述规定计算其调遣距离。施工单位尚不明确时，大型工程项目，世界银行、亚洲银行贷款项目，进行国标招标的项目，可按省城至工地的里程计算工地转移费；对工程规模不大的地方性工程、小型的自筹资金项目、有上级补助的项目，一般由地区级施工队伍施工，可按地区所在市至工地的里程计算工地转移费。

2. 主副食运费补贴

由于公路施工是线性工程，多为偏僻无路的地方，给施工队伍购买主副食带来不便，为减轻施工人员的生活负担，故将此部分运费计入工程费用内。因此，要调查主食、副食、煤、生活用水等供应地点及运距。如有几个供应点，应调查各点供应数量的比重，以便计算综合里程。

主副食运费补贴里程的调查，要严格按照公路工程概预算编制办法有关主副食运费补贴综合里程计算的规定执行。综合里程是指四种生活物资运距的综合里程，即粮食、燃料、蔬菜、水四种生活物资，这四种物资对生活来说用量不同，供应地点也不一样，生活用水对南方来讲水源充足，就近可以满足生活需要，适当地设置一些抽水设备和供水管路就可解决问题，而且在施工基地选址时预先就已考虑了水源问题。一般情况下，水的运距要比其他三种生活物资的运距近得多。在缺水地区，如西北地区天气干旱，水源缺乏，生活用水需用汽车远距离运输，水的费用相对来讲是比较贵的。

粮食、燃料、蔬菜的运输距离也应根据它们实际的不同供应点至工地的距离分别计算。

在考虑各种生活物资供应点时，一方面要有供应的部门和市场，另一方面还要考虑能提供的数量。因为公路工程修建规模大，建设周期长，需要的劳动力很多，所以生活物资需要量也大，有时看来虽有供应，但并不能满足数量的需求。在确定某一供应点时，同时要考虑能否满足数量方面的要求。各种生活物资的运距务必以调查的实际距离按规定的综合运距计算公式计算综合运距。

（八）临时工程

临时工程包括两个方面的内容，一是为保证施工企业正常施工，施工现场必须设置的各种临时设施；二是为主体工程的施工必须修建的临时工程。

临时设施系指各种生活、生产用房，工作便道，人行便桥，临时用水、用电的水管支线，电力支线和其他小型临时设施等。其所需费用，根据不同的工程项目、不同的地区类别，是以费率形式进行计算的。

临时工程包括电力、电信、汽车便道、便桥等，要根据工程项目所确定的施工方案和路线所经现场的实际情况，确定预制场、沥青混合料、水泥混凝土集中拌和的拌和场，现场管理机构、施工工点等的位置和范围，以此确定临时占地数量和各种临时工程数量。

一条公路的修建需要消耗大量的电力，如各种电动机械需要用电、夜间施工需要用电、工地照明需要用电、办公及生活需要用电等。工地供电电源一般有两种，即国家电网的电源或自发电。公路建设应该首先使用国家电网的电力，在外业调查中要了解沿线电力线路的分布情况，与供电部门取得联系，确定沿线各处能够接线供电的具体位置和每处的供电范围，根据提供的供电电量地点和范围，计算沿线应该架设的临时电力线路的长度。

另外，对于大型桥梁基础施工，一台大直径钻机需要的电量就很大，由于施工可能涉及周围很多工厂用电的问题，因此调查中不但应了解供电的可能性，还要考虑供电的能力。在国家电网距离较远或供电不足的情况下，应考虑自发电。自发电一般比国家电网费用高一些，要分别计算电价；有国家电网发电又有自发电时应计算出各自在总用量中所占的比重，以便确定自发电的电量和发电设备的配备。

电信线路也要考虑接线点的问题，以便确定临时电信线路的架设长度。

临时便道和便桥除了材料料场需要修建外，重点应考虑路基土石方和材料运输的施工便道。根据施工组织设计一般应采用流水作业的施工方式，先修建桥涵及构造物，然后再进行路基土石方施工，这样就可以把新修建的路基作为施工便道。但有时很难做到，桥涵还没完工、路基土石方早已开始施工了，有时是两者同时进行的，这样为了土石方的调运就不得不在某些桥涵地段修建临时便道和便桥。在高等级公路修建中临时便道和便桥的数量很大，有时为了全面组织施工，临时便道是全线贯通的。临时便道的修建一方面需要不少的经费，另一方面临时占地太多，因此临时便道在能满足施工的前提下应尽量减少。有旧路的尽量利用原有道路作为便道。根据施工组织设计的安排，在需要修建便道的地方，通过外业调查确定其便道、便桥的修建长度以及便道的路基宽度和是否需要铺筑路面等，以满足临时便道、便桥费用计算的需要。

在进行外业调查时，要按如下有关要求分别收集有关资料。

（1）临时占地数量

临时占地数量包括施工企业施工工地所需的生产、生活用房，预制场、沥青混合料拌和场、水泥混凝土拌和场、路面稳定土拌和场、材料堆放场，仓库、临时便道及其他临时设施等所需临时占地数量，以及处理复耕土地所需的费用等资料。

临时占地数量可根据工程规模大小、工期长短，按施工方案的安排确定。如工程规模不大，占地数量应小；但考虑必需的房屋、设备、设施等，其数量需相应加大；再如由于特殊要求，安排工期较短，一些临时设施相应也会加大，占地数量也相应增多。

(2)临时电力、电信

在考虑临时电力、电信线路的接线位置和长度时，要与被接线单位协商确定，尽量就近考虑。

临时电力线路为从变压器到接线处的电力干线长度，从变压器到用电点的接线为电力支线，桥梁施工现场、拌和场等场内用的电力支线其费用已综合在规定的临时设施费用中，不再另计。各变压器容量的大小，可根据各变压器供电范围内额定单位时间内用电量的大小和一定的安全系数确定，以及利用电网供电的数量与需要计列供电贴费的情况。

(3)临时汽车便道

临时汽车便道指运输材料、构件、半成品到工地和砂、石材料从料场至公路的道路，以及预制场、拌和场内部的汽车公路均为需修建的汽车便道，以及大型的施工机械进场的道路。

(4)临时汽车便桥

临时汽车便桥是为修建汽车便道而必须相应修建的便桥，以及桥梁施工时材料、机械设备过河需修建的汽车便桥。便桥的高度与长度按施工现场实际情况和工期安排确定。

(5)临时轨道铺设

临时轨道按需要分轻、重轨。重轨又分为路基上、桥上两种，轻轨铺在预制场，用于运输混凝土、预制构件横移。路基上重轨指从预制场至桥头在路基上铺设的长度，桥上重轨为在桥面上运梁铺设的长度。

(九)施工时间与期限

主要调查该项目计划的开工日期、竣工日期，以此来确定计算建设期贷款利息的计息年数；同时也是编制施工组织方案，制定劳动力、机械、设备资金和材料使用计划的主要依据。

除上述各项调查内容外，根据工程实际，尚需做的调查分析有：

气象资料，如气温、雨量、积雪等；建设期贷款利率。

总之，施工图预算阶段的外业调查工作一般是在初步设计或技术设计的调查基础上进一步深化和落实，完成初步设计或技术设计中所未完善的工作。一阶段施工图设计的一切外业调查工作，应按调查深度要求一次到位。施工图预算编制外业调查工作还有很多，比如沿线的气温、雨量，路线是否通过有文物保护区等。凡是与编制施工图预算有关的影响因素都是外业调查的对象，总的目的就是应该满足预算编制办法的规定和计算费用的需要，外业调查工作应脚踏实地、深入细致地进行，资料应完整，依据应可靠，有些调查资料(如征地、拆迁等)要有法律法规上的依据，情况允许时可以签订一些有关的初步协议、合同或有关的证明文件。

第五章　施工组织设计与造价编制的经济合理性

第一节　施工方案的含义

施工方案是根据拟建工程的设计要求和施工现场的具体条件，遵循施工过程中的客观规律，把各生产要素按最优方式配置，对施工过程进行科学的总体设计与安排。它具有两层含义：一是对工程项目进行全面安排，解决工程施工中的重要或关键问题；二是对各单位工程以及重点或特殊工程项目进行统筹安排，充分利用工作面，确保施工过程的连续性和均衡性，减少辅助工程和临时工程数量，降低工程成本。

对于拟建工程的施工方案要进行技术经济评价，施工方案技术经济评价可按下列指标综合评定并择优选择最佳施工方案。

(1)施工机械化程度，即机械完成的施工量占全部工程量的百分比。机械化程度越高，施工方案越合理。

(2)施工中的均衡性系数，包括按年、季、月完成的工程量和工作量，主要材料平均需要量和最高人工数等。若施工方案中均衡性差，则出现人工、机械设备频繁调动，使人力、物力得不到充分利用，造成资金周转困难等问题。

(3)施工方案的定性分析。施工方案定量分析只能在项目竣工之后进行，但其定性分析可从技术措施、优缺点比较、符合规范和要求、实现文明施工等方面评价施工方案的优劣。

第二节　施工机械的选用及合理确定工期

一、施工机械的经济性选择原则

施工方案的选择包括主要施工方法和施工机械设备的选择。选择施工机械设备，不仅要选择设备的数量、种类及其型号，而且还要考虑机械设备的经济性、通用性和机械组合施工等方面的合理性。

施工机械经济性选择的一般原则可从定性和定量两方面加以考虑。定性原则表现在施工机械容量与工程规模有关，还应考虑机械的通用性、场外运输条件以及受施工环境的限制等。定量原则可通过施工机械的单价分析，选施工单价低的机械。机械施工单价(C_u)可按下式计算：

$$C_u = \frac{R + PX}{qX} \tag{5-1}$$

式中：R——使用本单位机械时为机械损耗费，租用机械时为租金；

P——单位作业时间内机械的运行费；

X——机械的实际作业时间；

q——单位作业时间内机械的施工量。

选择通用性机械的优点有：通用机械容易买到；能用于多项工程，施工单价相应低；容易修配及替换零件；不需使用时容易变卖处理。

公路工程许多项目施工需要不同的施工机械组合完成，因此选择机械组合施工时，应使各种机械都能充分发挥其工作效率。

二、常用施工机械的合理应用

1. 推土机的应用

公路施工的季节性较强，工作量比较集中，施工条件较差，多采用大中型履带式推土机，主要进行50～100m短距离推运土方、石渣等作业。如开挖填筑路基土石方，基坑开挖集渣，填筑堤坝、围堰，开挖河床、渠道，平整场地，砍伐树木，清除树根，填平壕堑和堆集砂砾石等集料作业。此外，还可以进行局部碾压，给铲土机助铲和预松土，以及牵引各种拖式土方机械等作业。

2. 铲运机的应用

铲运机是一种循环作业式的铲土运输机械，主要用于中距离的大规模土方转移工程。它能综合完成铲土、装土、运土和卸土四个工序，能控制填土铺筑厚度和进行平土工作，对卸下的土壤进行局部碾压。

3. 推土机、铲运机的经济运距

推土机的经济运距选择合适，能发挥推土机最大效能的正常情况下，推土机的运距在100m以内时生产率较高，超过100m生产率大幅度下降。在经济运距内，推土机比铲运机有着更高的生产效率。

铲运机的经济运距和行驶道路坡度是铲运机选型的重要依据之一。一般来讲，在运距短、坡度大、路面松软的情况下，以选择拖式铲运机为宜。如果运距较长、坡度大，则采用双发动机驱动的自行式铲运机比较经济；路面较平坦则选用单发动机驱动的自行式铲运机较为经济。总之，铲运机适用于中等运距（100～200m）和道路坡度不大条件下的大量土方转移工程，如果运距太短（100m以内），采用铲土机是不经济的，而采用推土机或轮胎式装载机自装自运较为适宜；若运距太长（200m以上），则宜采用自卸式汽车、底卸式运土车较为经济。

4. 单斗挖掘机的应用

单斗挖掘机具有挖掘能力强，构造通用性好，能适用不同作业要求的特点。在公路建设中，单斗挖掘机主要用来进行挖掘土料、剥除采石的覆盖层及在料场进行装载作业等。单斗挖掘机与运输车辆配合作业可以获得最好的经济效果，汽车数量可按运输距离所需的运转循环时间和挖掘机的作业循环时间来确定，数量不宜过多，以保证生产率最高、成本最低为标准。

5. 装载机的应用及其与自卸汽车配合运送土石方的合理运距

装载机常用于公路建设中的土石方铲运，以及推土、起重等多种作业。在运距不大或运距和道路坡度经常变化的情况下，如采用装载机与自卸汽车配合装运作业，会使工效下降，费用增高，此时单独采用装载机作为自铲运设备使用较为经济合理。

轮胎式装载机与自卸汽车配合作业时的合理运距与设计年土石方生产量、设备斗容量和装载量有关，加大装载机容量就可增加合理的运距，见表5-1。

装载机与自卸汽车配合合理运距　　表5-1

年生产量（万吨）	10	30		50		80		100以上	
装载机斗容量（m^3）	2.25	2.25	4	2.25	4	2.25	4	2.25	4
汽车载质量（t）	10	10	27	10	27	10	27	10	27
装载机质量（t）	装载机合理运距（m）								
2	470	170	260	110	160	80	110	71	65
4	760	280	450	190	280	130	190	118	108
5	920	350	540	240	340	170	230	155	143

装载机的斗容量与自卸汽车的车箱容积相匹配，通常以3～5斗装满轻车为宜。

6. 平地机的应用

平地机主要用于修筑路基横断面、帮刷边坡、开挖边沟及路槽、平整场地等，还可以用来在路基上拌和路面材料、摊铺材料、修整和养护土路、推土、疏松土壤，清除杂草、石块和积雪等。

7. 光轮压路机的应用

光轮压路机可分为自行式（简称压路机）和拖式（简称平碾）两种。压路机的单位直线压力较小，压实深度较浅，而且压实不均匀，因此不适用于对水工建筑物，如土坝、河堤、围堰等的碾压，主要用于筑路工程。压路机可通过增减配重物的办法在一定范围内调整其单位直线压力。压路机按质量分类的应用范围见表5-2。

光轮压路机按质量分类的应用范围　　表5-2

按质量分类	加载后质量（t）	单位直线压力（MPa）	应用范围
特轻型	$0.5 \leqslant X < 2$	$0.8 \leqslant Y < 2$	压实人行道和修补黑色路面
轻型	$2 \leqslant X < 5$	$2 \leqslant Y < 4$	压实人行道、简易沥青混凝土路面、公园小道和土路路基
中型	$5 \leqslant X < 10$	$4 \leqslant Y < 6$	压实路基、砾石、碎石铺砌层、黑色路面、沥青混凝土路面和土路路基
重型	$10 \leqslant X < 15$	$6 \leqslant Y < 8$	压实路基、砾石、碎石路面或沥青混凝土路面的终压作业以及路基及路面底基层
特重型	$X \geqslant 15$	$Y \geqslant 8$	压实大块堆砌基础和碎石路面

注：X表示光轮压路机加载后质量；Y表示光轮压路机单位直线压力。

8. 振动压路机的应用

振动压路机简称振动碾,可分为光轮和羊足轮两类,以此用于不同土质条件。它与静作用碾压机相比具有以下优点:

(1)单位直线压力大,压实深度可比同类型重量级的静作用碾压机大1.5~2.5倍。因此,碾压厚度增加,碾压遍数减少。

(2)结构质量轻,外形尺寸小。它与静作用碾压机械相比,在相同的压实效果时,它的质量只有静作用碾压机械的1/5~1/3。

光轮振动碾适宜于压实非黏性土壤(砂石、砂砾石)、碎石、块石、堆石和沥青混凝土,其效果远大于其他碾压机。但对黏土和黏性较强的土壤压实效果不好。摆振式振动碾还可用于大体积干硬性混凝土的捣实作业。

羊足振动碾是一种新型的碾压机械,它既可以压实非黏性土壤,又可以压实含水率不大的黏性土壤和细颗粒砂砾石,以及碎石与土壤的混合料。

9. 在土石方工程中施工机械的选择与配合

在土石方工程中,应根据工程规模、工期、工地条件、其他现场调查资料以及施工组织设计,选择适当的施工方法,合理地选用定额。

(1)根据工程规模、工地条件等选定施工机械,见表5-3。

施工机械的选择与配合 表5-3

工作种类		施工机械	备注
新建道路	半填半挖	推土机	
	半挖装载	挖掘机、装载机+自卸汽车	
	明挖	推土机、铲运机、挖掘机、装载机+自卸汽车	
现有道路加宽		推土机、挖掘机、装载机+自卸汽车	
现有道路改建		推土机、挖掘机、装载机+自卸汽车	

(2)对于挖掘装载机械,应根据土质条件及现场施工条件合理选用。对于松土、普通土,采用装载机挖装比较适宜,但当挖土高度大于3m时应有推土机辅助。对于稍微固结的土质采用挖掘机挖装,也可用装载机挖装,但需推土机辅助。对于固结紧密的土质,应在推土机挖松后采用装载机或挖掘机装载。

(3)每种施工机械都有其比较经济的运距,在选择施工机械时应予考虑。各种机械的经济运距依照不同的情况可能稍有不同。

10. 在概、预算编制中自卸汽车通过选型来控制造价

在公路建设中,选择使用自卸汽车应注意以下几点:

(1)自卸汽车的车箱容积或承载吨位应与工程选用的装载机械配套。自卸汽车车箱容积应以装载机械斗容量的2~4倍为宜。

(2)按照实际情况和经济效益,合理选择车型。如道路条件好的平原地区和施工地开阔的山区,可以选用中型或重型自卸汽车;山区、峡谷、河床则选用轻型自卸汽车。在卸料场地狭长处,宜选用侧卸式、底卸式自卸汽车。另外,从技术管理、物资供应、设备维修和技术培训等方面来考虑,选用的车辆型号规格越少越好。

(3)根据工程量大小、工期、施工强度、运距远近等确定自卸汽车的需用量。从机械化施工的合理配套考虑,应以充分发挥挖掘(或装载)机械的效能,又不造成汽车排队待装为原则,一般以每一台装载机前始终有1~2辆自卸汽车待装为佳。在工程量大、工期紧、场地大、施工强度高而条件许可的地方,尽可能选用大一些的自卸汽车。

轻型自卸汽车是养路道班常用的养路材料运输车。在进行道路修补作业时,用它运输各种散装材料,既节省劳力,又有较好的经济效益。

中型自卸汽车除进行短途运输外,还可以进行长途运输,它与装料机械配合,可连续、高效地完成各种散装物料的转运,广泛用于中等规模的建设工程中。

重型自卸汽车的生产效率比中、小型自卸汽车高,在大规模工程中效益显著,所以它在大型公路工程等建设项目中有着广泛的应用前景。

11.稳定土拌和机与稳定土厂拌设备的特点

稳定土拌和机的特点是所需配套设备少、占地小、机动灵活、成本低;稳定土厂拌设备级配精度高,拌和质量好,但需安装在固定地点作业,整机庞大、占地面积大,还需配置运输车辆和装卸机械才能将成品料运至施工现场,因此使用成本高。

公路工程项目路基土石方、防护工程、桥涵工程、隧道工程等,由于受地形和地质、水文等条件的限制,处于不均匀分布状态,在空间和时间上受到制约,从而增加了施工过程中的难度,常称为重点工程或关键项目。公路工程施工中关键项目主要有路基处理,高填或深挖集中性土石方、大型挡土墙、大桥及地质复杂的桥梁基础工程,大型构件的预制及安装,以及隧道工程等。这些项目一般工作面小、工期长、施工难度大,所以必须采取合理的技术组织措施,以确保质量和工期。

关键项目的技术组织措施应在全面调查研究施工现场和施工条件,并参考过去同类工程施工经验的基础上,拟定其施工方案和施工方法,以确保整个建设项目的顺利进行。

由最优的施工方案计算工程项目的工期以及各单位工程施工持续时间,即为工程项目的合理工期。工期的长短直接影响到工程项目的成本消耗,合理工期应该是在满足工程项目合同条件下,所消耗的费用最低的施工期限。

第三节 工地运输方式的选择

运输组织是施工组织中一个重要项目,它不仅直接影响施工进度(是物质供应的基本环节),而且在很大程度上也影响工程造价。为了确保施工进度按计划执行,力求最大限度地降低工程造价,要求编制出合理的运输组织计划。

工地运输组织应解决的问题有:确定运输量、选择运输方式、计算运输工具需要量等。

目前,工地运输的方式有铁路运输(包括窄轨铁路)、公路运输、水路运输和特种运输(索道、管道)等。选择运输方式必须充分考虑各种影响因素,如运输量大小、运距和物资性质;现有运输设备条件;利用永久性道路的可能性;地形、地质及水文等自然条件;敷设、运输和装卸费用多少等。

对外部运输而言,主要是如何利用原来的交通系统将大量的外购材料与物资及时送至工地。但外部运输不可能全部负担工程上的运输任务,这是因为它受着原有交通布局的限制，不可能将所需的全部物资直接送至施工现场。因此，采用何种运输方式就决定了运输的起始点、运距和运输方向等。

对工地内部运输来讲，主要是由施工单位直接进行组织与调度，除满足施工需要外，一般不负担与工程无关的运输任务。工地内部运输主要有汽车、拖拉机、兽力车和各种民间运输工具。某些集中性工程亦常采用轻便铁轨、索道和溜槽等，这些运输方式应根据当地具体条件加以选择和组织。通常汽车具有较好的越野性、深入性和灵活性，故在工地运输中采用较广。拖拉机行驶速度较慢，但牵引力大，故当运距短而运量集中时，在施工泥泞便道上是一种较好的牵引工具。轻便铁轨在集中性工地上应用比较普遍，它拆迁方便、运输能力也很大，消耗动力较小，并且适用于狭窄地段，往往是工地内部的主要运输方式。索道运输、兽力车和各种民间运输在短途运输中应用较普遍。因此，根据具体条件，做出全部工程的运输规划，选择合理的运输工具就显得尤为重要。

运输方案是否合理，应结合具体条件加以分析，一般应达到下列几个要求：

(1)运距最短，所需运输量最小。

(2)减少运转次数，力求直达工地。

(3)装卸迅速和运转方便。

(4)尽量运用原有交通条件，尤其要充分利用运价低廉的水运，以减少临时运输设施的投资。

(5)运输工具应与所运物资的性能、价值和要求相适应，充分发挥运输工具的载运能力。

(6)符合安全技术规定。

第六章　公路工程预算编制算例(××段公路施工图预算编制)

第一节　建设项目工程概述及总体设计说明

一、设计标准

××段一级公路,全线均为平原微丘区,设计标准采用一级干线公路标准,设计速度为100km/h,采用全幅断面,全幅路基宽度为26m,断面形式如图6-1所示。

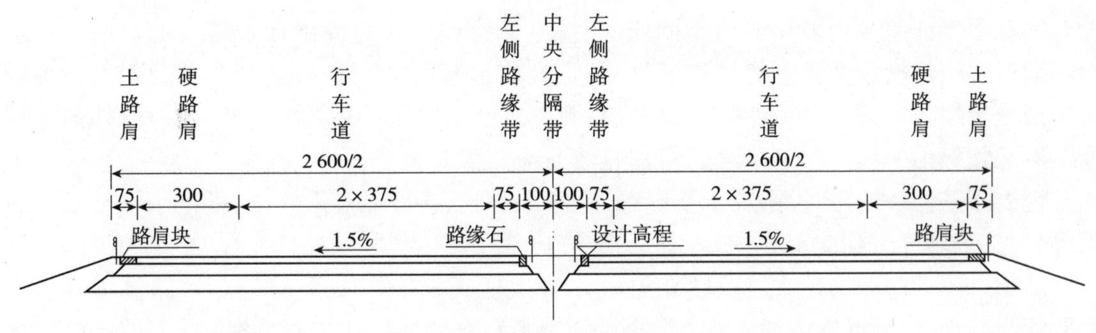

图6-1　路基断面形式(尺寸单位:cm)

桥涵设计荷载采用公路—Ⅰ级,桥涵设计洪水频率为1/100,大中桥断面形式为2×(0.5m防撞墙+净11.75m+0.5m防撞墙),小桥涵与路基同宽。

二、路线起终点、全长

路线始于××镇南,与××高速公路连接,通过与××高速公路可实现与省道及国道的连接,终点与××公路顺接,路线总长为42.35km。

三、地形地貌

拟建项目路线所经区域属于平原微丘区,地形开阔平缓,起伏不大;地貌上分属低山丘陵剥蚀区、山前倾斜平原区、平原区,如图6-2所示。

山前倾斜平原区:地形呈微倾斜状,主要分布于山前,由冲洪积层、坡积层组成。

平原区:主要分布于沿线沟谷洼地两侧,由冲洪积层、风积层组成,地形较平坦。

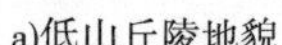

a)低山丘陵地貌　　b)山前倾斜平原地貌　　c)平原地貌

图 6-2　地形地貌图

四、路基、路面及排水防护

1. 路基宽度

全线公路等级为四车道一级公路，计算行车速度为 100km/h，采用全幅断面，全幅路基宽度为 26m。

2. 路基边坡

填方路基边坡坡率根据路基填土高度、工程地质条件、地形条件、填料类型等综合确定。挖方路基在保证路基边坡长期稳定的同时，应考虑边坡形式对周围环境景观的影响。边坡横断面形式应根据边坡岩土的自然属性、边坡高度、岩层产状、岩石破碎和松散程度及加固防护措施等综合考虑，灵活自然、因地制宜、顺势而为、不采用单一的坡度，使边坡外形与周围地形地貌融为一体。一般路段的路基边坡坡率采用 1∶1.5。

挖方路基为一般路堑，一般土质（含砂低液限黏土、含砂低液限粉土，低液限黏土及碎石土等）的边坡坡率采用 1∶1.0。

本项目设计中利用挖方路段废弃土石方结合取土场集中取土填筑路基，路基填料以含砂低液限黏土、含砂低液限粉土为主，少部分为碎石土及强风化岩石，路基施工应严格按规范要求进行。

3. 路基压实度

路基不同部位填料的最小强度、最大粒径以及压实度要求按《公路路基设计规范》（JTG D30—2004）和《公路路基施工技术规范》（JTG F10—2006）的规定执行。路基压实检测标准采用重型击实标准。

4. 陡坡路基及填挖交界处理

对于地面自然坡度陡于 1∶5 的段落，横、纵向填挖交界处均应将原地面开挖成台阶状，并在交界处加铺土工格栅，台阶宽度不小于 2.0m，向内倾 2%。当地面横坡陡于 1∶2.5 时，按陡坡路堤设计，验算路堤沿斜坡地基或软弱层滑动的稳定性。

5. 桥头（构造物）路堤

桥头路堤的处理主要是解决桥头差异沉降。高等级公路桥头差异沉降主要是由于地基软弱土、路堤填料质量不合格、路堤压实度不够、刚度突变产生振动作用促使路堤塑性变形过大、台后填料受渗水侵蚀变形等引起桥台与台后路堤过大的差异沉降。

桥头路基处理采用台后原地面至路面底基层底面回填未筛分碎石，回填范围为全路基宽度，要求分层压实，回填部分与已有路基搭接处应开挖台阶；台后6.0m原地面线以下换填50cm未筛分碎石，如图6-3所示。

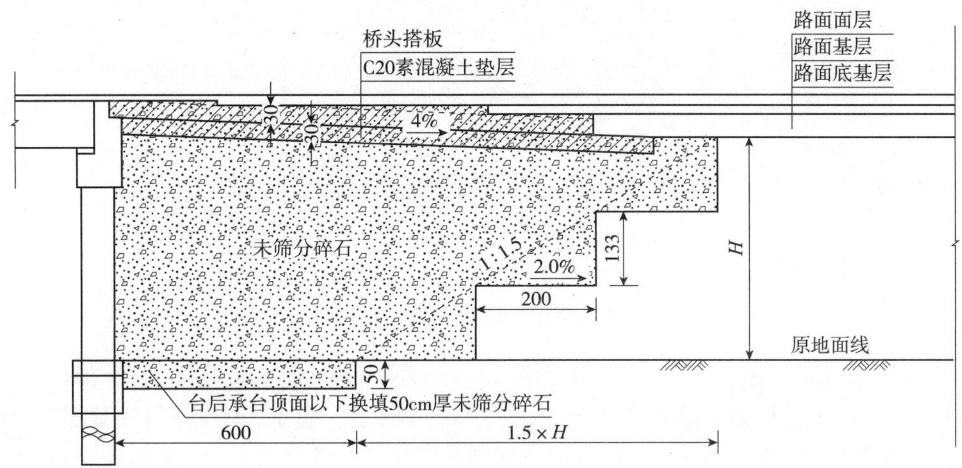

图6-3　桥头路基处理示意图(尺寸单位:cm)

6.低填浅挖路基处治设计

低填浅挖路基处治主要目的为改善路基受力工作区范围内水稳定性。低填路基指路基高度(H)小于路面结构层厚度与路床厚度(80cm)之和的填方路段。

当开挖部分土质不满足路床填料要求或基底压实度达不到要求时，采用路床换填碎石渣处理。

7.特殊路基

特殊路基设计应以安全、稳定、经济、合理为原则；遵循防治结合、综合治理的设计思路；将动态设计贯穿于整个工程建设的过程中，及时调整和优化设计方案，以保证处治方案的经济合理性和可行性，保障工程建设顺利实施。

8.路基防护工程

边坡防护以生物防护为主，工程防护为辅。坡面防护首先突出生态环保的理念，结合公路景观效果设计，在满足沿线土壤、气候环境要求的条件下，尽量多采用植被防护，同时植被布设根据地段要求力求突显主次分明、立体感及诱导视线等作用。工程防护可根据土(石)质、材料、环保、气象及路面排水等实际情况，采用多种经济合理、有效而美观的防护措施，尽量不采用满铺实体护面墙等影响景观的防护形式。设计中采用的六边形混凝土空心预制块护坡如图6-4所示。

9.路面

新建路面设计根据公路等级、功能、使用性质及所处地区的气候、水文、土质等自然条件，本着因地制宜，就地取材、技术先进、方便施工、利于养护的原则，结合该地区公路路面施工经验和材料供应进行路面综合设计，既能使路面在设计年限内满足承载力，具有耐久性、舒适性、安全性等要求，又要降低工程造价，合理投放资金。

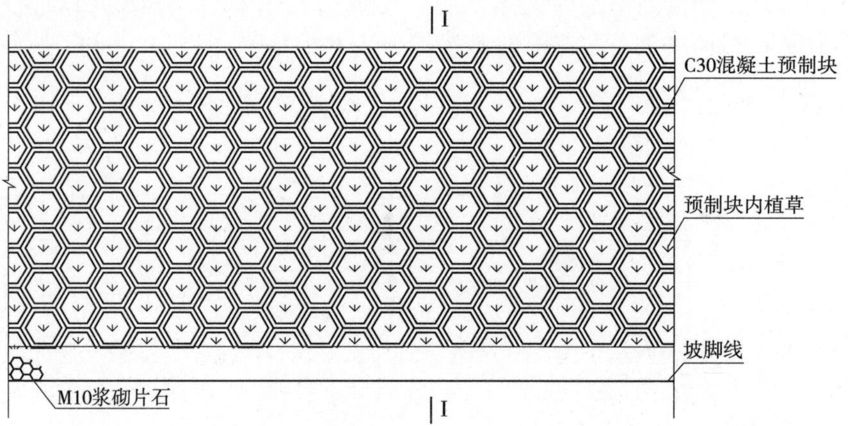

图6-4　六边形混凝土空心预制块护坡法向投影图

本项目的主线新建路面结构方案：上面层为5cm厚AC-16中粒式改性沥青混凝土；下面层为7cm厚AC-20中粒式改性沥青混凝土；基层为20cm厚水泥稳定级配碎石；底基层为20cm厚水泥稳定级配碎石；底基层为32cm厚水泥稳定级配碎石；垫层为20cm厚未筛分碎石。

收费站路面结构：面层为28cm厚水泥混凝土面板；基层为20cm厚水泥稳定级配碎石；底基层为20cm厚水泥稳定级配碎石。

10. 路基、路面排水

由于本项目路基填料以含砂低液限黏土、碎石土、低液限粉土质细砂、低液限黏土质细砂为主，路基边坡抗冲刷能力较差，因此对路基、路面排水系统的功能要求较高。为确保路基稳定，防止边坡冲蚀，本项目全线范围进行了综合排水设计，路基、路面排水设施均与桥梁、涵洞、天然沟渠综合处理，形成完善的排水系统。全面规划、合理布局，并与当地排洪系统协调，防止冲毁路基及农田，充分重视环保，防止水土流失和水资源污染。

五、桥梁、涵洞

1. 设计标准

桥涵设计荷载采用公路—Ⅰ级，桥涵设计洪水频率为1/100，大中桥断面形式为2×(0.5m防撞墙+净11.75m+0.5m防撞墙)，小桥涵与路基同宽。

2. 沿线桥涵设计时应遵循的原则

(1)坚持以人为本，全面贯彻“技术先进，安全可靠，使用耐久，经济合理，造型美观，有利于环保”的勘测设计新理念。

(2)桥位及涵洞位置服从路线总体走向。

(3)桥梁、涵洞跨径考虑桥涵处的地形、地貌、水文、地质情况。在路线纵断面设计中，桥梁设计高程满足设计水位要求。桥涵跨径的选择、设置规模的控制以尽可能不压缩河道为原则，并考虑桥梁斜交对河流的影响及水利配套设施的需要。

(4)按照安全、经济、适用和美观的原则，对于无特殊跨径要求的桥梁，选择结构合理、运营经济、可集中工厂预制、机械化安装、施工便捷、养护费用低的中小跨径形式。为降低路基填土高度选用建筑高度较低的预应力混凝土结构。

(5)本项目桥梁的布置主要从桥高、桥长、水流方向及工程地质等方面统一考虑,为便于施工尽量采用同一跨径,以总体经济为原则。

六、路线交叉

1. 平面交叉

为方便居民群众出行,本项目与等级路以及等外路交叉处共设13处平面交叉道。

2. 分离式立体立交

分离式立交的设置主要依据被交路的等级、路况,充分考虑被交路的远期规划,沿线村镇居民的生产、生活及经济发展状况,同时广泛征求地方政府和主管部门的意见,根据被交路及周边地形,兼顾美观的思路确定。

重视交叉区域的总体设计,做好线外工程,综合考虑有关路网、重要设施、居民群众出行的协调,进行主线上跨与下穿的方案比选。

尽量选用上部建筑高度较低的桥型结构,以降低路基填土高度。

上跨公路等级在二级公路以下的桥梁采用施工方便,经济合理,上部结构适应工厂化集中预制、现场安装,建筑高度低的桥型结构,同时考虑与周围环境景观的协调,采用一些新颖、美观的现浇连续箱梁结构。

下部结构采用柱式墩、肋板台,基础根据地质资料和桥位情况采用桩基础。

施工图设计外业期间,与当地铁路、公路主管部门现场踏勘协商,确定分离式立交桥位置、跨径、净高及上跨下穿方式,达成一致意见。

本项目共设置分离立交一座。

3. 互通立体交叉

路线在××村西侧与××一级公路十字交叉,设置单喇叭互通立交;在××村西南与××国道一级公路顺接。互通立体交叉设计原则:

(1)根据沿线立交的布置情况,结合沿线路网现状和城市远期规划,合理确定立交形式及各交通流的转换方向;

(2)充分研究被交路平纵面指标,合理确定互通位置、立交上跨和下穿形式;

(3)多方案分析研究,结合路网现状,确定最优方案;

(4)充分结合实际地形,尽量减少对环境的破坏。

七、其他沿线设施

根据《公路工程技术标准》(JTG B01—2003),交通工程及沿线设施等级分为A、B、C、D四级,B级配置主要针对一级公路和二级公路作为干线公路。本项目属于新建干线一级公路,交通工程及沿线设施采用B级配置。

1. 沿线设施总体设计原则

(1)以系统化的设计思想进行设计的原则。注重交通工程及沿线设施与主体工程、环境工程等相关系统之间以及交通工程内部各系统间的协调性、融合性。

(2)区域与局部相结合,充分考虑整体性的设计原则。结合本路段以及相邻路段与路网的情况,从全局的角度系统地考虑管理及服务设施,符合路网整体的交通和运营管理需求。

(3)以人为本,注重安全的设计原则。从道路使用者的出行需求出发,在保证安全的前提下体现公路使用的方便性、舒适性。

(4)适应性和可持续性相结合的设计原则。以满足功能需求为主要目标,坚持"统筹规划、合理布局、远近结合、综合利用"的原则合理确定规模和建设方案。

2. 安全设施

根据现行最新国家标准、规定、规范及项目所在地区的有关要求,本项目安全设施采用B级配置。本项目安全设施设计内容包括:标志、标线、护栏、防眩、轮廓标、防护网、公路界碑、里程标、百米标等。

1)护栏设置原则

(1)中桥、大桥路侧设置SA级混凝土护栏。

(2)路侧填土高度较低路段、路侧没有障碍且长度大于100m的路段(包括挖方段)原则上不设置护栏,除本条所列情况外为需要设置护栏路段。

(3)路侧填高小于8m的填方路段,采用A级波形梁护栏。

(4)路侧填高大于等于8m的填方路段采用SB级波形梁护栏。

(5)路侧填高大于等于16m的填方路段采用SA级波形梁护栏。

(6)小桥、涵洞等构造物路侧采用与相邻路基段相同的护栏形式。

(7)中央分隔带除开口以外的其余路段连续设置波形梁护栏。

(8)在纵坡较大且平曲线半径较小的路段,采用阻挡性较好的双波梁护栏。

(9)在收费广场上设置隔离护栏。

(10)混凝土护栏两端利用波形梁护栏进行刚度过渡。

2)路侧波形梁护栏防撞等级选取原则

(1)符合下列条件之一、可能造成一般事故或重大事故的路段设置A级护栏:

①路侧填方高度小于8m的路段。

②用地范围内存在粗糙的石方开挖断面、高出路面30cm以上的混凝土基础、挡土墙或大孤石等障碍物。

③互通立交、服务区等匝道的三角地带及小半径曲线外侧。

④路侧安全净区内设有车辆不能安全穿越的照明灯、摄像机、可变信息标志、较大交通标志、路堑支撑壁、声屏障等设施的路段。

⑤路侧边沟无盖板,车辆无法安全穿越的挖方路段。

⑥其他需要保护路段。

除根据上述情况确定护栏的防撞等级外,在下列情况下,护栏立柱加密为2m:

①小桥、涵洞等构造物以及构造物两端8m范围内。

②互通立交匝道的三角端各8m范围内。

③其他需特别保护的路段。

(2)符合下列条件之一、可能造成单车特大事故或二次重大事故的路段设置SB级护栏:

①路侧填高大于等于8m的路段。

②路侧有江、河、湖、海、沼泽、航道等水域的路段。

③路侧有其他较低等级道路并行的路段。

④路侧有桥梁墩柱的路段。

(3)符合下列条件之一、可能造成单车特大事故或二次重大事故的路段设置SA级护栏：路侧填高大于等于16m的路段。

路侧波形梁护栏示意如图6-5所示。

图6-5　路侧波形梁护栏示意图

3)中央分隔带波形梁护栏防撞等级选取原则

(1)中央分隔带连续布设波形梁护栏,仅在中央分隔带开口。

(2)普通路段设置Am级护栏,小桥、涵洞等构造物及其两端8m范围内护栏立柱加密为2m。

(3)中央分隔带有上跨桥桥墩的,在桥墩前后各50m采用SBm级波形梁护栏加强保护。

(4)收费广场上设置隔离护栏。

4)标志设置原则

(1)在枢纽互通立交出口前3km、2km、1km、500m及前基准点处设置出口预告标志。

(2)在一般互通立交出口前2km、1km、500m及前基准点处设置出口预告标志。

(3)在入口设置合流警告标志,在减速车道起点前不再设置分流标志,以避免标志的遮挡。

(4)在驶出互通匝道设置匝道限速标志,标志设置位置尽量靠近出口三角端。

(5)在出口匝道三角端处,设置出口指示标志。

(6)在互通驶向主线的方向,双向匝道分离三角端设置双悬指路标志,指示车辆分向行驶。

(7)在互通立交匝道小半径路段,设置视线诱导标志。

(8)在互通后基准点设置道路编号标志。

(9)在距离服务区2km、1km处设置服务区预告标志。

(10)在服务区减速车道起点处设置服务区出口标志。

(11)在服务区入口匝道终点处设置禁止驶入标志,在出口匝道终点处设置禁止掉头标志。

(12)在服务区场区内设置指示标志及服务区公示牌标志。

(13)在收费广场设置收费站公示牌管理标志。

(14)在长直线路段设置“追尾危险、保持车距”标志。

(15)在爬坡车道路段设置爬坡车道预告、指引系列标志。

(16)在大于500m大桥桥头设置单柱式桥名标志。

(17)在大、中桥梁前设置禁止停车标志。

(18)在大、中桥梁两端靠近桥头的行车方向右侧护栏或墩台上设置桥梁信息公开牌。

(19)在机耕通道、汽车通道上设置限高标志。

(20)在与等级公路相交的平交口前设置指路标志、指路预告标志,交叉口图案根据实际的交叉情形施画。

(21)在与等外公路相交时设置交叉口警告标志。

(22)在其余小型平交口被交路上设置停车让行标志。

5)标线设置原则

在本项目道路交通标线的设计中,遵行《道路交通标志和标线 第3部分:道路交通标线》(GB 5768.3—2009)规定,设计中充分考虑该路的道路交通和气象等条件。

(1)全线主线车道边缘线为白色实线;车道分界线为白色虚线;为方便排水,车道边缘线每15m设置一处长的缺口。

(2)互通立交匝道及服务区匝道的车道边缘线为白色实线。

(3)在互通立交、服务区出入口匝道前后的加减速车道处,设置加减速车道标线。

(4)在互通立交、服务区出入口的三角端设置导流斑马线,并在出口迎向车流方向的三角端处设置防撞桶。

(5)在收费站广场设置减速振动标线、橡胶减速带,提醒进入收费站的驾驶人员减速慢行。

(6)在收费岛岛头设置导流标线。

(7)收费岛头及岛尾设置颜色为黄黑相间的立面标记。

(8)在互通立交加速车道终点前、减速车道起点前以及各平交口处分别设置导向箭头,用以指导车辆转换车道。

(9)在中央分隔带需要保护的桥墩前设置防撞桶。

(10)在爬坡车道路段设置爬坡车道标线。

(11)在长直线路段设置振动标线,警示车辆减速慢行。

(12)在中央分隔带开口护栏端头设置黄黑相间立面标记。

(13)在支线上跨、天桥等处的桥墩上设置黄黑相间立面标记。

(14)被交路路面可以施画标线的,设置减速让行标线。

(15)被交路两侧设置道口标柱。

6)防护网、隔离栅

在互通区、收费站两侧连续设置焊接网隔离栅,并在挖方段上方有建筑物的段落设置防护网。防护网、隔离栅示意如图6-6所示。

7)轮廓标布设原则

为提高行车的安全性和舒适性,清晰地指示道路前方的线形是非常重要的。白天时,汽车的驾驶员一般以路面标线和护栏作为行车的指导,但在夜间上述设施的视线诱导功能将显著下降,特别是汽车从直线段向曲线段过渡时,驾驶员的视线很难随道路的线形急剧变化。因此,设置轮廓标能使驾驶员及时了解道路线形的变化,可以清晰地显示出道路的轮廓,能够有效地预防事故的发生,确保行车安全。

图6-6　防护网、隔离栅示意图

为了保证视觉的连续性,以及考虑到本道路功能特色对景观的要求,主线及匝道应连续设置轮廓标。

8)防眩设施布设原则

防眩设施的主要作用是避免对向车灯造成的眩光,保证夜间行车安全。本项目采用防眩网进行防眩。

9)防抛网(桥梁防护网)布设原则

桥梁防抛网设置于跨线桥的两侧,防止抛落物对主线上或下穿重要道路上的车辆造成伤害。设置长度应保证将下穿道路的行车道遮挡起来。在分离式立交桥设置中央分隔带水平防抛网。防抛网固定在桥梁的混凝土护栏上。

10)里程标志、百米标、公路界碑布设原则

里程标布设在整公里处,百米标布设在两个里程标间的整百米处。里程标和百米标均设置于行车方向右侧。里程标和百米标的主要作用是确定所在位置,以及便于紧急救援或者道路养护。

公路界碑是标明公路用地范围的一种设施。

11)管理养护服务设施

根据本项目初步设计批复意见,本项目设1处收费站、1处养护工区(与收费站同址分区合建)、1处服务区。

本项目为一级公路,不单独设置路段管理所,根据本地区片区管理划分情况,服务区采用双侧设置、双侧服务的原则。服务区为道路使用者提供休息、购物、车辆加油等服务。

在收费站同址分区合建养护工区,主要负责路况巡查、清扫保养路面、排除路障、清除冰雪、防汛、防灾、日常清洁、维护及小修,路面标线明显化,标志的增补与维修,环境绿化与环境保护,沿线设施的维修等养护业务。

12)收费设施

本项目主线采用开放式收费制式,收费站作为基层管理单位,配置完善的站级信息管理、财务管理和图像监视设备及人员,直接从事收费业务,收费数据和视频图像采用单站管

理模式。

13）供电设施

针对一级负荷及少量二级负荷需求，本项目变电所采用单回高压电源（10kV）进线，10kV 外线就近引入，同时配置低压（0.4kV）自启动柴油发电机组的方案。

14）照明设施

根据《公路照明技术条件》（GB/T 24969—2010）在收费广场适当设置照明设施。

15）房建设施

本项目全线共设置 1 处主线收费站、1 处养护工区、1 处服务区，站点具体占地面积、建筑面积见表 6-1。

沿线各站点房屋建筑位置和规模一览表　　表 6-1

项目名称	位置桩号	总建筑面积（m^2）	占地（亩）	备　注
收费站	K2 +200	3 068.3	13.23	同址分区合建
养护工区		1 442.2	31.61	
服务区	K21 +000	6 616	78.43	—
小计		111 265	123.27	—

注：1 亩 = 666.6m^2。

八、环境保护与景观设计

根据项目区的地理位置、气候、经济、社会等综合因素，遵循自然规律，总结多年来的生态建设与绿化树木的建植经验，因地制宜，做到适地适树、宜乔则乔、宜灌则灌、宜草则草，注重合理调配，选择当地培育或就近类似气候地区培育的树种，具有抗旱、抗寒、耐风沙的乡土植物及经济树种。力求科学、简便、实用、合理、精致，做到技术可行、经济合理。

1. 路侧绿化

在路侧绿化设计时，要充分考虑不同路段的具体情况加以设计，并每隔一段距离设计不同的绿化方案。路堤边坡上及隔离栅内侧种植当地适生植物，形成路线两侧的绿化带；弯道内侧要注意绿化树种的选择，树种不应过高，不得阻碍驾驶员视线、影响行车安全；路堑边坡平台上选用的植物品种以抗旱、对土壤适应性强的常绿灌木为主。根据公路沿线周围环境进行透景等绿化设计。

2. 取弃土、预制场、拌和场恢复植被

充分考虑项目建设完工后对原有环境、植被的破坏，对施工期间临时占用的取弃土、预制场、拌和场用地，采取绿化措施，以恢复原有植被。

3. 防噪声设计

对一些环境敏感点如居民区，尽量绕避，不得已通过时采取设声屏障，降低噪声对周围环境的影响。另外，还可设置限速、禁鸣装置来防治噪声污染。

九、各种筑路材料的采用情况

沿线筑路材料比较丰富，品质、规格比较齐全，可以满足本工程建设的需要。

1. 路基填料

本工程路线处于低山丘陵地带，路基填方数量不大，部分路段挖方路基土方可供调配利用。

本工程部分路段需借土，根据外业踏勘的结果并结合地方实际情况，初步拟定集中取土场取土。可以结合地方经济发展和水力工程建设，同地方政府签定协议，保护生态环境。

本工程部分地段需弃土占地，根据外业踏勘的结果并结合地方实际情况，初步拟定利用废弃的低洼地集中弃土，尽量减少占地。

2. 石料

本工程路线所经路段石料丰富，均有大型开采面。石料易开采，储量大，能加工各种规格的碎石；岩性主要为辉长岩、花岗岩等，可用于构造物、防护工程、路面工程。

3. 砂料

砂料场位于××县西侧，主要为中砂，含泥量少，可满足本工程的需要。

4. 工程用水及用电

建设项目沿线地下水、地表水丰富，水质良好，适用于工程用水和饮用；电力供应可采用施工单位自备电机或与当地电力部门协商解决。

5. 运输条件

本工程建设地区运输条件比较好，材料运输以汽车为主，交通很发达，县乡道路基本形成，能保证本工程运输畅通。

十、与周围环境和自然景观相协调情况

在公路方案布设时，全面考虑沿线地区的自然环境和社会环境，尽量节省优质耕地，绕避重要的城镇、居民集中区、学校、风景区等环境敏感区；在平、纵、横设计方面，尽可能顺应地形，顾及与水利设施、电力电信等的位置关系，减少拆迁和占地，减少对原生态的破坏，降低对周围环境的影响程度。

十一、施工方案

本工程施工组织以施工生产过程中的连续、平行、协调和均衡为基本原则，主要考虑以下方面：①合理而最低限度地配置施工现场，既保证施工生产的需要，又避免频繁调动；②机械设备、工具、周转性消耗材料等尽量重复使用，以节约费用；③尽量减少因施工组织引起的停工、待料以及由于其他原因造成的人工、机械的时间损失；④合理减少临时设施和现场管理费用。

1. 施工组织及顺序

建议业主宜采取招投标方式，对承包人进行严格的资格审查，承包人应具有规定的技术力量和机械设备，同时还应具有丰富的高等级公路施工技术经验。

2. 主要工程施工方案

本项目的重点工程主要集中在桥涵及全线的路基土方上，路基、桥涵要尽早安排施工，

保证桥涵与路基同步进行。邻近村镇段应按环保要求减少对当地群众生产、生活及环境的干扰及破坏。

(1)路基工程

路基工程宜采取机械化施工为主,运距在100m以内时,采用推土机铲土、运输;运距在100~300m时,采用铲运机铲土、运输;运距在500m以上时,采用挖掘机配合自卸车挖运土方。土方采用平地机整平,光轮或振动压路机碾压。取弃土场应做好水保和环保工作,尽量减少对环境的影响。

(2)路面工程

路面工程采用机械化施工方案,为保证各结构层的强度和稳定性,无机结合料水泥稳定级配碎石基层、底基层均采用专用拌和设备厂拌、摊铺机摊铺;沥青混凝土面层采用固定式设备厂拌、摊铺机摊铺。

(3)桥涵工程

桥涵是本段公路的重点工程,应由具有较高资质的精干施工队伍来承担其施工任务,同时它又是本路段能否及时通车的关键工程,应在机具设备、材料供应等方面予以特别关注。

十二、主要工程规模

本建设项目的主要工程规模见表6-2。

主要工程规模 表6-2

序号	项目	单位	数量	备注
1	路线长度	km	42.35	
2	路基土石方	m^3	3 741 142	
3	特殊路基处理	km	10.861	
4	路面	$1\ 000m^2$	947.200	
5	路基防护与排水	m^3	41 139	
6	涵洞	道	47	
7	小桥	m/座	319.95/21	
8	中桥	m/座	81.4/1	
9	大桥	m/座	406.4/1	
10	平面交叉	处	13	
11	分离式立体交叉	处	1	
12	互通式立体交叉	处	1	
13	服务区	处	1	
14	收费站	处	1	

十三、关于预算

1.编制依据

(1)交通部(2007年第33号文)公布的《公路工程基本建设项目概算预算编制办法》(JTG B06—2007),以下简称《编制办法》。

(2)交通部(2007年第33号文)公布的《公路工程概算定额》(JTG/T B06-01—2007)。

(3)交通部(2007年第33号文)公布的《公路工程预算定额》(JTG/T B06-02—2007)。

(4)交通部(2007年第33号文)公布的《公路工程机械台班费用定额》(JTG/T B06-03—2007)。

(5)工程所在地省交通运输部门定额(造价管理)站所发布的《公路工程基本建设项目概算预算补充编制办法》。

(6)项目所在地区价格信息。

(7)本项目提供的设计工程量、图纸。

(8)经济调查的有关文件。

2.编制原则及取费标准

(1)人工费

按有关规定的人工费标准执行,由于路线所经不同地区标准不同,则根据规定计算出路线所经过不同地区的人工单价,然后加权平均。

(2)材料费

①钢材、木材、水泥、沥青等外购材料采用项目所在地区价格信息,其他零星材料为市场调查价格。砂石等地方材料按自采加工控制造价。

②汽车运费按照当地有关规定标准计算。

(3)施工机械使用费

机械台班单价采用《公路工程机械台班费用定额》(JTG/T B06-03—2007)计算。其中养路费及车船使用税按国家有关规定进行计算。

(4)施工用电

根据本工程实际情况,预制场、拌和场按外接电考虑,其他用电均按自备发电考虑。

(5)其他工程费

费率标准根据《公路工程基本建设项目概算预算编制办法》(JTG B06—2007)计算。

①冬季施工增加费:按《编制办法》规定的费率计算。

②雨季施工增加费:按《编制办法》规定的费率计算。

③夜间施工增加费:按《编制办法》规定的费率计算。

④高原地区施工增加费:按《编制办法》规定的费率计算。

⑤风沙地区施工增加费:按《编制办法》规定的费率计算。

⑥沿海地区施工增加费:按《编制办法》规定不计。

⑦行车干扰施工增加费:按《编制办法》规定不计。

⑧施工标准化与安全措施费:按《编制办法》规定的费率计算。

⑨临时设施费:按《编制办法》规定的费率计算。

⑩施工辅助费:按《编制办法》规定的费率计算。

⑪工地转移费:工地转移费按《编制办法》规定的费率计算。

(6)间接费

①规费:按项目所在地区的规定计算。

②企业管理费:

a. 基本费用:按《编制办法》规定的费率计算。

b. 主副食运费补贴费:按《编制办法》规定的费率计算。

c. 职工探亲路费:按《编制办法》规定的费率计算。

d. 职工取暖补贴费:按《编制办法》规定的费率计算。

e. 财务费用:按《编制办法》规定的费率计算。

(7)利润和税金

①利润:按《编制办法》规定的费率计算。

②税金:按《编制办法》规定的费率及基数计列。

(8)设备、工具、器具及家具购置费

①设备及工具、器具购置费:由交通工程设计计入预算。

②办公和生活用家具购置费:按《编制办法》规定的标准取定计算。

(9)工程建设其他费用

①土地征用及拆迁补偿费:按照相关规定及相关协议计列。

②建设项目管理费:

a. 建设单位(业主)管理费:按《编制办法》的规定计算,即采用分段累进办法计算。

b. 工程监理费:按《编制办法》规定的费率计算。

c. 设计文件审查费:按《编制办法》规定的费率计算。

d. 竣(交)工验收试验检测费:按《编制办法》的规定计算。

③研究试验费:根据实际情况本项目不计列研究试验费。

④建设项目前期工作费:按国家计委、建设部关于发布《工程勘察设计收费管理规定》的通知(计价格[2002]10号)规定计算。

⑤专项评价(估)费:环境影响评价费、水土保持评估费、压覆矿藏评估费、地质灾害评估费等依据有关文件计列。

⑥施工机构迁移费、供电贴费:根据有关规定暂不计列。

⑦联合试运转费:根据《编制办法》规定计算。

⑧生产人员培训费:根据《编制办法》规定,暂按设计定员和每人2 000元标准计算。

⑨固定资产投资方向调节税:根据《编制办法》不计列。

⑩建设期贷款利息:根据该项目的《工程可行性研究报告》批复文件,按《编制办法》的规定计算利息。

(10)预备费

预备费按《编制办法》的规定计列。价差预留费不计。基本预备费按《编制办法》的规定计列。

(11)全线人工、主要材料用量表

本工程人工、主要材料用量见表6-3。

人工及主要材料数量表　　表6-3

名　称	单　位	数　量
人工	工日	1 794 973
木材	m^3	727
钢材	t	9 253
水泥	t	105 929
沥青	t	16 218

(12)工程造价

本项目推荐方案预算总金额为853 713 277元,平均每公里造价为20 158 519元。

第二节　××段公路工程施工图预算编制详表

具体预算编制详见:

1. 文件属性表(附后)
2. 预算编制原始数据表(附后)
3. 预算文件组成表(附后)

文件属性表

项目文件名称:	K0 +000 ~ K42 +983
编制人(盖章):	×××
编制证号:	
计划利润率:	7.00%
税金综合税率:	3.48%
路线公里长:	42.35
公路等级:	一级公路
地形:	
冬季施工增工率:	4.50%
雨季施工增工率:	0.30%
夜间施工增工率:	4.00%
年造价上涨率%:	0
上涨计费年限:	0
建管费累进办法:	4
单价文件名称:	单价
潜水人工单价:	51.53
船舶工日单价:	51.53
不变费用系数:	1
辅助生产间接费率:	0.05
高原生产费率文件:	费率
养路费车船税标准:	车船税标准(2008)(不含养路费)
费率文件名称:	费率
工程所在地:	××地区
费率标准:	部颁费率标准(2011)
冬季施工:	冬五区 -10 ~ -14
雨季施工:	Ⅰ区1个月
夜间施工:	计
高原施工:	不计
风沙施工:	固定沙漠风沙一区
沿海地区:	不计
行车干扰:	不计
施工安全:	计
临时设施:	计
施工辅助:	计
工地转移(km):	178
养老保险(%):	20
失业保险(%):	2
医疗保险(%):	6.7
住房公积金(%):	12
工伤保险(%):	1
基本费用:	计
综合里程(km):	4.4
职工探亲:	计
职工取暖:	冬五区
财务费用:	计

原始数据表

建设项目名称:××项目　　编制范围:K0+000~K42+983　　数据文件编号:　　公路等级:一级公路

路线或桥梁长度(km):42.35　　路基或桥梁宽度(m):26　　第1页　共76页　附表01

项的代号	目的代号	节的代号	细目代号	定额代号	项或目或节或细目或定额的名称	单　位	数　量	费率编号	定额调整情况
					第一部分　建筑安装工程费	**公路公里**	42.35		
一					临时工程	公路公里	42.35		
	1				临时道路	km	52.721		
				7-1-1-1	汽车便道平微区路基宽7m	1km	52.721	7	
				7-1-1-5	汽车便道砂砾路面宽6m	1km	52.721	7	
				7-1-1-7	便道养护路基宽7m	1km·月	948.978	7	
	2				临时轨道铺设	km	1		
				7-1-4-3	钢轨重32kg/m在路基上	100m	5	8	
				7-1-4-4	钢轨重32kg/m在桥面上	100m	5	8	
	3				临时电力线路	km	11.2		
				7-1-5-3	支线输电线路	100m	112	8	
	4				临时电信线路	km	6.2		
				7-1-5-4	双线通信线路	1 000m	6.2	8	
	5				拌和站预制厂	处	6		
				4-11-11-8	混凝土搅拌站(楼)安拆($60m^3$/h以内)	1座	2	14	
				4-11-1-3	推土机平整场地	1 000m^2	200	8	
				4-11-5-1	填砂砾(砂)垫层	10m^3	2 000	8	
				4-11-5-6	混凝土垫层	10m^3	1 000	8	
				4-7-31-4	跨墩门架高16m	10t	12.98	13	
	6				打井	眼	25		
					打井	口	25		25×50 000

编制:×××　　　　复核:×××

续上表

建设项目名称：× ×项目　　编制范围：K0 +000 ~ K42 +983　　数据文件编号：　　公路等级：一级公路

路线或桥梁长度（km）：42.35　　路基或桥梁宽度（m）：26　　第 2 页　共 76 页　附表 01

项的代号	目的代号	节的代号	细目代号	定额代号	项或目或节或细目或定额的名称	单　位	数　量	费率编号	定额调整情况
二					路基工程	km	41.862		
	1				场地清理	km	41.862		
		1			清理与掘除	m^2	1 403 084		
			1		清除表土	m^3	420 925		
				1－1－5－4	填前夯（压）实 12 ~ 15t 光轮压路机	1 000m^2	1 403.084	2	
				1－1－1－12	清除表土（135kW 以内推土机）	100m^3	4 209.25	2	
				1－1－10－3	3m^3 以内装载机装土方	1 000m^3	420.925	2	
				1－1－11－21	15t 以内自卸车运土 1km	1 000m^3	420.925	3	
			2		伐树、挖根、除草	m^2	8 705		
				1－1－1－5	砍挖灌木林（ϕ10cm 以下）密	1 000m^2	8.705	1	
				1－1－1－3	人工伐推土机挖根（135kW 以内）	10 棵	39.4	2	
	2				挖方	m^3	2 356 341		
		1			挖土方	m^3	2 167 411		
			1		挖路基土方	m^3	2 167 411		
				1－1－12－17	165kW 以内推土机 20m 松土	1 000m^3	105.788	2	
				1－1－12－17	165kW 以内推土机 20m 松土	1 000m^3	7.685	2	
				1－1－13－11	12m^3 以内铲运机 280m 硬土	1 000m^3	128.356	2	+12×3.6
				1－1－13－9	12m^3 以内铲运机 280m 松土	1 000m^3	609.732	2	+12×3.6
				1－1－9－9	2.0m^3 以内挖掘机挖装土方硬土	1 000m^3	176.881	2	
				1－1－9－7	2.0m^3 以内挖掘机挖装土方松土	1 000m^3	1 138.969	2	

编制：× × ×　　复核：× × ×

续上表

建设项目名称:××项目　　编制范围:K0+000~K42+983　　数据文件编号:　　公路等级:一级公路

路线或桥梁长度(km):42.35　　路基或桥梁宽度(m):26　　第3页　共76页　附表01

项的代号	目的代号	节的代号	细目代号	定额代号	项或目或节或细目或定额的名称	单位	数量	费率编号	定额调整情况
		2			挖石方	m^3	188 930		
			1		挖路基石方	m^3	188 930		
				1-1-15-30	165kW 以内推土机 20m 软石	1 000m^3	94.465	5	
				1-1-10-6	3m^3 以内装载机装软石	1 000m^3	94.465	5	
				1-1-15-31	165kW 以内推土机 20m 次坚石	1 000m^3	94.465	5	
				1-1-10-9	3m^3 以内装载机装次坚石、坚石	1 000m^3	94.465	5	
		3			弃方运输	m^3	94 465		
				1-1-11-49	15t 以内自卸车运石 3.1km	1 000m^3	94.465	3	+50×4
	3				填方	m^3	2 830 633		
		1			路基填方	m^3	2 753 367		
			1		利用土方填筑	m^3	1 632 781		
				1-1-11-21	15t 以内自卸车运土 1km	1 000m^3	1 138.969	3	定额×1.03
				1-1-11-21	15t 以内自卸车运土 0.7km	1 000m^3	176.881	3	+22×-1,定额×1.03
				1-1-18-2	高速、一级公路 18~21t 压路机压土	1 000m^3	816.39	2	
				1-1-18-5	高速、一级公路 20t 内振动压路机压土	1 000m^3	816.391	2	
				1-1-22-9	8 000L 以内洒水车洒水 3km	1 000m^3	117.56	3	+10×4
				1-1-20-1	机械整修路拱	1 000m^2	145.366	2	
				1-1-20-3	整修边坡二级及以上等级公路	1km	5.591	1	
			2		借土方填筑	m^3	1 243 585		
				1-1-9-7	2.0m^3 以内挖掘机挖装土方松土	1 000m^3	1 150.479	2	定额×1.03

编制:×××　　复核:×××

续上表

建设项目名称：××项目　　编制范围：K0 +000 ~ K42 +983　　数据文件编号：　　公路等级：一级公路

路线或桥梁长度(km)：42.35　　路基或桥梁宽度(m)：26　　第4页　共76页　附表01

项的代号	目的代号	节的代号	细目代号	定额代号	项或目或节或细目或定额的名称	单　位	数　量	费率编号	定额调整情况
				1-1-9-9	2.0m^3 以内挖掘机挖装土方硬土	1 000m^3	71.356	2	定额×1.03
				1-1-9-9	2.0m^3 以内挖掘机挖装土方硬土(耕亏)	1 000m^3	154.754	2	定额×1.09
				1-1-9-7	2.0m^3 以内挖掘机挖装土方松土(耕亏)	1 000m^3	266.171	2	定额×1.23
				1-1-9-9	2.0m^3 以内挖掘机挖装土方硬土(低填)	1 000m^3	-27.581	2	定额×1.09
				1-1-9-9	2.0m^3 以内挖掘机挖装土方硬土(桥头)	1 000m^3	-75.97	2	定额×1.09
				1-1-9-7	2.0m^3 以内挖掘机挖装土方松土(封层)	1 000m^3	-168.198	2	定额×1.23
				1-1-9-9	2.0m^3 以内挖掘机挖装土方硬土(封层)	1 000m^3	-30.691	2	定额×1.09
				1-1-9-7	2.0m^3 以内挖掘机挖装土方松土	1 000m^3	-66.026	2	定额×1.23
				1-1-9-9	2.0m^3 以内挖掘机挖装土方硬土	1 000m^3	-36.608	2	定额×1.09
				1-1-11-21	15t 以内自卸车运土 3.9km	1 000m^3	1 416.65	3	+22×6
				1-1-11-21	15t 以内自卸车运土 6.9km	1 000m^3	226.11	3	+23×12
				1-1-11-21	15t 以内自卸车运土 3.9km	1 000m^3	-234.224	3	+22×6
				1-1-11-21	15t 以内自卸车运土 6.9km	1 000m^3	-170.85	3	+23×12
				1-1-18-2	高速、一级公路 18 ~21t 压路机压土	1 000m^3	508.332	2	
				1-1-18-5	高速、一级公路 20t 内振动压路机压土	1 000m^3	508.332	2	
				1-1-22-9	8 000L 以内洒水车洒水 3km	1 000m^3	73.2	3	+10×4
				1-1-20-1	机械整修路拱	1 000m^2	994.318	2	
				1-1-20-3	整修边坡二级及以上等级公路	1km	38.243	1	
			3		利用石方填筑	m^3	102 679		
				1-1-11-49	15t 内自卸车运石 3.7km	1 000m^3	94.465	3	+50×5

编制：×××　　复核：×××

续上表

建设项目名称:××项目　　编制范围:K0+000~K42+983　　数据文件编号:　　公路等级:一级公路

路线或桥梁长度(km):42.35　　路基或桥梁宽度(m):26　　第5页　共76页　附表01

项的代号	目的代号	节的代号	细目代号	定额代号	项或目或节或细目或定额的名称	单位	数量	费率编号	定额调整情况
				1-1-18-15	高速、一级公路18~21t压路机压石	1 000m^3	51.34	5	
				1-1-18-18	高速、一级公路20t以内振动压路机压石	1 000m^3	51.34	5	
			4		借石方填筑	m^3	65 247		
				1-1-15-30	165kW以内推土机20m软石	1 000m^3	60.027	5	
				1-1-10-6	3m^3以内装载机装软石	1 000m^3	60.027	5	
				1-1-11-49	15t以内自卸车运石3.7km	1 000m^3	60.027	3	+50×5
				1-1-18-15	高速、一级公路18~21t压路机压石	1 000m^3	32.632	5	
				1-1-18-18	高速、一级公路20t内振动压路机压石	1 000m^3	32.632	5	
		2			结构物台背回填	m^3	75 969		
				1-1-4-3	人工挖土质台阶硬土	1 000m^2	12.488	1	
				1-3-12-4	软基碎(砾)石垫层	1 000m^3	75.969	7	958换100 958,100 958量1 200
				1-1-9-9	2.0m^3以内挖掘机挖装土方硬土	1 000m^3	4.608	2	
				1-1-11-21	15t以内自卸车运土3.1km	1 000m^3	4.608	3	+22×4
	4				特殊路基处理	km	10.861		
		1			低填浅挖	km	6.184		
				1-3-12-3	软基石渣垫层	1 000m^3	113.117	7	
				1-1-9-9	2.0m^3以内挖掘机挖装土方硬土	1 000m^3	85.536	2	
				1-1-11-21	15t以内自卸车运土3.1km	1 000m^3	85.536	3	+22×4
				1-1-12-17	165kW以内推土机20m松土	1 000m^3	71.34	2	定额×1.23

编制:×××　　复核:×××

续上表

建设项目名称：××项目　　编制范围：K0＋000～K42＋983　　数据文件编号：　　公路等级：一级公路

路线或桥梁长度(km)：42.35　　路基或桥梁宽度(m)：26　　第6页　共76页　附表01

项的代号	目的代号	节的代号	细目代号	定额代号	项或目或节或细目或定额的名称	单位	数量	费率编号	定额调整情况
				1－1－12－19	165kW 以内推土机 20m 硬土	1 000m³	71.34	2	
				1－1－18－2	高速、一级公路 18～21t 压路机压土	1 000m³	35.67	2	
				1－1－18－5	高速、一级公路 20t 以内振动压路机压土	1 000m³	35.67	2	
				1－1－22－9	8 000L 以内洒水车洒水 3km	1 000m³	5.136	3	＋10×4
		2			陡坡路堤	km	0.57		
				1－3－9－3	软基(或路面基层)土工格栅处理	1 000m²	15.071	7	775 量 22.4
				1－1－4－1	人工挖土质台阶松土	1 000m²	6.022	1	
				1－1－4－3	人工挖土质台阶硬土	1 000m²	1.271	1	
				1－1－12－19	165kW 以内推土机 20m 硬土	1 000m³	2.248	2	
				1－1－12－17	165kW 以内推土机 20m 松土	1 000m³	2.248	2	定额×1.23
				1－1－18－2	高速、一级公路 18～21t 压路机压土	1 000m³	1.124	2	
				1－1－18－5	高速、一级公路 20t 以内振动压路机压土	1 000m³	1.124	2	
				1－1－22－9	8 000L 以内洒水车洒水 3km	1 000m³	0.162	3	＋10×4
		3			特殊路基(封层)	km	30.869		
				1－1－9－7	2.0m³ 以内挖掘机挖装土方松土	1 000m³	65.079	2	
				1－1－9－9	2.0m³ 以内挖掘机挖装土方硬土	1 000m³	4.303	2	
				1－1－11－21	15t 以内自卸车运土 3.1km	1 000m³	69.382	3	＋22×4
				1－3－12－4	软基碎(砾)石垫层	1 000m³	268.256	7	958 换 915，915 量 1 200
		4			基底、路床换填	km	4.637		
				1－1－9－9	2.0m³ 以内挖掘机挖装土方硬土	1 000m³	5.45	2	

编制：×××　　复核：×××

续上表

建设项目名称:××项目　　编制范围:K0+000~K42+983　　数据文件编号:　　公路等级:一级公路

路线或桥梁长度(km):42.35　　路基或桥梁宽度(m):26　　第7页　共76页　附表01

项的代号	目的代号	节的代号	细目代号	定额代号	项或目或节或细目或定额的名称	单　位	数　量	费率编号	定额调整情况
				1-1-11-21	15t以内自卸车运土3.14km	1 000m³	5.45	3	+22×4
				1-3-12-3	软基石渣垫层	1 000m³	113.437	7	
				1-3-12-4	软基碎(砾)石垫层	1 000m³	63.565	7	958换931,931量1 200
		5			翻松碾压	km	24.591		
				1-1-12-17	165kW以内推土机20m松土	1 000m³	296.407	2	定额×1.23
				1-1-12-19	165kW以内推土机20m硬土	1 000m³	296.407	2	
				1-1-18-2	高速、一级公路18~21t压路机压土	1 000m³	148.203	2	
				1-1-18-5	高速、一级公路20t以内振动压路机压土	1 000m³	148.204	2	
				1-1-22-9	8 000L以内洒水车洒水3km	1 000m³	21.341	3	+10×4
	5				排水工程	km	41.862		
		1			浅碟形排水沟	m³/m	8 340/38 268		
				1-2-1-3	人工挖沟硬土	1 000m³	12.509	1	
				4-11-4-1	胶泥防水层	10m³	834	8	
		2			挡水埝	m³/m	256/1 000		
				1-1-12-19	165kW以内推土机20m硬土	1 000m³	0.256	2	定额×1.09
				1-1-7-2	夯土机夯实	1 000m³	0.256	2	
		3			截水沟	m³/m	1 475/2 950		
				1-2-1-3	人工挖沟硬土	1 000m³	3.245	1	
				4-11-4-1	胶泥防水层	10m³	147.5	8	
		4			急流槽	m³/m	4 256/18 700		

编制:×××　　复核:×××

续上表

建设项目名称：××项目　　编制范围：K0 +000 ~ K42 +983　　数据文件编号：　　公路等级：一级公路

路线或桥梁长度（km）：42.35　　路基或桥梁宽度（m）：26　　第 8 页　共 76 页　附表 01

项的代号	目的代号	节的代号	细目代号	定额代号	项或目或节或细目或定额的名称	单 位	数 量	费率编号	定额调整情况
				1 -2 -3 -3	浆砌片石急流槽	10m³	267.2	8	M5，-3.5，M7.5，+3.5
				1 -2 -4 -14	现浇混凝土急流槽	10m³	21.5	8	普 C20 - 32.5 - 2，-10.2，普 C25 -32.5 -2，+10.2，定额×1.01
				1 -2 -4 -12	预制混凝土预制块急流槽	10m³	136.9	8	普 C20 -32.5 -2，-10.1，普 C25 -32.5 -2，+10.1
				1 -2 -4 -13	铺砌混凝土预制块急流槽	10m³	136.9	8	
				1 -2 -4 -10	水沟盖板钢筋	1t	104.529	8	111 量 1.025，112 量 0
				4 -11 -5 -1	填砂砾（砂）垫层	10m³	121.2	8	
				1 -2 -1 -3	人工挖沟硬土	1 000m³	7.826	1	
	6				防护与加固工程	km	41.862		
		1			格状沙柳植草	m²	871 111		
				5 -1 -2 -5	人工撒草籽	1 000m²	23.333	8	
				5 -1 -13 -6	草方格沙障	1 000m²	847.778	8	996 量 3 125
				1 -1 -6 -1	人工挖运松土 20m	1 000m³	215.322	1	
				1 -1 -6 -3	人工挖运硬土 20m	1 000m³	13.956	1	
				5 -1 -6 -4	预制混凝土菱形格	10m³	770.7	8	普 C20 - 32.5 - 4，-10.1，普 C25 -32.5 -4，+10.1，定额×1.01
				4 -7 -29 -1	安装桥涵缘（帽）石	10m³	770.7	8	

编制：×××　　复核：×××

续上表

建设项目名称:××项目　　编制范围:K0+000~K42+983　　数据文件编号:　　公路等级:一级公路

路线或桥梁长度(km):42.35　　路基或桥梁宽度(m):26　　第9页　共76页　附表01

项的代号	目的代号	节的代号	细目代号	定额代号	项或目或节或细目或定额的名称	单位	数量	费率编号	定额调整情况
		2			植草护坡	m^2	32 839		
				5-1-2-5	人工撒草籽	1 000m^2	32.839	8	
				1-1-6-1	人工挖运松土20m	1 000m^3	8.21	1	
		3			拱形骨架植草	m^3	16 949		
				5-1-6-4	预制混凝土菱形格	10m^3	175.1	8	普 C20-32.5-4,-10.1,普 C25-32.5-4,+10.1,定额×1.01
				4-7-29-1	安装桥涵缘(帽)石	10m^3	175.1	8	
				4-11-5-1	填砂砾(砂)垫层	10m^3	290.5	8	
				5-1-10-2	浆砌片石护坡	10m^3	1 519.8	8	M5,-3.5,M7.5,+3.5
				5-1-2-5	人工撒草籽	1 000m^2	40.444	8	
				1-1-6-1	人工挖运松土20m	1 000m^3	6.1	1	
				1-1-6-3	人工挖运硬土20m	1 000m^3	23.794	1	
		4			浆砌片石护坡	m^3	9 492		
				4-11-5-1	填砂砾(砂)垫层	10m^3	170.2	8	
				5-1-10-2	浆砌片石护坡	10m^3	949.2	8	M5,-3.5,M7.5,+3.5
				5-1-2-5	人工撒草籽	1 000m^2	17.333	8	
				1-1-6-1	人工挖运松土20m	1 000m^3	4.32	1	
				1-1-6-3	人工挖运硬土20m	1 000m^3	15.044	1	
		5			一级护面墙	m^3	2 735		

编制:×××　　复核:×××

续上表

建设项目名称：× ×项目　　编制范围：K0 +000 ~ K42 +983　　数据文件编号：　　公路等级：一级公路

路线或桥梁长度（km）：42. 35　　路基或桥梁宽度（m）：26　　第 10 页　共 76 页　附表 01

项的代号	目的代号	节的代号	细目代号	定额代号	项或目或节或细目或定额的名称	单位	数量	费率编号	定额调整情况
				5 - 1 - 17 - 3	浆砌片石实体护面墙（高 8m 以上）	$10m^3$	248. 4	8	M5，-3. 5，M7. 5，+3. 5
				5 - 1 - 6 - 4	预制混凝土菱形格	$10m^3$	25. 1	8	普 C20 - 32. 5 - 4，-10. 1，普 C25 - 32. 5 - 4，+10. 1，定额×1. 01
				4 - 7 - 29 - 1	安装桥涵缘（帽）石	$10m^3$	25. 1	8	
				5 - 1 - 2 - 5	人工撒草籽	$1\ 000m^2$	0. 662	8	
				5 - 1 - 13 - 6	草方格沙障	$1\ 000m^2$	8. 005	8	996 量 3 125
				1 - 1 - 6 - 1	人工挖运松土 20m	$1\ 000m^3$	2. 105	1	
				1 - 1 - 6 - 3	人工挖运硬土 20m	$1\ 000m^3$	6. 5	1	
				4 - 11 - 5 - 1	填砂砾（砂）垫层	$10m^3$	43. 8	8	
三					路面工程	km	41. 862		
	1				垫层	m^2	79 742		
				2 - 1 - 1 - 15	机械铺碎石垫层厚 20cm	$1\ 000m^2$	79. 742	7	+20×5，958 换100 958，100 958 量 248. 86
	2				路面底基层	m^2	988 887		
				2 - 1 - 7 - 5	厂拌水泥碎石 4∶96 厚度 32cm	$1\ 000m^2$	493. 937	7	+6×17，4∶96
				2 - 1 - 7 - 5	厂拌水泥碎石 4∶96 厚度 20cm	$1\ 000m^2$	494. 95	7	+6×5，4∶96
				2 - 1 - 8 - 21	稳定土运输 15t 以内 6km	$1\ 000m^3$	257. 05	3	+23×10
				2 - 1 - 9 - 12	摊铺机铺筑底基层（12. 5m 以内）	$1\ 000m^2$	493. 937	7	拖平压机×2，人工+3
				2 - 1 - 9 - 12	摊铺机铺筑底基层（12. 5m 以内）	$1\ 000m^2$	494. 95	7	拖平压机×2，人工+3

编制：× × ×　　复核：× × ×

续上表

建设项目名称:××项目　　编制范围:K0+000~K42+983　　数据文件编号:　　公路等级:一级公路

路线或桥梁长度(km):42.35　　路基或桥梁宽度(m):26　　第11页　共76页　附表01

项的代号	目的代号	节的代号	细目代号	定额代号	项或目或节或细目或定额的名称	单　位	数　量	费率编号	定额调整情况
				2-1-10-4	厂拌设备安拆(300t/h以内)	1座	1	14	
	3				路面基层	m^2	947 200		
				2-1-7-5	厂拌水泥碎石5:95厚度20cm	1 000m^2	947.2	7	+6×5
				2-1-8-21	稳定土运输15t以内6km	1 000m^3	189.44	3	+23×10
				2-1-9-11	摊铺机铺筑基层(12.5m以内)	1 000m^2	947.2	7	拖平压机×2,人工+3
				2-1-10-4	厂拌设备安拆(300t/h以内)	1座	1	14	
	4				透层、黏层、封层	m^2	1 894 400		
		1			封层	m^2	947 200		
				2-2-16-14	乳化沥青稀浆封层ES-2型	1 000m^2	947.2	7	853换855,855量1.476
		2			黏层	m^2	947 200		
				2-2-16-6	乳化沥青沥青层黏层	1 000m^2	947.2	7	853换855,855量0.464
	5				沥青混凝土面层	m^2	947 200		
				2-2-11-12	中粒沥青混凝土拌和(320t/h以内)	1 000m^3	47.36	6	851换852,852量113.465,996量8 739.875,897换100 898,100 898量389.79
				2-2-11-6	粗粒沥青混凝土拌和(320t/h以内)	1 000m^3	66.304	6	851换852,852量105.857,996量8 130.975,897换100 898,100 898量296.66

编制:×××　　复核:×××

续上表

建设项目名称：× ×项目　　编制范围：K0 +000 ~ K42 +983　　数据文件编号：　　公路等级：一级公路

路线或桥梁长度(km)：42. 35　　路基或桥梁宽度(m)：26　　第 12 页　共 76 页　附表 01

项的代号	目的代号	节的代号	细目代号	定额代号	项或目或节或细目或定额的名称	单　位	数　量	费率编号	定额调整情况
				2 -2 -13 -21	混合料运输 15t 以内 6km	1 000m^3	113. 664	3	+23 ×10
				2 -2 -14 -51	机铺沥青混凝土中粒式 320t/h 以内	1 000m^3	47. 36	6	
				2 -2 -14 -50	机铺沥青混凝土粗粒式 320t/h 以内	1 000m^3	66. 304	6	
				2 -2 -15 -6	混合料拌和设备安拆(320t/h 以内)	1 座	2	14	
	6				路槽、路肩及中央分隔带	km	41. 862		
				2 -3 -4 -4	预制安砌混凝土路缘石	10m^3	397. 1	8	定额 ×1. 01
				2 -3 -5 -1	制铺预制块镶边	10m^3	316. 5	8	
				4 -11 -5 -1	填砂砾(砂)垫层	10m^3	703. 2	8	
				4 -11 -6 -17	水泥砂浆抹面(厚 2cm)	100m^2	802. 4	8	
				6 -1 -5 -3	中间带填土	10m^3	2 668. 2	8	
				1 -1 -12 -19	165kW 以内推土机 100m 硬土	1 000m^3	26. 682	2	+20 ×8
				2 -3 -3 -5	培路肩厚度 32cm	1 000m^2	90. 19	7	+6 ×12，902 换 915，915 量 326. 4
				2 -3 -3 -1	挖路槽深 20cm 土质	1 000m^2	79. 742	7	
				2 -3 -6 -2	制铺预制块加固土路肩	10m^3	89. 4	8	
				2 -3 -3 -5	培路肩厚度 20cm	1 000m^2	49. 152	7	
				2 -3 -3 -5	培路肩厚度 32cm	1 000m^2	53. 982	7	+6 ×12
				1 -1 -9 -7	2. 0m^3 以内挖掘机挖装土方松土	1 000m^3	27. 105	2	定额 ×1. 23
				1 -1 -11 -21	15t 以内自卸车运土 3. 9km	1 000m^3	27. 105	3	+22 ×6，定额 ×1. 26

编制：× × ×　　　　复核：× × ×

续上表

建设项目名称:××项目　　编制范围:K0+000~K42+983　　数据文件编号:　　公路等级:一级公路

路线或桥梁长度(km):42.35　　路基或桥梁宽度(m):26　　第13页　共76页　附表01

项的代号	目的代号	节的代号	细目代号	定额代号	项或目或节或细目或定额的名称	单位	数量	费率编号	定额调整情况
				2-3-4-4	预制安砌混凝土路缘石	$10m^3$	351.7	8	普C25-32.5-4,-10.1,普C30-32.5-4,+10.1,定额×1.01
四					桥梁涵洞工程	km	2.44		
	1				涵洞工程	m/道	1 632.07/47		
		1			圆管涵	m/道	577.4/17		
				4-7-4-2	预制 ϕ2m 以内混凝土	$10m^3$	48.13	8	定额×1.01
				4-7-4-3	普通钢筋	1t	45.515	13	111量0.234，添112量0.791
				4-7-5-4	起重机安装 ϕ1.0m 上圆管涵	$10m^3$	48.13	8	
				4-7-5-5	现浇管座混凝土	$10m^3$	127.65	8	普C15-32.5-4,-10.2,普C30-32.5-4,+10.2
				4-6-1-12	基础、支撑梁钢筋	1t	33.065	13	111量0.418，112量0.607
				5-1-18-2	现浇混凝土挡土墙	$10m^3$	15.89	8	普C20-32.5-8,-10.2,普C30-32.5-4,+10.2
				4-7-28-2	预制桥涵缘(帽)石混凝土钢模	$10m^3$	0.68	8	普C15-32.5-2,-10.1,普C30-32.5-2,+10.1

编制:×××　　复核:×××

续上表

建设项目名称：××项目　　编制范围：K0 +000 ~ K42 +983　　数据文件编号：　　公路等级：一级公路

路线或桥梁长度(km)：42.35　　路基或桥梁宽度(m)：26　　第 14 页　共 76 页　附表 01

项的代号	目的代号	节的代号	细目代号	定额代号	项或目或节或细目或定额的名称	单位	数量	费率编号	定额调整情况
				4-7-29-1	安装桥涵缘(帽)石	$10m^3$	0.68	8	
				4-5-2-5	实体式台、墙高 10m 以内	$10m^3$	23.26	8	M7.5，-3.5，M10，+3.5
				4-5-2-1	基础、护底、截水墙	$10m^3$	23.21	8	M7.5，-3.5，M10，+3.5
				4-11-6-17	水泥砂浆抹面(厚 2cm)	$100m^2$	1.322	8	
				4-5-2-1	基础、护底、截水墙	$10m^3$	7.79	8	M7.5，-3.5，M10，+3.5
				4-11-5-1	填砂砾(砂)垫层	$10m^3$	11.2	8	
				5-1-10-2	浆砌片石护坡	$10m^3$	60.19	8	M5，-3.5，M10，+3.5
				4-11-4-5	涂沥青防水层	$10m^2$	701.08	8	
				4-11-7-13	沥青麻絮伸缩缝	$1m^2$	246.1	8	
				1-1-7-2	夯土机夯实	$1\ 000m^3$	3.395	2	
				4-1-3-4	基坑≤1 500m^3，2.0m^3 以内挖掘机挖土	$1\ 000m^3$	12.658	8	
				4-11-11-12	混凝土搅拌站拌和(60m^3/h 以内)	$100m^3$	17.999	8	
				4-11-11-20	6m^3 以内混凝土搅运车运 8.3km	$100m^3$	13.186	3	+21×14.6
				4-11-11-16	1t 机动翻斗车运 100m	$100m^3$	4.813	3	
		2			暗板涵	m/道	1 054.67/30		
				4-7-9-1	预制矩形板混凝土(跨径 4m 以内)	$10m^3$	213.025	8	普 C30 -32.5 -4，-10.1，普 C35 -32.5 -4，+10.1
				4-7-9-3	矩形板钢筋	1t	406.19	13	111 量 0.376，112 量 0.649
				4-7-10-2	起重机安装矩形板	$10m^3$	213.025	8	

编制：×××　　复核：×××

续上表

建设项目名称:××项目　　编制范围:K0+000~K42+983　　数据文件编号:　　公路等级:一级公路

路线或桥梁长度(km):42.35　　路基或桥梁宽度(m):26　　第15页　共76页　附表01

项的代号	目的代号	节的代号	细目代号	定额代号	项或目或节或细目或定额的名称	单位	数量	费率编号	定额调整情况
				4-7-28-2	预制桥涵缘(帽)石混凝土钢模	$10m^3$	1.099	8	普C15-32.5-2,-10.1,普C30-32.5-2,+10.1,定额×1.01
				4-7-29-1	安装桥涵缘(帽)石	$10m^3$	1.099	8	
				4-6-2-1	轻型墩台钢筋混凝土	$10m^3$	821.334	8	普C25-32.5-4,-10.2,普C30-32.5-4,+10.2
				4-6-2-8	实体式墩台钢筋	1t	198.223	13	111量0.601,112量0.424
				4-6-1-1	轻型墩台基础混凝土(跨径4m以内)	$10m^3$	626.193	8	普C15-32.5-8,-10.2,普C30-32.5-4,+10.2
				4-6-1-5	支撑梁混凝土	$10m^3$	11.446	8	普C20-32.5-4,-10.2,普C30-32.5-4,+10.2
				4-6-1-12	基础、支撑梁钢筋	1t	15.392	13	111量0.227,112量0.798
				4-5-2-5	实体式台、墙高10m以内	$10m^3$	276.45	8	M7.5,-3.5,M10,+3.5
				4-5-2-1	基础、护底、截水墙	$10m^3$	328.53	8	M7.5,-3.5,M10,+3.5
				4-11-6-17	水泥砂浆抹面(厚2cm)	$100m^2$	4.344	8	
				5-1-10-2	浆砌片石护坡	$10m^3$	53.1	8	M5,-3.5,M10,+3.5

编制:×××　　复核:×××

续上表

建设项目名称：××项目　　编制范围：K0 +000 ~ K42 +983　　数据文件编号：　　公路等级：一级公路

路线或桥梁长度(km)：42.35　　路基或桥梁宽度(m)：26　　第16页　共76页　附表01

项的代号	目的代号	节的代号	细目代号	定额代号	项或目或节或细目或定额的名称	单位	数量	费率编号	定额调整情况
				4-5-2-1	基础、护底、截水墙	$10m^3$	506.9	8	M7.5，-3.5，M10，+3.5
				4-11-5-1	填砂砾(砂)垫层	$10m^3$	113.96	8	
				4-11-4-4	沥青油毡防水层	$10m^2$	616.07	8	
				4-11-4-5	涂沥青防水层	$10m^2$	2 496.38	8	
				4-11-7-13	沥青麻絮伸缩缝	$1m^2$	3 991.5	8	
				1-3-12-2	软基砂砾垫层	$1\ 000m^3$	37.494	7	
				4-1-3-4	基坑≤1 500m^3，2.0m^3 以内挖掘机挖土	$1\ 000m^3$	36.173	8	
				4-1-2-2	人挖卷扬机吊运湿处土方	$1\ 000m^3$	3.554	8	
				1-3-12-2	软基砂砾垫层	$1\ 000m^3$	4.594	7	
				1-1-9-9	2.0m^3 以内挖掘机挖装土方硬土	$1\ 000m^3$	4.594	2	
				1-1-11-21	15t 以内自卸车运土 1km	$1\ 000m^3$	4.594	3	
				1-1-12-19	165kW 以内推土机 100m 硬土	$1\ 000m^3$	0.432	2	+20×8
				4-11-11-12	混凝土搅拌站拌和(60m^3/h 以内)	$100m^3$	170.443	8	
				4-11-11-20	6m^3 以内混凝土搅运车运 8.3km	$100m^3$	149.14	3	+21×14.6
				4-11-11-16	1t 机动翻斗车运 100m	$100m^3$	21.303	3	
	2				小桥工程	m/座	319.95/21		
		1			1~8m 小桥(预制混凝土空心板)	m/座	288.4/20		
				4-7-9-4	预制空心板混凝土	$10m^3$	147.2	8	
				4-7-10-4	起重机安装空心板	$10m^3$	147.2	8	
				4-7-9-5	空心板钢筋	1t	350.358	13	111 量 0.273，112 量 0.752

编制：×××　　复核：×××

续上表

建设项目名称:××项目　　编制范围:K0+000～K42+983　　数据文件编号:　　公路等级:一级公路

路线或桥梁长度(km):42.35　　路基或桥梁宽度(m):26　　第17页　共76页　附表01

项的代号	目的代号	节的代号	细目代号	定额代号	项或目或节或细目或定额的名称	单　位	数　量	费率编号	定额调整情况
				4-6-13-2	行车道铺装面层水泥混凝土(非泵送)	$10m^3$	58.69	8	普 C30-32.5-4,-10.2,普 C50-42.5-4,+10.2
				4-6-13-7	行车道铺装沥青混凝土	$10m^3$	33.12	8	
				4-6-13-9	水泥及防水混凝土钢筋 ϕ8mm 以内	1t	74.676	13	111 换 112,112 量 1.025
				4-11-4-6	防水剂	$1\ 000m^2$	3.68	8	
				6-1-2-3	现浇混凝土墙体防撞护栏	$10m^3$	10	8	普 C25-32.5-4,-10.2,普 C30-32.5-4,+10.2
				6-1-2-4	墙体护栏钢筋	1t	13.03	13	添 191 量 0.121
				4-6-2-61	板式支座垫石混凝土	$10m^3$	0.24	8	普 C30-32.5-4,-10.2,普 C40-32.5-4,+10.2
				4-6-2-62	支座垫石钢筋	1t	3.815	13	添 111 量 0.231,112 量 0.794
				4-7-30-3	板式橡胶支座	$1dm^3$	677.8	13	
				4-6-3-2	墩、台帽混凝土(钢模非泵送)	$10m^3$	60.76	8	
				4-6-3-9	桥(涵)台帽钢筋	1t	40.664	13	111 量 0.206,112 量 0.819
				4-6-2-25	肋形埋置式桥台混凝土(高 8m 以内)	$10m^3$	348.51	8	
				4-6-2-28	肋形埋置式桥台钢筋	1t	440.837	13	111 量 0,112 量 1.025

编制:×××　　复核:×××

续上表

建设项目名称：××项目　　编制范围：K0+000~K42+983　　数据文件编号：　　公路等级：一级公路

路线或桥梁长度(km)：42.35　　路基或桥梁宽度(m)：26　　第18页　共76页　附表01

项的代号	目的代号	节的代号	细目代号	定额代号	项或目或节或细目或定额的名称	单位	数量	费率编号	定额调整情况
				4-6-4-9	耳背墙混凝土	$10m^3$	9.36	8	普 C25-32.5-4，-10.2，普 C35-32.5-4，+10.2
				4-6-4-13	耳背墙钢筋	1t	14.766	13	111 量 0.152，112 量 0.873
				4-6-1-2	轻型墩台基础混凝土(跨径8m以内)	$10m^3$	40.05	8	普 C15-32.5-8，-10.2，泵 C25-32.5-4，+10.2
				4-6-1-12	基础、支撑梁钢筋	1t	8.739	13	111 量 0.583，112 量 0.442
				4-6-1-5	支撑梁混凝土	$10m^3$	18.89	8	普 C20-32.5-4，-10.2，普 C25-32.5-4，+10.2
				4-6-1-12	基础、支撑梁钢筋	1t	43.517	13	111 量 0.094，112 量 0.931
				4-11-5-1	填砂砾(砂)垫层	$10m^3$	1.87	8	
				4-6-1-10	承台混凝土(泵送无底模)	$10m^3$	364.29	8	
				4-6-1-13	承台钢筋	1t	283.014	13	
				4-4-5-17	陆地 ϕ120cm 以内孔深 40m 以内砂土	10m	60.67	9	
				4-4-5-18	陆地 ϕ120cm 以内孔深 40m 以内黏土	10m	91	9	

编制：×××　　复核：×××

续上表

建设项目名称:××项目　　编制范围:K0+000~K42+983　　数据文件编号:　　公路等级:一级公路

路线或桥梁长度(km):42.35　　路基或桥梁宽度(m):26　　第19页　共76页　附表01

项的代号	目的代号	节的代号	细目代号	定额代号	项或目或节或细目或定额的名称	单位	数量	费率编号	定额调整情况
				4-4-7-14	回旋潜水钻 ϕ150cm 起重机吊斗混凝土	$10m^3$	803.68	9	
				4-4-7-22	焊接连接钢筋	1t	684.229	13	111 量 0.134，112 量0.891
				4-4-8-7	埋设钢护筒干处	1t	74.061	13	
				4-6-14-1	搭板混凝土	$10m^3$	165.6	8	
				4-6-14-3	桥头搭板钢筋	1t	258.205	13	添 111 量 0.012，112 量1.013
				4-5-2-9	锥坡、沟、槽、池	$10m^3$	16.03	8	M5，-3.5，M10，+3.5
				4-5-2-5	实体式台、墙高10m以内	$10m^3$	129.83	8	
				4-5-2-1	基础、护底、截水墙	$10m^3$	260.06	8	M7.5，-3.5，M10，+3.5
				5-1-10-2	浆砌片石护坡	$10m^3$	152.77	8	M5，-3.5，M10，+3.5
				4-11-5-1	填砂砾(砂)垫层	$10m^3$	100.01	8	
				4-1-3-4	基坑≤1 500m^3，2.0m^3 以内挖掘机挖土	1 000m^3	23.835	8	
				4-11-11-12	混凝土搅拌站拌和(60m^3/h以内)	$100m^3$	221.066	8	
				4-11-11-16	1t机动翻斗车运100m	$100m^3$	14.72	3	
				4-11-11-20	6m^3 以内混凝土搅运车运4.7km	$100m^3$	206.346	3	+21×7.4
				4-8-2-19	重25t以内龙门架装拖头牵引50m	$100m^3$	14.72	8	
				4-8-4-3	重25t以内龙门架装车4.7km	$100m^3$	14.72	3	+11×7
		2			1~13m小桥(预应力混凝土空心板)	m/座	31.55/1		
				4-7-13-1	预制预应力空心板混凝土非泵送	$10m^3$	10.3	8	普 C40-42.5-2，-10.1，普 C50-42.5-2，+10.1

编制:×××　　复核:×××

续上表

建设项目名称：××项目　　编制范围：K0 +000 ~ K42 +983　　数据文件编号：　　公路等级：一级公路

路线或桥梁长度(km)：42. 35　　路基或桥梁宽度(m)：26　　第 20 页　共 76 页　附表 01

项的代号	目的代号	节的代号	细目代号	定额代号	项或目或节或细目或定额的名称	单位	数量	费率编号	定额调整情况
				4 - 7 - 13 - 7	起重机安装空心板跨径 20m 以内	$10m^3$	10. 3	8	
				4 - 7 - 9 - 5	空心板钢筋	1t	17. 381	13	111 量 0. 131，112 量 0. 894
				4 - 11 - 10 - 2	60m 张拉台座 6 000kN	1 座	1	8	
				4 - 7 - 21 - 5	先张法钢绞线	1t	3. 12	13	
				4 - 6 - 13 - 2	行车道铺装面层水泥混凝土(非泵送)	$10m^3$	3. 7	8	普 C30 - 32. 5 - 4，-10. 2，普 C50 - 42. 5 - 4，+10. 2
				4 - 6 - 13 - 7	行车道铺装沥青混凝土	$10m^3$	2. 8	8	
				4 - 6 - 13 - 9	水泥及防水混凝土钢筋 ϕ8mm 以内	1t	5. 732	13	111 换 112，112 量 1. 025
				4 - 11 - 4 - 6	防水剂	$1\ 000m^2$	0. 234	8	
				4 - 11 - 7 - 5	预留槽混凝土	$10m^3$	0. 4	8	225 量 0. 765
				4 - 11 - 7 - 6	预留槽钢筋	1t	0. 427	13	111 量 0，112 量 1. 025
				4 - 11 - 7 - 1	模数伸缩缝伸缩量 80 ~ 480mm	1t	1. 446	13	
				4 - 11 - 7 - 14	泄水管	10 个	0. 4	8	
				6 - 1 - 2 - 3	现浇混凝土墙体防撞护栏	$10m^3$	1. 4	8	普 C25 - 32. 5 - 4，-10. 2，普 C30 - 32. 5 - 4，+10. 2
				6 - 1 - 2 - 4	墙体护栏钢筋	1t	1. 697	13	111 量 0. 173，添 112 量 0. 852

编制：×××　　复核：×××

续上表

建设项目名称：××项目　　编制范围：K0+000～K42+983　　数据文件编号：　　公路等级：一级公路

路线或桥梁长度(km)：42.35　　路基或桥梁宽度(m)：26　　第 21 页　共 76 页　附表 01

项的代号	目的代号	节的代号	细目代号	定额代号	项或目或节或细目或定额的名称	单　位	数　量	费率编号	定额调整情况
				6-1-2-5	铸铁柱及栏杆	1t	0.093	13	191 量 0,561 量 1 000
				4-6-2-61	板式支座垫石混凝土	$10m^3$	0.1	8	普 C30-32.5-4,-10.2,普 C40-32.5-4,+10.2
				4-6-2-62	支座垫石钢筋	1t	1.093	13	添 111 量 0.733,112 量 0.292
				4-7-30-3	板式橡胶支座	$1dm^3$	98.47	13	
				4-6-4-2	盖梁混凝土(钢模非泵送)	$10m^3$	6.4	8	普 C30-32.5-4,-10.2,普 C35-32.5-4,+10.2
				4-6-4-11	盖梁钢筋	1t	9.938	13	111 量 0.281, 112 量 0.744
				4-6-2-9	圆柱式墩台混凝土(非泵送高 10m 以内)	$10m^3$	0.3	8	普 C25-32.5-4,-10.2,普 C30-32.5-4,+10.2
				4-6-2-19	柱式墩台焊接钢筋(高 10m 以内)	1t	1.13	8	111 量 0.129, 112 量 0.896
				4-6-4-9	耳背墙混凝土	$10m^3$	1.7	8	普 C25-32.5-4,-10.2,普 C35-32.5-4,+10.2

编制：×××　　复核：×××

续上表

建设项目名称：××项目　　编制范围：K0 +000 ~ K42 +983　　数据文件编号：　　公路等级：一级公路

路线或桥梁长度(km)：42.35　　路基或桥梁宽度(m)：26　　第22页　共76页　附表01

项的代号	目的代号	节的代号	细目代号	定额代号	项或目或节或细目或定额的名称	单位	数量	费率编号	定额调整情况
				4-6-4-13	耳背墙钢筋	1t	3.22	13	111 量 0,112 量 1.025
				4-4-5-17	陆地 ϕ120cm 以内孔深 40m 以内砂土	10m	13.2	9	
				4-4-5-18	陆地 ϕ120cm 以内孔深 40m 以内黏土	10m	11.7	9	
				4-4-7-14	回旋潜水钻 ϕ150cm 起重机吊斗混凝土	$10m^3$	28.1	9	水 C25 -32.5 -4, -12.01, 水 C30 -32.5 -4, +12.01
				4-4-7-22	焊接连接钢筋	1t	23.867	13	111 量 0.132, 112 量 0.893
				4-4-7-24	检测管	1t	3.571	13	
				4-4-8-7	埋设钢护筒干处	1t	4.288	13	
				4-6-14-1	搭板混凝土	$10m^3$	3.8	8	
				4-6-14-3	桥头搭板钢筋	1t	9.6	13	
				4-11-5-6	混凝土垫层	$10m^3$	4.4	8	普 C10 -32.5 -4, -10.2, 普 C20 -32.5 -4, +10.2
				4-11-4-4	沥青油毡防水层	$10m^2$	2.9	8	
				4-5-2-9	锥坡、沟、槽、池	$10m^3$	12.8	8	M5, -3.5, M10, +3.5
				4-11-2-1	锥坡填土	$10m^3$	26.2	8	添 902 量 10.2
				4-11-6-17	水泥砂浆抹面(厚2cm)	$100m^2$	0.97	8	
				4-5-2-1	基础、护底、截水墙	$10m^3$	63.5	8	M7.5, -3.5, M10, +3.5

编制：×××　　复核：×××

续上表

建设项目名称：××项目　　编制范围：K0+000～K42+983　　数据文件编号：　　公路等级：一级公路

路线或桥梁长度(km)：42.35　　路基或桥梁宽度(m)：26　　第23页　共76页　附表01

项的代号	目的代号	节的代号	细目代号	定额代号	项或目或节或细目或定额的名称	单位	数量	费率编号	定额调整情况
				5-1-10-2	浆砌片石护坡	$10m^3$	11	8	M5，-3.5，M10，+3.5
				4-11-5-1	填砂砾(砂)垫层	$10m^3$	18.1	8	
				4-1-2-2	人挖卷扬机吊运湿处土方	$1\,000m^3$	0.072	8	
				4-11-11-12	混凝土搅拌站拌和($60m^3/h$以内)	$100m^3$	7.126	8	
				4-11-11-16	1t机动翻斗车运100m	$100m^3$	0.983	3	
				4-11-11-20	$6m^3$以内混凝土搅运车运4.7km	$100m^3$	6.143	3	+21×7.4
				4-8-2-19	重25t以内龙门架装拖头牵引50m	$100m^3$	0.983	8	
				4-8-4-3	重25t以内龙门架装车4.7km	$100m^3$	0.983	3	+11×7
				1-1-12-19	165kW以内推土机100m硬土	$1\,000m^3$	1.515	2	+20×8
	3				中桥工程	m/座	81.4/1		
		1			K7+475中桥(简支小箱梁)	m^2/m	2 075.7/81.4		
				4-7-16-1	预制等截面箱梁混凝土非泵送	$10m^3$	65.5	8	
				4-7-16-5	双导梁安装连续梁	$10m^3$	65.5	8	
				4-7-31-2	双导梁	10t	11.57	13	
				4-11-9-1	平面底座	$10m^2$	24.948	8	
				4-7-16-3	预应力箱梁钢筋	1t	162.614	13	111 量 0.226，112 量0.799
				4-7-16-6	现浇连续梁接缝混凝土	$10m^3$	9.6	8	
				4-7-20-27	钢绞线束长40m以内3孔9.15束/t	1t	20.979	13	+28×0.24
				4-7-20-17	钢绞线束长20m以内7孔16.36束/t	1t	4.89	13	+18×8.24

编制：×××　　复核：×××

续上表

建设项目名称：××项目　　编制范围：K0+000～K42+983　　数据文件编号：　　公路等级：一级公路

路线或桥梁长度(km)：42.35　　路基或桥梁宽度(m)：26　　第24页　共76页　附表01

项的代号	目的代号	节的代号	细目代号	定额代号	项或目或节或细目或定额的名称	单　位	数　量	费率编号	定额调整情况
				4-6-13-2	行车道铺装面层水泥混凝土(非泵送)	10m³	15.2	8	普C30-32.5-4，-10.2，普C50-42.5-4，+10.2
				4-6-13-7	行车道铺装沥青混凝土	10m³	20.9	8	
				4-6-13-9	水泥及防水混凝土钢筋 ϕ8mm以内	1t	14.996	13	111换113，113量1.025
				4-11-4-6	防水剂	1 000m²	1.705	8	
				4-7-30-3	板式橡胶支座	1dm³	503.849	13	
				4-7-30-4	四氟板式橡胶组合支座	1dm³	147.027	13	
				4-11-7-5	预留槽混凝土	10m³	1.5	8	225量0.765
				4-11-7-6	预留槽钢筋	1t	0.992	13	111量0，112量1.025
				4-11-7-1	模数伸缩缝伸缩量80～480mm	1t	3.68	13	
				4-11-7-14	泄水管	10个	3	8	
				1-2-2-1	碎石料盲沟20×30(cm)	10m	15	8	770换772，772量3.06，952量0.061
				6-1-2-3	现浇混凝土墙体防撞护栏	10m³	8.7	8	普C25-32.5-4，-10.2，普C30-32.5-4，+10.2
				6-1-2-4	墙体护栏钢筋	1t	13.871	13	111量0.122，添112量0.903
				6-1-2-5	铸铁柱及栏杆	1t	4.927	13	191量0.474，561量544.429

编制：×××　　复核：×××

续上表

建设项目名称:××项目　　编制范围:K0+000~K42+983　　数据文件编号:　　公路等级:一级公路

路线或桥梁长度(km):42.35　　路基或桥梁宽度(m):26　　第25页　共76页　附表01

项的代号	目的代号	节的代号	细目代号	定额代号	项或目或节或细目或定额的名称	单位	数量	费率编号	定额调整情况
				4-6-4-2	盖梁混凝土(钢模非泵送)	$10m^3$	21.9	8	普C30-32.5-4,-10.2,普C35-32.5-4,+10.2
				4-6-4-11	盖梁钢筋	1t	42.831	13	111量0.234,112量0.791
				4-6-2-61	板式支座垫石混凝土	$10m^3$	0.5	8	普C30-32.5-4,-10.2,普C40-32.5-4,+10.2
				4-6-2-9	圆柱式墩台混凝土(非泵送高10m以内)	$10m^3$	4.1	8	普C25-32.5-4,-10.2,普C35-32.5-4,+10.2
				4-6-2-19	柱式墩台焊接钢筋(高10m以内)	1t	6.416	13	111量0.151,112量0.874
				4-6-4-9	耳背墙混凝土	$10m^3$	4.5	8	普C25-32.5-4,-10.2,普C35-32.5-4,+10.2
				4-6-4-13	耳背墙钢筋	1t	7.778	13	111量0,112量1.025
				4-4-5-41	陆地φ150cm以内,孔深40m以内砂土	10m	73.64	9	
				4-4-5-42	陆地φ150cm以内,孔深40m以内黏土	10m	4.36	9	
				4-4-7-14	回旋潜水钻φ150cm起重机吊斗混凝土	$10m^3$	137.8	9	水C25-32.5-4,-12.01,水C30-32.5-4,+12.01

编制:×××　　复核:×××

续上表

建设项目名称：××项目　　编制范围：K0 +000 ~ K42 +983　　数据文件编号：　　公路等级：一级公路

路线或桥梁长度(km)：42.35　　路基或桥梁宽度(m)：26　　第26页　共76页　附表01

项的代号	目的代号	节的代号	细目代号	定额代号	项或目或节或细目或定额的名称	单位	数量	费率编号	定额调整情况
				4-4-7-22	焊接连接钢筋	1t	78.474	13	111 量 0.141，112 量0.884
				4-4-8-7	埋设钢护筒干处	1t	11.572	13	
				4-4-7-24	检测管	1t	10.805	13	
				4-6-14-1	搭板混凝土	$10m^3$	15.1	8	
				4-6-14-3	桥头搭板钢筋	1t	23.067	13	
				4-11-5-6	混凝土垫层	$10m^3$	12.7	8	普 C10-32.5-4，-10.2，普 C20-32.5-4，+10.2
				4-5-2-9	锥坡、沟、槽、池	$10m^3$	44.6	8	M5，-3.5，M10，+3.5
				4-5-2-1	基础、护底、截水墙	$10m^3$	28.8	8	M7.5，-3.5，M10，+3.5
				4-11-5-1	填砂砾(砂)垫层	$10m^3$	11.8	8	
				4-11-7-13	沥青麻絮伸缩缝	$1m^2$	33	8	
				4-11-2-1	锥坡填土	$10m^3$	194.3	8	
				4-11-6-17	水泥砂浆抹面(厚2cm)	$100m^2$	0.36	8	
				1-1-9-9	2.0m^3 以内挖掘机挖装土方硬土	1 000m^3	0.076	2	
				1-1-11-21	15t 以内自卸车运土 1km	1 000m^3	0.076	3	
				4-1-2-2	人挖卷扬机吊运湿处土方	1 000m^3	2.452	8	
				4-11-4-4	沥青油毡防水层	$10m^2$	8.4	8	
				4-11-11-12	混凝土搅拌站拌和($60m^3/h$ 以内)	$100m^3$	30.55	8	

编制：×××　　复核：×××

续上表

建设项目名称:××项目　　编制范围:K0+000~K42+983　　数据文件编号:　　公路等级:一级公路

路线或桥梁长度(km):42.35　　路基或桥梁宽度(m):26　　第27页　共76页　附表01

项的代号	目的代号	节的代号	细目代号	定额代号	项或目或节或细目或定额的名称	单　位	数　量	费率编号	定额调整情况
				4-11-11-16	1t 机动翻斗车运 100m	$100m^3$	6.55	3	
				4-11-11-20	$6m^3$ 以内混凝土搅运车运 1km	$100m^3$	24	3	
				4-8-2-21	重 80t 以内龙门架装拖头牵引 50m	$100m^3$	6.55	8	1 500 换 1 501,1 501 量 0.75
				4-8-4-4	重 40t 以内龙门架装车 1km	$100m^3$	6.55	3	1 396 换 1 397,1 397 量 0.97,1 500 换 1 501,1 501 量 1.65
				1-1-9-9	$2.0m^3$ 以内挖掘机挖装土方硬土	$1\ 000m^3$	25	2	
				1-1-11-21	15t 以内自卸车运土 1km	$1\ 000m^3$	25	3	
	4				大桥工程	m/座	406.4/1		
	5				大桥工程	m/座			
		1			K38+493 大桥	m^2/m	10 363.2/406.4		
			1		桩基础	m^3	5 513.5		
				4-4-5-41	陆地 ϕ150cm 以内,孔深 40m 以内砂土	10m	262.44	9	
				4-4-5-43	陆地 ϕ150cm 以内,孔深 40m 以内砂砾	10m	49.56	9	
				4-4-7-14	回旋潜水钻 ϕ150cm 起重机吊斗混凝土	$10m^3$	551.35	9	水 C25-32.5-4,-12.01,水 C30-32.5-4,+12.01
				4-4-7-22	焊接连接钢筋	1t	330.211	13	111 量 0.132,112 量 0.893

编制:×××　　复核:×××

续上表

建设项目名称：××项目　　编制范围：K0 +000 ~ K42 +983　　数据文件编号：　　公路等级：一级公路

路线或桥梁长度(km)：42.35　　路基或桥梁宽度(m)：26　　第28页　共76页　附表01

项的代号	目的代号	节的代号	细目代号	定额代号	项或目或节或细目或定额的名称	单　位	数　量	费率编号	定额调整情况
				4-4-8-7	埋设钢护筒干处	1t	41.659	13	
				4-4-7-24	检测管	1t	44.543	13	
				4-1-2-2	人挖卷扬机吊运湿处土方	1 000m^3	1.925	8	
				4-11-11-12	混凝土搅拌站拌和($60m^3/h$以内)	100m^3	66.217	8	
				4-11-11-20	6m^3 以内混凝土搅运车运0.8km	100m^3	66.217	3	+21×-0.4
			2		桥台	m^3	145.24		
				4-6-4-2	盖梁混凝土(钢模非泵送)	10m^3	9.696	8	普C30-32.5-4，-10.2，普C35-32.5-4，+10.2
				4-6-4-11	盖梁钢筋	1t	23.228	13	111量0.219，112量0.806
				4-6-2-61	板式支座垫石混凝土	10m^3	0.284	8	普C30-32.5-4，-10.2，普C40-32.5-4，+10.2
				4-6-4-9	耳背墙混凝土	10m^3	4.544	8	普C25-32.5-4，-10.2，普C35-32.5-4，+10.2
				4-6-4-13	耳背墙钢筋	1t	7.778	13	111量0，112量1.025
				4-11-11-12	混凝土搅拌站拌和($60m^3/h$以内)	100m^3	1.481	8	
				4-11-11-20	6m^3 以内混凝土搅运车运0.8km	100m^3	1.481	3	+21×-0.4
			3		桥墩	m^3	1 134.96		

编制：×××　　　　复核：×××

续上表

建设项目名称：××项目　　编制范围：K0+000~K42+983　　数据文件编号：　　公路等级：一级公路

路线或桥梁长度(km)：42.35　　路基或桥梁宽度(m)：26　　第29页　共76页　附表01

项的代号	目的代号	节的代号	细目代号	定额代号	项或目或节或细目或定额的名称	单位	数量	费率编号	定额调整情况
				4-6-4-2	盖梁混凝土(钢模非泵送)	$10m^3$	91.65	8	普C30-32.5-4,-10.2,普C35-32.5-4,+10.2
				4-6-4-11	盖梁钢筋	1t	148.103	13	111量0.259，112量0.766
				4-6-2-61	板式支座垫石混凝土	$10m^3$	1.716	8	普C30-32.5-4,-10.2,普C40-32.5-4,+10.2
				4-6-2-9	圆柱式墩台混凝土(非泵送高10m以内)	$10m^3$	20.13	8	普C25-32.5-4,-10.2,普C30-32.5-4,+10.2
				4-6-2-19	柱式墩台焊接钢筋(高10m以内)	1t	37.276	13	111量0.155，112量0.87
				4-11-11-12	混凝土搅拌站拌和($60m^3/h$以内)	$100m^3$	11.577	8	
				4-11-11-20	$6m^3$以内混凝土搅运车运0.8km	$100m^3$	11.577	3	+21×-0.4
			4		上部构造	m^3	4 005.6		
				4-7-16-1	预制等截面箱梁混凝土非泵送	$10m^3$	347.36	8	
				4-7-16-5	双导梁安装连续梁	$10m^3$	347.36	8	
				4-7-31-2	双导梁	10t	11.57	13	
				4-11-9-1	平面底座	$10m^2$	66.528	8	
				4-7-16-3	预应力箱梁钢筋	1t	875.42	13	111量0.219，112量0.806

编制：×××　　复核：×××

续上表

建设项目名称：××项目　　编制范围：K0+000~K42+983　　数据文件编号：　　公路等级：一级公路

路线或桥梁长度(km)：42.35　　路基或桥梁宽度(m)：26　　第30页　共76页　附表01

项的代号	目的代号	节的代号	细目代号	定额代号	项或目或节或细目或定额的名称	单位	数量	费率编号	定额调整情况
				4-7-16-6	现浇连续梁接缝混凝土	$10m^3$	53.2	8	
				4-7-20-27	钢绞线束长40m以内3孔9.36束/t	1t	109.434	13	+28×0.45
				4-7-20-17	钢绞线束长20m以内7孔16.36束/t	1t	29.338	13	+18×8.24
				4-8-2-21	重80t以内龙门架装拖头牵引50m	$100m^3$	34.736	8	1 500换1 501，1 501量0.75
				4-8-4-4	重40t以内龙门架装车0.8km	$100m^3$	34.736	3	1 396换1 397，1 397量0.97，1 500换1 501，1 501量1.65
				4-11-11-12	混凝土搅拌站拌和($60m^3/h$以内)	$100m^3$	40.51	8	
				4-11-11-16	1t机动翻斗车运100m	$100m^3$	35.083	3	
				4-11-11-20	$6m^3$以内混凝土搅运车运0.8km	$100m^3$	5.427	3	+21×-0.4
			5		桥面铺装等附属工程	m^3	3 167.13		
				4-6-13-2	行车道铺装面层水泥混凝土(非泵送)	$10m^3$	81.215	8	普C30-32.5-4，-10.2，普C50-42.5-4，+10.2
				4-6-13-7	行车道铺装沥青混凝土	$10m^3$	111.83	8	
				4-6-13-9	水泥及防水混凝土钢筋ϕ8mm以内	1t	80.208	13	111换113，113量1.025
				4-11-4-6	防水剂	$1\ 000m^2$	9.121	8	
				4-7-30-3	板式橡胶支座	$1dm^3$	3 023.092	13	
				4-7-30-4	四氟板式橡胶组合支座	$1dm^3$	882.159	13	

编制：×××　　复核：×××

续上表

建设项目名称:××项目　　编制范围:K0 +000 ~ K42 +983　　数据文件编号:　　公路等级:一级公路

路线或桥梁长度(km):42.35　　路基或桥梁宽度(m):26　　第31页　共76页　附表01

项的代号	目的代号	节的代号	细目代号	定额代号	项或目或节或细目或定额的名称	单位	数量	费率编号	定额调整情况
				4-11-7-5	预留槽混凝土	$10m^3$	3.68	8	225 量 0.765
				4-11-7-6	预留槽钢筋	1t	4.344	13	111 量 0.044, 112 量 0.981
				4-11-7-1	模数伸缩缝伸缩量 80 ~ 480mm	1t	17.18	13	
				4-11-7-14	泄水管	10个	3.2	8	
				1-2-2-1	碎石料盲沟 20×30(cm)	10m	80	8	770 换 772, 772 量 3.06, 952 量 0.061
				6-1-2-3	现浇混凝土墙体防撞护栏	$10m^3$	46.528	8	普 C25 - 32.5 - 4, -10.2, 普 C30 - 32.5 - 4, +10.2
				6-1-2-4	墙体护栏钢筋	1t	74.013	13	111 量 0.122, 添 112 量 0.903
				6-1-2-5	铸铁柱及栏杆	1t	26.42	13	191 量 0.507, 561 量 512.136
				4-6-14-1	搭板混凝土	$10m^3$	14.88	8	
				4-6-14-3	桥头搭板钢筋	1t	23.067	13	
				4-11-5-6	混凝土垫层	$10m^3$	12.68	8	普 C10 - 32.5 - 4, -10.2, 普 C20 - 32.5 - 4, +10.2
				4-5-2-9	锥坡、沟、槽、池	$10m^3$	25.4	8	M5, -3.5, M10, +3.5
				4-5-2-1	基础、护底、截水墙	$10m^3$	20.5	8	M7.5, -3.5, M10, +3.5

编制:×××　　复核:×××

续上表

建设项目名称：××项目　　编制范围：K0 +000 ~ K42 +983　　数据文件编号：　　公路等级：一级公路

路线或桥梁长度(km)：42.35　　路基或桥梁宽度(m)：26　　第32页　共76页　附表01

项的代号	目的代号	节的代号	细目代号	定额代号	项或目或节或细目或定额的名称	单位	数量	费率编号	定额调整情况
				4-11-5-1	填砂砾(砂)垫层	$10m^3$	6.7	8	
				4-11-2-1	锥坡填土	$10m^3$	93.6	8	
				1-1-9-9	2.0m^3以内挖掘机挖装土方硬土	1 000m^3	25	2	
				1-1-11-21	15t以内自卸车运土1km	1 000m^3	25	3	
				4-11-4-4	沥青油毡防水层	$10m^2$	8.4	8	
				4-11-11-12	混凝土搅拌站拌和(60m^3/h以内)	$100m^3$	10.177	8	
				4-11-11-20	6m^3以内混凝土搅运车运0.8km	$100m^3$	10.177	3	+21×(-0.4)
五					交叉工程	处	15		
	1				平面交叉道	处	13		
				2-2-11-12	中粒沥青混凝土拌和(320t/h以内)	1 000m^3	0.197	6	996量8 739.875,897换100 898,100 898量389.79
				2-2-13-21	混合料运输15t以内6km	1 000m^3	0.197	3	+23×10
				2-2-14-51	机铺沥青混凝土中粒式320t/h以内	1 000m^3	0.197	6	
				2-1-7-5	厂拌水泥碎石5:95厚度20cm	1 000m^2	3.935	7	+6×5
				2-1-8-21	稳定土运输15t以内6km	1 000m^3	0.787	3	+23×10
				2-1-9-11	摊铺机铺筑基层(12.5m以内)	1 000m^2	3.935	7	拖平压机×2,人工+3
				1-1-9-7	2.0m^3以内挖掘机挖装土方松土	1 000m^3	10.366	2	定额×1.23
				1-1-11-21	15t以内自卸车运土3.7km	1 000m^3	10.366	3	+22×5,定额×1.26
				1-1-18-7	二级路18~21t压路机压土	1 000m^3	5.183	2	
				1-1-18-9	二级路15t以内振动压路机压土	1 000m^3	5.183	2	
				1-1-22-9	8 000L以内洒水车洒水3km	1 000m^3	0.746	3	+10×4

编制：×××　　复核：×××

续上表

建设项目名称:××项目　　编制范围:K0+000~K42+983　　数据文件编号:　　公路等级:一级公路

路线或桥梁长度(km):42.35　　路基或桥梁宽度(m):26　　第33页　共76页　附表01

项的代号	目的代号	节的代号	细目代号	定额代号	项或目或节或细目或定额的名称	单　位	数　量	费率编号	定额调整情况
				2-3-4-4	预制安砌混凝土路缘石	$10m^3$	3.9	8	
				5-1-2-5	人工撒草籽	$1\,000m^2$	2.777	8	
	2				分离式立体交叉	处	1		
		1			K2+195.444 公铁立交	m^2/m	2 478.6/97.2		
				4-7-16-1	预制等截面箱梁混凝土非泵送	$10m^3$	85.5	8	
				4-7-16-5	双导梁安装连续梁	$10m^3$	85.5	8	
				4-7-31-2	双导梁	10t	13	13	
				4-11-9-1	平面底座	$10m^2$	29.568	8	
				4-7-16-3	预应力箱梁钢筋	1t	212.062	13	111 量 0.231, 112 量0.794
				4-7-16-6	现浇连续梁接缝混凝土	$10m^3$	12.5	8	
				4-7-20-27	钢绞线束长40m以内3孔7.41束/t	1t	10.792	13	+28×(-1.5)
				4-7-20-29	钢绞线束长40m以内7孔5.9束/t	1t	18.977	13	+30×2.08
				4-7-20-17	钢绞线束长20m以内7孔19.36束/t	1t	5.786	13	+18×11.24
				4-6-13-2	行车道铺装面层水泥混凝土(非泵送)	$10m^3$	18.3	8	普 C30 - 32.5 - 4, -10.2,普 C50-42.5-4, +10.2
				4-6-13-7	行车道铺装沥青混凝土	$10m^3$	25.1	8	
				4-6-13-9	水泥及防水混凝土钢筋 ϕ8mm以内	1t	18.028	13	111换113,113量1.025
				4-11-4-6	防水剂	$1\,000m^2$	2.05	8	

编制:×××　　复核:×××

续上表

建设项目名称：××项目　　编制范围：K0 +000 ~ K42 +983　　数据文件编号：　　公路等级：一级公路

路线或桥梁长度(km)：42.35　　路基或桥梁宽度(m)：26　　第34页　共76页　附表01

项的代号	目的代号	节的代号	细目代号	定额代号	项或目或节或细目或定额的名称	单位	数量	费率编号	定额调整情况
				4-7-30-3	板式橡胶支座	$1dm^3$	503.849	13	
				4-7-30-4	四氟板式橡胶组合支座	$1dm^3$	267.852	13	
				4-11-7-5	预留槽混凝土	$10m^3$	1.7	8	225 量 0.765
				4-11-7-6	预留槽钢筋	1t	1.189	13	111 量 0,112 量 1.025
				4-11-7-1	模数伸缩缝伸缩量 80~480mm	1t	4.248	13	
				4-11-7-14	泄水管	10个	3.6	8	
				1-2-2-1	碎石料盲沟 20×30(cm)	10m	18	8	770 换 772,772 量 3.06,952 量 0.061
				6-1-2-3	现浇混凝土墙体防撞护栏	$10m^3$	10.5	8	普 C25 - 32.5 - 4,-10.2,普 C30 - 32.5 - 4,+10.2
				6-1-2-4	墙体护栏钢筋	1t	17.175	13	111 量 0.119,添 112 量 0.906
				6-1-2-5	铸铁柱及栏杆	1t	6.034	13	191 量 0.464,561 量 553.688
				4-6-4-2	盖梁混凝土(钢模非泵送)	$10m^3$	28.9	8	普 C30 - 32.5 - 4,-10.2,普 C35 - 32.5 - 4,+10.2
				4-6-4-11	盖梁钢筋	1t	48.327	13	111 量 0.153,112 量 0.872
				4-6-2-61	板式支座垫石混凝土	$10m^3$	0.7	8	普 C30 - 32.5 - 4,-10.2,普 C40 - 32.5 - 4,+10.2

编制：×××　　复核：×××

续上表

建设项目名称：××项目　　编制范围：K0+000～K42+983　　数据文件编号：　　公路等级：一级公路

路线或桥梁长度(km)：42.35　　路基或桥梁宽度(m)：26　　第35页　共76页　附表01

项的代号	目的代号	节的代号	细目代号	定额代号	项或目或节或细目或定额的名称	单位	数量	费率编号	定额调整情况
				4-6-2-9	圆柱式墩台混凝土(非泵送高10m以内)	$10m^3$	14.5	8	普C25-32.5-4，-10.2，普C30-32.5-4，+10.2
				4-6-2-19	柱式墩台焊接钢筋(高10m以内)	1t	20.212	13	111量0.122，112量0.903
				4-6-4-5	系梁混凝土(地面下非泵送)	$10m^3$	3.1	8	
				4-6-4-12	系梁钢筋	1t	3.059	13	111量0，112量1.025
				4-6-4-9	耳背墙混凝土	$10m^3$	5.8	8	普C25-32.5-4，-10.2，普C35-32.5-4，+10.2
				4-6-4-13	耳背墙钢筋	1t	9.844	13	111量0，112量1.025
				4-4-5-41	陆地ϕ150cm以内，孔深40m以内砂土	10m	141.6	9	
				4-4-7-14	回旋潜水钻ϕ150cm起重机吊斗混凝土	$10m^3$	250.3	9	水C25-32.5-4，-12.01，水C30-32.5-4，+12.01
				4-4-7-22	焊接连接钢筋	1t	156.654	13	111量0.129，112量0.896
				4-4-8-7	埋设钢护筒干处	1t	20.83	13	
				4-4-7-24	检测管	1t	20.204	13	
				4-6-14-1	搭板混凝土	$10m^3$	151.2	8	

编制：×××　　复核：×××

续上表

建设项目名称：××项目　　编制范围：K0 +000 ~ K42 +983　　数据文件编号：　　公路等级：一级公路

路线或桥梁长度(km)：42.35　　路基或桥梁宽度(m)：26　　第36页　共76页　附表01

项的代号	目的代号	节的代号	细目代号	定额代号	项或目或节或细目或定额的名称	单　位	数　量	费率编号	定额调整情况
				4-6-14-3	桥头搭板钢筋	1t	27.555	13	
				4-11-5-6	混凝土垫层	$10m^3$	12.7	8	普 C10 - 32.5 - 4, -10.2, 普 C20 -32.5 -4, +10.2
				5-1-6-1	预制混凝土块、席块	$10m^3$	32.5	8	普 C20 - 32.5 - 4, -10.1, 普 C25 -32.5 -4, +10.1, 定额×1.01
				4-7-29-1	安装桥涵缘(帽)石	$10m^3$	32.5	8	
				5-1-2-5	人工撒草籽	$1\,000m^2$	1.719	8	
				4-5-2-9	锥坡、沟、槽、池	$10m^3$	33.5	8	M5, -3.5, M10, +3.5
				4-5-2-1	基础、护底、截水墙	$10m^3$	46.9	8	M7.5, -3.5, M10, +3.5
				4-11-5-1	填砂砾(砂)垫层	$10m^3$	9.6	8	
				4-11-7-13	沥青麻絮伸缩缝	$1m^2$	83	8	
				4-11-2-1	锥坡填土	$10m^3$	1 266.5	8	
				4-11-6-17	水泥砂浆抹面(厚2cm)	$100m^2$	0.64	8	
				1-1-9-9	$2.0m^3$ 以内挖掘机挖装土方硬土	$1\,000m^3$	0.076	2	
				1-1-11-21	15t 以内自卸车运土 1km	$1\,000m^3$	0.076	3	
				4-1-3-4	基坑≤$1\,500m^3$，$2.0m^3$ 以内挖掘机挖土	$1\,000m^3$	4.721	8	
				4-11-4-4	沥青油毡防水层	$10m^2$	8.4	8	
				4-11-11-12	混凝土搅拌站拌和($60m^3$/h 以内)	$100m^3$	70.157	8	
				4-11-11-16	1t 机动翻斗车运 100m	$100m^3$	8.55	3	

编制：×××　　复核：×××

续上表

建设项目名称：××项目　　编制范围：K0+000～K42+983　　数据文件编号：　　公路等级：一级公路

路线或桥梁长度(km)：42.35　　路基或桥梁宽度(m)：26　　第37页　共76页　附表01

项的代号	目的代号	节的代号	细目代号	定额代号	项或目或节或细目或定额的名称	单　位	数　量	费率编号	定额调整情况
				4-11-11-20	$6m^3$ 以内混凝土搅运车运 8.3km	$100m^3$	61.607	3	+21×14.6
				4-8-2-21	重80t以内龙门架装拖头牵引50m	$100m^3$	8.55	8	1 500 换 1 501,1 501 量0.75
				4-8-4-4	重40t以内龙门架装车8.3km	$100m^3$	8.55	3	+16×15,1 396 换 1 397,1 397 量2.92,1 500 换1 501,1 501 量1.65
				1-1-9-9	$2.0m^3$ 以内挖掘机挖装土方硬土	$1\ 000m^3$	25	2	
				1-1-11-21	15t以内自卸车运土1km	$1\ 000m^3$	25	3	
				4-6-2-25	肋形埋置式桥台混凝土(高8m以内)	$10m^3$	26.6	8	普 C25-32.5-4,-10.2,普 C30-32.5-4,+10.2
				4-6-2-28	肋形埋置式桥台钢筋	1t	38.713	13	111 量0,112 量1.025
				4-6-1-7	承台混凝土(起重机配吊斗无底模)	$10m^3$	45.2	8	普 C25-32.5-4,-10.2,普 C30-32.5-4,+10.2
				4-6-1-13	承台钢筋	1t	36.848	13	
	3				互通式立体交叉	处	1		
		1			K0+700互通	处	1		
			1		土方	m^3	357 467		
				1-1-12-17	165kW以内推土机20m松土	$1\ 000m^3$	6.768	2	

编制：×××　　复核：×××

续上表

建设项目名称：××项目　　编制范围：K0+000～K42+983　　数据文件编号：　　公路等级：一级公路

路线或桥梁长度(km)：42.35　　路基或桥梁宽度(m)：26　　第38页　共76页　附表01

项的代号	目的代号	节的代号	细目代号	定额代号	项或目或节或细目或定额的名称	单　位	数　量	费率编号	定额调整情况
				1-1-13-9	$12m^3$ 以内铲运机300m松土	1 000m^3	8.843	2	+12×4
				1-1-9-7	2.0m^3 以内挖掘机挖装土方松土	1 000m^3	387.755	2	
				1-1-11-21	15t以内自卸车运土2km	1 000m^3	387.755	3	+22×2，定额×1.03
				1-1-9-7	2.0m^3 以内挖掘机挖装土方松土	1 000m^3	5.679	2	
				1-1-11-21	15t以内自卸车运土2km	1 000m^3	5.679	3	+22×2
				1-1-18-2	高速、一级公路18～21t压路机压土	1 000m^3	128.791	2	
				1-1-18-5	高速、一级公路20t以内振动压路机压土	1 000m^3	128.791	2	
				1-1-22-9	8 000L以内洒水车洒水3km	1 000m^3	18.546	3	+10×4
				1-1-20-4	整修边坡三、四级公路	1km	4.969	1	
				1-1-20-3	整修边坡二级及以上等级公路	1km	0.7	1	
				1-1-20-1	机械整修路拱	1 000m^2	53.49	2	
				1-1-5-4	填前夯(压)实12～15t光轮压路机	1 000m^2	116.538	2	
				1-1-1-12	清除表土(135kW内推土机)	100m^3	349.62	2	
				1-1-10-3	$3m^3$ 以内装载机装土方	1 000m^3	34.962	2	
				1-1-11-21	15t以内自卸车运土1km	1 000m^3	34.962	3	
				1-1-9-7	2.0m^3 以内挖掘机挖装土方松土(封层)	1 000m^3	-37.735	2	定额×1.23
				1-1-11-21	15t以内自卸车运土2km	1 000m^3	-37.735	3	+22×2，定额×1.26
				1-1-9-7	2.0m^3 以内挖掘机挖装土方松土(换填)	1 000m^3	-36.491	2	定额×1.23
				1-1-11-21	15t以内自卸车运土2km	1 000m^3	-36.491	3	+22×2，定额×1.26
				1-1-9-7	2.0m^3 以内挖掘机挖装土方松土(桥头)	1 000m^3	-31.094	2	定额×1.23
				1-1-11-21	15t以内自卸车运土2km	1 000m^3	-31.094	3	+22×2，定额×1.26

编制：×××　　复核：×××

续上表

建设项目名称:××项目　　编制范围:K0+000~K42+983　　数据文件编号:　　公路等级:一级公路

路线或桥梁长度(km):42.35　　路基或桥梁宽度(m):26　　第39页　共76页　附表01

项的代号	目的代号	节的代号	细目代号	定额代号	项或目或节或细目或定额的名称	单位	数量	费率编号	定额调整情况
				1-1-9-7	2.0m^{3}以内挖掘机挖装土方松土(清表污)	1 000m^3	34.962	2	定额×1.23
				1-1-11-21	15t以内自卸车运土2km	1 000m^3	34.962	3	+22×2,定额×1.26
			2		特殊路基处理	km	1.863		
				1-3-12-3	软基石渣垫层	1 000m^3	38.443	7	939换915,915量1 200
				1-1-9-7	2.0m^{3}以内挖掘机挖装土方松土	1 000m^3	0.708	2	
				1-1-11-21	15t以内自卸车运土2km	1 000m^3	0.708	3	+22×2
				1-3-12-4	软基碎(砾)石垫层	1 000m^3	23.251	7	958换931,931量1 200
				1-3-12-3	软基石渣垫层	1 000m^3	13.239	7	
				1-1-12-17	165kW以内推土机20m松土	1 000m^3	35.346	2	定额×1.23
				1-1-12-19	165kW以内推土机20m硬土	1 000m^3	35.346	2	
				1-1-18-2	高速、一级公路18~21t压路机压土	1 000m^3	17.673	2	
				1-1-18-5	高速、一级公路20t以内振动压路机压土	1 000m^3	17.673	2	
				1-1-22-9	8 000L以内洒水车洒水3km	1 000m^3	2.543	3	+10×4
				1-1-4-1	人工挖土质台阶松土	1 000m^2	4.036	1	
				1-3-12-4	软基碎(砾)石垫层	1 000m^3	31.094	7	958换100 958,100 958量1 200
				1-1-9-7	2.0m^{3}以内挖掘机挖装土方松土	1 000m^3	0.364	2	
				1-1-11-21	15t以内自卸车运土2km	1 000m^3	0.364	3	+22×2
			3		排水工程	m^3/km	599/2.535		
				4-11-4-1	胶泥防水层	10m^3	2.25	8	
				1-2-1-1	人工挖沟松土	1 000m^3	0.034	1	

编制:×××　　复核:×××

续上表

建设项目名称：××项目　　编制范围：K0+000~K42+983　　数据文件编号：　　公路等级：一级公路

路线或桥梁长度(km)：42.35　　路基或桥梁宽度(m)：26　　第40页　共76页　附表01

项的代号	目的代号	节的代号	细目代号	定额代号	项或目或节或细目或定额的名称	单位	数量	费率编号	定额调整情况
				1-2-3-3	浆砌片石急流槽	$10m^3$	34.96	8	M5,-3.5,M7.5,+3.5
				1-2-4-14	现浇混凝土急流槽	$10m^3$	2.76	8	普C20-32.5-2,-10.2,普C25-32.5-2,+10.2
				1-2-4-12	预制混凝土预制块急流槽	$10m^3$	22.27	8	普C20-32.5-2,-10.1,普C25-32.5-2,+10.1,定额×1.01
				1-2-4-13	铺砌混凝土预制块急流槽	$10m^3$	22.27	8	
				1-2-4-10	水沟盖板钢筋	1t	17.001	8	111量1.025,112量0
				4-11-5-1	填砂砾(砂)垫层	$10m^3$	17.93	8	
				1-2-1-1	人工挖沟松土	$1\,000m^3$	1.146	1	
			4		防护工程	m^3/km	245.4/26.664		
				5-1-6-4	预制混凝土菱形格	$10m^3$	24.54	8	普C20-32.5-4,-10.1,普C30-32.5-4,+10.1,定额×1.01
				4-7-29-1	安装桥涵缘(帽)石	$10m^3$	24.54	8	
				5-1-2-5	人工撒草籽	$1\,000m^2$	1.296	8	
				5-1-13-6	草方格沙障	$1\,000m^2$	211.66	8	996量3 125
				1-1-6-1	人工挖运松土20m	$1\,000m^3$	53.102	1	
				1-1-6-3	人工挖运硬土20m	$1\,000m^3$	0.44	1	

编制：×××　　复核：×××

续上表

建设项目名称:××项目　　编制范围:K0+000~K42+983　　数据文件编号:　　公路等级:一级公路

路线或桥梁长度(km):42.35　　路基或桥梁宽度(m):26　　第41页　共76页　附表01

项的代号	目的代号	节的代号	细目代号	定额代号	项或目或节或细目或定额的名称	单位	数量	费率编号	定额调整情况
			5		路面工程	m^2	53 490		
				2-2-11-12	中粒沥青混凝土拌和(320t/h 以内)	1 000m^3	2.675	6	851 换 852,852 量 113.465,996 量 8 739.875,897 换 100 898,100 898 量 389.79
				2-2-11-6	粗粒沥青混凝土拌和(320t/h 以内)	1 000m^3	3.744	6	851 换 852,852 量 105.857,996 量 8 130.975,897 换 100 898,100 898 量 296.66
				2-2-13-21	混合料运输 15t 以内 6km	1 000m^3	6.419	3	+23×10
				2-2-14-51	机铺沥青混凝土中粒式 320t/h 以内	1 000m^3	2.675	6	
				2-2-14-50	机铺沥青混凝土粗粒式 320t/h 以内	1 000m^3	3.744	6	
				2-1-7-5	厂拌水泥碎石 5:95 厚度 20cm	1 000m^2	53.49	7	+6×5
				2-1-8-21	稳定土运输 15t 以内 6km	1 000m^3	10.698	3	+23×10
				2-1-9-11	摊铺机铺筑基层(12.5m 以内)	1 000m^2	53.49	7	拖平压机×2,人工+3
				2-1-7-5	厂拌水泥碎石 4:96 厚度 20cm	1 000m^2	32.269	7	+6×5,4:96
				2-1-8-21	稳定土运输 15t 以内 6km	1 000m^3	6.454	3	+23×10
				2-1-9-12	摊铺机铺筑底基层(12.5m 以内)	1 000m^2	32.269	7	拖平压机×2,人工+3
				2-1-7-5	厂拌水泥碎石 5:95 厚度 32cm	1 000m^2	25.54	7	+6×17,4:96
				2-1-8-21	稳定土运输 15t 以内 6km	1 000m^3	8.173	3	+23×10
				2-1-9-11	摊铺机铺筑基层(12.5m 以内)	1 000m^2	25.54	7	拖平压机×2,人工+3

编制:×××　　复核:×××

续上表

建设项目名称：× ×项目　　编制范围：K0 +000 ~ K42 +983　　数据文件编号：　　公路等级：一级公路

路线或桥梁长度(km)：42. 35　　路基或桥梁宽度(m)：26　　第 42 页　共 76 页　附表 01

项的代号	目的代号	节的代号	细目代号	定额代号	项或目或节或细目或定额的名称	单　位	数　量	费率编号	定额调整情况
				2 -2 -16 -6	乳化沥青沥青层黏层	1 000m^2	53. 49	7	853 换 855，855 量 0. 464
				2 -2 -16 -14	乳化沥青稀浆封层 ES -2 型	1 000m^2	53. 49	7	853 换 855，855 量 1. 476
				2 -3 -4 -4	预制安砌混凝土路缘石	10m^3	9. 14	8	定额 ×1. 01
				2 -3 -4 -1	制铺人行道预制块	1 000m^2	0. 03	8	定额 ×1. 01
				4 -11 -5 -1	填砂砾(砂)垫层	10m^3	6. 67	8	
				4 -11 -6 -17	水泥砂浆抹面(厚 2cm)	100m^2	11. 2	8	
				6 -1 -5 -3	中间带填土	10m^3	22. 38	8	
				1 -1 -12 -19	165kW 以内推土机 100m 硬土	1 000m^3	0. 224	2	+20 ×8
				2 -3 -3 -5	培路肩厚度 32cm	1 000m^2	11. 2	7	+6 ×12，添 915 量 326. 4
				2 -3 -3 -5	培路肩厚度 20cm	1 000m^2	18. 2	7	
				2 -3 -6 -2	制铺预制块加固土路肩	10m^3	31. 65	8	定额 ×1. 01
				2 -3 -4 -4	预制安砌混凝土路缘石	10m^3	14. 85	8	普 C25 -32. 5 -4，-10. 1，普 C30 -32. 5 -4，+10. 1，定额 ×1. 01
				1 -1 -9 -7	2. 0m^3 以内挖掘机挖装土方松土	1 000m^3	3. 64	2	定额 ×1. 23
				1 -1 -11 -21	15t 以内自卸车运土 3. 7km	1 000m^3	3. 64	3	+22 ×5，定额 ×1. 26
			6		圆管涵	m/道	168. 8/4		
				4 -7 -4 -2	预制 ϕ2m 以内混凝土	10m^3	14. 07	8	定额 ×1. 01
				4 -7 -4 -3	普通钢筋	1t	13. 77	13	111 量 0. 226，添 112 量 0. 799
				4 -7 -5 -4	起重机安装 ϕ1. 0m 上圆管涵	10m^3	14. 07	8	

编制：× × ×　　复核：× × ×

续上表

建设项目名称:××项目　　编制范围:K0+000~K42+983　　数据文件编号:　　公路等级:一级公路

路线或桥梁长度(km):42.35　　路基或桥梁宽度(m):26　　第43页　共76页　附表01

项的代号	目的代号	节的代号	细目代号	定额代号	项或目或节或细目或定额的名称	单位	数量	费率编号	定额调整情况
				4-7-5-5	现浇管座混凝土	$10m^3$	37.31	8	普C15-32.5-4,-10.2,普C30-32.5-4,+10.2
				4-6-1-12	基础、支撑梁钢筋	1t	9.662	13	111量0.419,112量0.606
				5-1-18-2	现浇混凝土挡土墙	$10m^3$	3.84	8	普C20-32.5-8,-10.2,普C30-32.5-4,+10.2
				4-7-28-2	预制桥涵缘(帽)石混凝土钢模	$10m^3$	0.16	8	普C15-32.5-2,-10.1,普C30-32.5-2,+10.1
				4-7-29-1	安装桥涵缘(帽)石	$10m^3$	0.16	8	
				5-1-15-7	浆砌片石墙身	$10m^3$	4.58	8	M5,-3.5,M7.5,+3.5
				5-1-15-5	浆砌片石基础	$10m^3$	4.72	8	M5,-3.5,M7.5,+3.5
				4-11-6-17	水泥砂浆抹面(厚2cm)	$100m^2$	0.269	8	
				4-5-2-1	基础、护底、截水墙	$10m^3$	1.55	8	M7.5,-3.5,M10,+3.5
				4-11-5-1	填砂砾(砂)垫层	$10m^3$	2.25	8	
				5-1-10-2	浆砌片石护坡	$10m^3$	13.03	8	M5,-3.5,M10,+3.5
				4-11-4-5	涂沥青防水层	$10m^2$	205.67	8	
				4-11-7-13	沥青麻絮伸缩缝	$1m^2$	65.8	8	
				1-1-7-2	夯土机夯实	$1\,000m^3$	0.992	2	

编制:×××　　复核:×××

续上表

建设项目名称：××项目　　编制范围：K0 +000 ~ K42 +983　　数据文件编号：　　公路等级：一级公路

路线或桥梁长度(km)：42.35　　路基或桥梁宽度(m)：26　　第 44 页　共 76 页　附表 01

项的代号	目的代号	节的代号	细目代号	定额代号	项或目或节或细目或定额的名称	单位	数量	费率编号	定额调整情况
				4-1-3-4	基坑≤1 500m^3，2.0m^3 以内挖掘机挖土	1 000m^3	3.7	8	
				4-11-11-12	混凝土搅拌站拌和(60m^3/h 以内)	100m^3	5.243	8	
				4-11-11-16	1t 机动翻斗车运 100m	100m^3	1.407	3	
				4-11-11-20	6m^3 以内混凝土搅运车运 1km	100m^3	3.836	3	
			7		A 匝道跨线桥	m^2/m	2 947.68/128.16		
				4-6-10-1	支架现浇箱梁混凝土(非泵送)	10m^3	198.3	8	
				4-6-10-4	箱梁钢筋	1t	481.324	13	111 量 0，112 量 1.025
				4-9-3-10	满堂式轻型钢支架(墩台高 10m 以内)	10m^2	79.2	8	定额 ×1.92
				4-9-6-1	支架预压	10m^3	198.3	8	
				4-7-20-47	钢绞线束长 120m 以内 22 孔 0.56 束/t	1t	86.361	13	+48 ×0.15
				4-7-20-23	钢绞线束长 20m 以内 22 孔 5.07 束/t	1t	1.972	13	+24 ×2.49
				4-6-13-7	行车道铺装沥青混凝土	10m^3	31.6	8	
				4-6-13-5	行车道铺装面层防水混凝土(非泵送)	10m^3	21.9	8	防 C30 - 32.5 - 4，-10.2，防 C40 - 42.5 - 4，+10.2
				4-6-13-10	水泥及防水混凝土钢筋 ϕ8mm 以上	1t	27.246	13	111 量 0.211，112 量 0，添 113 量 0.814
				4-11-7-1	模数伸缩缝伸缩量 80 ~ 480mm	1t	8.064	13	
				4-11-7-5	预留槽混凝土	10m^3	1.1	8	225 量 0.765
				4-11-7-6	预留槽钢筋	1t	1.515	13	111 量 0.108，112 量 0.917

编制：×××　　复核：×××

续上表

建设项目名称:××项目　　编制范围:K0+000~K42+983　　数据文件编号:　　公路等级:一级公路

路线或桥梁长度(km):42.35　　路基或桥梁宽度(m):26　　第45页　共76页　附表01

项的代号	目的代号	节的代号	细目代号	定额代号	项或目或节或细目或定额的名称	单位	数量	费率编号	定额调整情况
				4-7-30-6	钢盆式橡胶支座反力4 000kN	1个	8	13	
				4-7-30-9	钢盆式橡胶支座反力10 000kN	1个	8	13	
				4-7-30-10	钢盆式橡胶支座反力15 000kN	1个	1	13	
				4-7-30-11	钢盆式橡胶支座反力20 000kN	1个	1	13	
				6-1-2-3	现浇混凝土墙体防撞护栏	$10m^3$	8	8	普C25-32.5-4,-10.2,普C30-32.5-4,+10.2
				6-1-2-4	墙体护栏钢筋	1t	12.236	13	111量0.173,添112量0.852
				6-1-2-5	铸铁柱及栏杆	1t	3.825	13	191量0.488,561量530.544
				4-11-7-14	泄水管	10个	2	8	
				1-2-2-1	碎石料盲沟20×30(cm)	10m	10	8	770换772,772量3.06,952量0.061
				4-6-2-60	盆式支座垫石混凝土	$10m^3$	0.3	8	普C30-32.5-4,-10.2,普C50-52.5-4,+10.2
				4-6-2-60	盆式支座垫石混凝土	$10m^3$	0.3	8	普C30-32.5-4,-10.2,普C40-32.5-4,+10.2
				4-6-2-62	支座垫石钢筋	1t	4.301	13	

编制:×××　　复核:×××

续上表

建设项目名称：××项目　　编制范围：K0 +000 ~ K42 +983　　数据文件编号：　　公路等级：一级公路

路线或桥梁长度(km)：42.35　　路基或桥梁宽度(m)：26　　第46页　共76页　附表01

项的代号	目的代号	节的代号	细目代号	定额代号	项或目或节或细目或定额的名称	单位	数量	费率编号	定额调整情况
				4-6-4-9	耳背墙混凝土	10m³	6.7	8	普C25-32.5-4，-10.2，普C35-32.5-4，+10.2
				4-6-4-13	耳背墙钢筋	1t	9.656	13	111量0，112量1.025
				4-6-4-2	盖梁混凝土(钢模非泵送)	10m³	11.8	8	普C30-32.5-4，-10.2，普C35-32.5-4，+10.2
				4-6-4-11	盖梁钢筋	1t	21.52	13	111量0.005，112量1.02
				4-6-2-9	圆柱式墩台混凝土(非泵送高10m以内)	10m³	20.2	8	普C25-32.5-4，-10.2，普C30-32.5-4，+10.2
				4-6-2-19	柱式墩台焊接钢筋(高10m以内)	1t	41.322	13	111量0.061，112量0.964
				4-6-2-25	肋形埋置式桥台混凝土(高8m以内)	10m³	19.8	8	普C25-32.5-4，-10.2，普C30-32.5-4，+10.2
				4-6-2-28	肋形埋置式桥台钢筋	1t	22.045	13	111量0.224，112量0.801
				4-6-1-7	承台混凝土(起重机配吊斗无底模)	10m³	95.1	8	普C25-32.5-4，-10.2，普C30-32.5-4，+10.2

编制：×××　　复核：×××

续上表

建设项目名称:××项目　　编制范围:K0+000~K42+983　　数据文件编号:　　公路等级:一级公路

路线或桥梁长度(km):42.35　　路基或桥梁宽度(m):26　　第47页　共76页　附表01

项的代号	目的代号	节的代号	细目代号	定额代号	项或目或节或细目或定额的名称	单位	数量	费率编号	定额调整情况
				4-6-1-13	承台钢筋	1t	127.657	13	112 量 1.025
				4-4-5-41	陆地 ϕ150cm 以内,孔深 40m 以内砂土	10m	157.5	9	
				4-4-5-42	陆地 ϕ150cm 以内,孔深 40m 以内黏土	10m	23.3	9	
				4-4-7-14	回旋潜水钻 ϕ150cm 起重机吊斗混凝土	$10m^3$	319.5	9	水 C25-32.5-4,-12.01,水 C30-32.5-4,+12.01
				4-4-7-22	焊接连接钢筋	1t	246.554	13	111 量 0.204,112 量 0.821
				4-4-8-7	埋设钢护筒干处	1t	25.458	13	
				4-4-7-24	检测管	1t	25.789	13	
				4-6-14-1	搭板混凝土	$10m^3$	9	8	
				4-6-14-3	桥头搭板钢筋	1t	18.468	13	
				4-11-5-6	混凝土垫层	$10m^3$	7.9	8	普 C10-32.5-4,-10.2,普 C30-32.5-4,+10.2
				4-11-6-17	水泥砂浆抹面(厚 2cm)	$100m^2$	0.5	8	
				4-5-2-9	锥坡、沟、槽、池	$10m^3$	143.3	8	M5,-3.5,M7.5,+3.5
				4-5-2-1	基础、护底、截水墙	$10m^3$	48.9	8	
				4-11-7-13	沥青麻絮伸缩缝	$1m^2$	54	8	
				4-11-4-4	沥青油毡防水层	$10m^2$	5.3	8	
				4-11-5-1	填砂砾(砂)垫层	$10m^3$	39.2	8	
				4-11-2-1	锥坡填土	$10m^3$	1 178.5	8	
				4-1-3-4	基坑≤1 500m^3,2.0m^3 以内挖掘机挖土	1 000m^3	7.724	8	
				4-11-11-12	混凝土搅拌站拌和(60m^3/h 以内)	$100m^3$	77.591	8	

编制:×××　　复核:×××

续上表

建设项目名称：××项目　　编制范围：K0+000~K42+983　　数据文件编号：　　公路等级：一级公路

路线或桥梁长度(km)：42.35　　路基或桥梁宽度(m)：26　　第48页　共76页　附表01

项的代号	目的代号	节的代号	细目代号	定额代号	项或目或节或细目或定额的名称	单位	数量	费率编号	定额调整情况
				4-11-11-20	$6m^3$ 以内混凝土搅运车运 10.9km	$100m^3$	77.591	3	+21×19.8
六					隧道工程	km/座			
七					公路设施及预埋管线工程	公路公里	42.35		
	1				安全设施	公路公里	42.35		
		1			钢筋混凝土防撞护栏	m	100		
			1		钢筋混凝土防撞护栏	m	100		
				6-1-2-4	墙体护栏钢筋	1t	2.43	13	111 量 0.12，添 112 量 0.905
				6-1-2-3	现浇混凝土墙体防撞护栏	$10m^3$	2.65	8	普 C25-32.5-4，-10.2，普 C30-32.5-4，+10.2，添 740 量 49.8
		2			波形钢板护栏	m	14 364		
			1		路侧普通型护栏	m	1 819		
				6-1-3-3	打入钢管立柱	1t	17.249	15	
				6-1-3-5	单面波形钢板	1t	29.735	15	
			2		路侧加强型护栏	m	655		
				6-1-3-3	打入钢管立柱	1t	5.69	15	
				6-1-3-5	单面波形钢板	1t	4.904	15	
				6-1-3-2	埋入钢管立柱	1t	4.463	15	
				6-1-3-5	单面波形钢板	1t	5.803	15	
			3		路侧三波形护栏	m	2 882		
				6-1-3-3	打入钢管立柱	1t	92.91	15	

编制：×××　　复核：×××

续上表

建设项目名称:××项目　　编制范围:K0+000~K42+983　　数据文件编号:　　公路等级:一级公路

路线或桥梁长度(km):42.35　　路基或桥梁宽度(m):26　　第49页　共76页　附表01

项的代号	目的代号	节的代号	细目代号	定额代号	项或目或节或细目或定额的名称	单位	数量	费率编号	定额调整情况
				6-1-3-5	单面波形钢板	1t	78.94	15	
			4		中央分隔带普通护栏	m	1 157		
				6-1-3-3	打入钢管立柱	1t	12.38	15	
				6-1-3-5	单面波形钢板	1t	18.913	15	
			5		中央分隔带加强型护栏	m	6 636		
				6-1-3-2	埋入钢管立柱	1t	42.973	15	
				6-1-3-5	单面波形钢板	1t	32.826	15	
				6-1-3-3	打入钢管立柱	1t	98.34	15	
				6-1-3-5	单面波形钢板	1t	75.115	15	
			6		中央分隔带三波护栏	m	1 074		
				6-1-3-3	打入钢管立柱	1t	38.369	15	
				6-1-3-5	单面波形钢板	1t	27.616	15	
			7		A端头	m	101		
				6-1-3-2	埋入钢管立柱	1t	1.088	15	
				6-1-3-5	单面波形钢板	1t	1.655	15	
			8		B端头	m	36		
				6-1-3-2	埋入钢管立柱	1t	0.635	15	
				6-1-3-5	单面波形钢板	1t	0.85	15	
			9		C端头	m	4		
				6-1-3-3	打入钢管立柱	1t	0.075	15	添251量29.61
				6-1-3-5	单面波形钢板	1t	0.066	15	
			10		护栏基础	m^3	56.44		

编制:×××　　复核:×××

续上表

建设项目名称：××项目　　编制范围：K0 +000 ~ K42 +983　　数据文件编号：　　公路等级：一级公路

路线或桥梁长度(km)：42. 35　　路基或桥梁宽度(m)：26　　第 50 页　共 76 页　附表 01

项的代号	目的代号	节的代号	细目代号	定额代号	项或目或节或细目或定额的名称	单　位	数　量	费率编号	定额调整情况
				6-1-3-1	混凝土基础	$10m^3$	5. 644	8	
				6-1-7-5	金属标志牌基础钢筋	1t	2. 359	13	
		3			防护网	km	0. 12		
			1		防护网	km	0. 12		
				6-1-4-5	钢板网	$100m^2$	1. 397	15	添 182 量 0. 486
				6-1-4-4	型钢立柱	1t	0. 41	15	
		4			公路标线	km	42. 35		
			1		热熔标线	m^2	20 086		
				6-1-9-4	沥青路面热熔标线	$100m^2$	200. 86	8	
			2		振动标线	m^2	198		
					振动标线	m^2	198		198 × 150
			3		减速带	m	147		
					减速带	m	147		147 × 150
			4		防撞垫	个	4		
					防撞垫	个	4		4 × 30 000
		5			轮廓标	个	5 445		
			1		附着式轮廓标	个	2 795		
				6-1-8-3	栏式轮廓标	100 块	26. 35	13	208 换 182，182 量 0. 023，740 量 1. 35，添 20 065量 101
				6-1-8-3	栏式轮廓标	100 块	1. 6	13	208 换 242，242 量 202，740 量 0，添 20 065 量 101

编制：×××　　复核：×××

续上表

建设项目名称：××项目　　编制范围：K0 +000 ~ K42 +983　　数据文件编号：　　公路等级：一级公路

路线或桥梁长度(km)：42.35　　路基或桥梁宽度(m)：26　　第 51 页　共 76 页　附表 01

项的代号	目的代号	节的代号	细目代号	定额代号	项或目或节或细目或定额的名称	单　位	数　量	费率编号	定额调整情况
			2		柱式轮廓标	个	2 650		
				6 - 1 - 8 - 2	玻璃钢柱式轮廓标	100 根	26.5	8	
		6			里程碑、百米桩、公路界碑	个	1 405		
			1		里程标	块	84		
				6 - 1 - 7 - 4	金属标志牌混凝土基础	$10m^3$	0.499	8	
				6 - 1 - 7 - 5	金属标志牌基础钢筋	1t	0.004	13	
				6 - 1 - 7 - 16	单柱式铝合金标志立柱	10t	0.053	15	247 量 9.868，652 量 521.676
				6 - 1 - 7 - 17	单柱式铝合金标志面板	10t	0.015	15	652 量 0,668 量 10.5，740 量 668.6
			2		百米标	个	847		
				6 - 1 - 8 - 3	栏式轮廓标	100 块	8.47	15	
			3		公路界碑	个	474		
				6 - 1 - 11 - 3	界碑	100 块	4.74	8	111 量 0.274
		7			各类标志牌	块	176		
			1		单柱式标志牌	块	130		
			1.1		D1 型	套	6		
				6 - 1 - 7 - 16	单柱式铝合金标志立柱	10t	0.035	15	
				6 - 1 - 7 - 17	单柱式铝合金标志面板	10t	0.003	15	
				6 - 1 - 7 - 4	金属标志牌混凝土基础	$10m^3$	0.201	8	

编制：×××　　复核：×××

续上表

建设项目名称：××项目　　编制范围：K0+000~K42+983　　数据文件编号：　　公路等级：一级公路

路线或桥梁长度(km)：42.35　　路基或桥梁宽度(m)：26　　第52页　共76页　附表01

项的代号	目的代号	节的代号	细目代号	定额代号	项或目或节或细目或定额的名称	单位	数量	费率编号	定额调整情况
				6-1-7-5	金属标志牌基础钢筋	1t	0.04	13	
			1.2		D2 型	套	20		
				6-1-7-16	单柱式铝合金标志立柱	10t	0.237	15	
				6-1-7-17	单柱式铝合金标志面板	10t	0.059	15	
				6-1-7-4	金属标志牌混凝土基础	$10m^3$	5.762	8	
				6-1-7-5	金属标志牌基础钢筋	1t	0.467	13	
			1.3		D4 型	套	104		
				6-1-7-16	单柱式铝合金标志立柱	10t	0.171	15	
				6-1-7-17	单柱式铝合金标志面板	10t	0.061	15	
			2		双柱式标志牌	块	21		
			2.1		S1 型	套	4		
				6-1-7-18	双柱式铝合金标志立柱	10t	0.426	15	
				6-1-7-19	双柱式铝合金标志面板	10t	0.052	15	
				6-1-7-4	金属标志牌混凝土基础	$10m^3$	0.23	8	
				6-1-7-5	金属标志牌基础钢筋	1t	0.187	13	
			2.2		S2 型	套	14		
				6-1-7-18	双柱式铝合金标志立柱	10t	1.285	15	
				6-1-7-19	双柱式铝合金标志面板	10t	0.252	15	
				6-1-7-4	金属标志牌混凝土基础	$10m^3$	17.248	8	
				6-1-7-5	金属标志牌基础钢筋	1t	1.326	13	

编制：×××　　复核：×××

续上表

建设项目名称：××项目　　编制范围：K0+000～K42+983　　数据文件编号：　　公路等级：一级公路

路线或桥梁长度(km)：42.35　　路基或桥梁宽度(m)：26　　第53页　共76页　附表01

项的代号	目的代号	节的代号	细目代号	定额代号	项或目或节或细目或定额的名称	单位	数量	费率编号	定额调整情况
			2.3		S3型	套	3		
				6-1-7-18	双柱式铝合金标志立柱	10t	0.767	15	
				6-1-7-19	双柱式铝合金标志面板	10t	0.09	15	
				6-1-7-4	金属标志牌混凝土基础	$10m^3$	6.451	8	
				6-1-7-5	金属标志牌基础钢筋	1t	0.369	13	
			3		单悬臂式标志牌	块	17		
			3.1		F1型	套	8		
				6-1-7-20	单悬臂铝合金标志立柱	10t	1.011	15	
				6-1-7-21	单悬臂铝合金标志面板	10t	0.102	15	
				6-1-7-4	金属标志牌混凝土基础	$10m^3$	8.368	8	
				6-1-7-5	金属标志牌基础钢筋	1t	0.56	13	
			3.2		F2型	套	9		
				6-1-7-20	单悬臂铝合金标志立柱	10t	2.021	15	
				6-1-7-21	单悬臂铝合金标志面板	10t	0.215	15	
				6-1-7-4	金属标志牌混凝土基础	$10m^3$	11.034	8	
				6-1-7-5	金属标志牌基础钢筋	1t	0.851	13	
			4		双悬臂式标志牌	块	7		
			4.1		SF1型	套	2		
				6-1-7-22	双悬臂铝合金标志立柱	10t	0.446	15	
				6-1-7-23	双悬臂铝合金标志面板	10t	0.056	15	

编制：×××　　复核：×××

续上表

建设项目名称：××项目　　编制范围：K0+000~K42+983　　数据文件编号：　　公路等级：一级公路

路线或桥梁长度(km)：42.35　　路基或桥梁宽度(m)：26　　第54页　共76页　附表01

项的代号	目的代号	节的代号	细目代号	定额代号	项或目或节或细目或定额的名称	单位	数量	费率编号	定额调整情况
				6-1-7-4	金属标志牌混凝土基础	$10m^3$	1.632	8	
				6-1-7-5	金属标志牌基础钢筋	1t	0.126	13	
			4.2		SF2 型	套	5		
				6-1-7-22	双悬臂铝合金标志立柱	10t	1.529	15	
				6-1-7-23	双悬臂铝合金标志面板	10t	0.274	15	
				6-1-7-4	金属标志牌混凝土基础	$10m^3$	6.13	8	
				6-1-7-5	金属标志牌基础钢筋	1t	0.474	13	
			5		门架式标志牌	块	1		
			5.1		M1 型	套	1		
				6-1-7-24	门架式铝合金标志立柱	10t	0.5	15	
				6-1-7-25	门架式铝合金标志面板	10t	0.032	15	
				6-1-7-4	金属标志牌混凝土基础	$10m^3$	2.272	8	
				6-1-7-5	金属标志牌基础钢筋	1t	0.434	13	
	2				服务设施	公路公里	42.35		
		1			服务区	处	1		
			1		服务区土建	处	1		
			1.1		土方	m^3	10 545		
				1-1-12-17	165kW 以内推土机 20m 松土	$1\ 000m^3$	0.244	2	
				1-1-13-9	$12m^3$ 以内铲运机 150m 松土	$1\ 000m^3$	1.434	2	+12×1
				1-1-13-9	$12m^3$ 以内铲运机 300m 松土	$1\ 000m^3$	5.199	2	+12×4

编制：×××　　复核：×××

续上表

建设项目名称:××项目　　编制范围:K0+000~K42+983　　数据文件编号:　　公路等级:一级公路

路线或桥梁长度(km):42.35　　路基或桥梁宽度(m):26　　第55页　共76页　附表01

项的代号	目的代号	节的代号	细目代号	定额代号	项或目或节或细目或定额的名称	单位	数量	费率编号	定额调整情况
				1-1-9-7	2.0m^3 以内挖掘机挖装土方松土	1 000m^3	5.837	2	
				1-1-11-21	15t 以内自卸车运土 2km	1 000m^3	5.837	3	+22×2
				1-1-18-2	高速、一级公路 18~21t 压路机压土	1 000m^3	0.913	2	
				1-1-18-5	高速、一级公路 20t 以内振动压路机压土	1 000m^3	0.913	2	
				1-1-22-9	8 000L 以内洒水车洒水 3km	1 000m^3	0.329	3	+10×4
				1-1-20-1	机械整修路拱	1 000m^2	5.766	2	
				1-1-20-3	整修边坡二级及以上等级公路	1km	2.1	1	
				1-1-20-4	整修边坡三、四级公路	1km	0.383	1	
				1-1-5-4	填前夯(压)实 12~15t 光轮压路机	1 000m^2	8.214	2	
				1-1-1-12	清除表土(135kW 以内推土机)	100m^3	24.64	2	
				1-1-10-3	3m^3 以内装载机装土方	1 000m^3	2.464	2	
				1-1-11-21	15t 以内自卸车运土 1km	1 000m^3	2.464	3	
				1-1-13-9	12m^3 以内铲运机 150m 松土	1 000m^3	-1.576	2	+12×1,定额×1.23
				1-1-13-9	12m^3 以内铲运机 150m 松土	1 000m^3	-2.039	2	+12×1,定额×1.23
				1-1-13-9	12m^3 以内铲运机 150m 松土	1 000m^3	-2.616	2	+12×1,定额×1.23
				1-1-13-9	12m^3 以内铲运机 150m 松土	1 000m^3	2.464	2	+12×1,定额×1.23
			1.2		特殊路基处理	km	1.919		
				1-3-12-3	软基石渣垫层	1 000m^3	2.393	7	939换915,915量1 200
				1-1-9-7	2.0m^3 以内挖掘机挖装土方松土	1 000m^3	0.817	2	
				1-1-11-21	15t 以内自卸车运土 2km	1 000m^3	0.817	3	+22×2

编制:×××　　复核:×××

续上表

建设项目名称：××项目　　编制范围：K0 +000 ~ K42 +983　　数据文件编号：　　公路等级：一级公路

路线或桥梁长度(km)：42.35　　路基或桥梁宽度(m)：26　　第 56 页　共 76 页　附表 01

项的代号	目的代号	节的代号	细目代号	定额代号	项或目或节或细目或定额的名称	单位	数量	费率编号	定额调整情况
				1-3-12-3	软基石渣垫层	1 000m^3	2.331	7	
				1-1-12-17	165kW 以内推土机 20m 松土	1 000m^3	2.137	2	定额×1.23
				1-1-12-19	165kW 以内推土机 20m 硬土	1 000m^3	2.137	2	
				1-1-18-2	高速、一级公路 18~21t 压路机压土	1 000m^3	1.069	2	
				1-1-18-5	高速、一级公路 20t 以内振动压路机压土	1 000m^3	1.069	2	
				1-1-22-9	8 000L 以内洒水车洒水 3km	1 000m^3	0.385	3	+10×4
			1.3		排水工程	m^3/km	75.58/0.329		
				4-11-4-1	胶泥防水层	10m^3	3.15	8	
				1-2-1-1	人工挖沟松土	1 000m^3	0.047	1	
				1-2-3-3	浆砌片石急流槽	10m^3	2.856	8	M5，-3.5，M7.5，+3.5
				1-2-4-14	现浇混凝土急流槽	10m^3	0.24	8	普 C20 - 32.5 - 2，-10.2，普 C25 -32.5 -2，+10.2
				1-2-4-12	预制混凝土预制块急流槽	10m^3	1.308	8	普 C20 - 32.5 - 2，-10.1，普 C25 -32.5 -2，+10.1，定额×1.01
				1-2-4-13	铺砌混凝土预制块急流槽	10m^3	1.308	8	
				1-2-4-10	水沟盖板钢筋	1t	0.999	8	111 量 1.025，112 量 0
				4-11-5-1	填砂砾(砂)垫层	10m^3	1.22	8	
				1-2-1-1	人工挖沟松土	1 000m^3	0.081	1	
			1.4		防护工程	m^3/km	17.8/0.662		

编制：×××　　复核：×××

续上表

建设项目名称:××项目　　编制范围:K0+000~K42+983　　数据文件编号:　　公路等级:一级公路

路线或桥梁长度(km):42.35　　路基或桥梁宽度(m):26　　第57页　共76页　附表01

项的代号	目的代号	节的代号	细目代号	定额代号	项或目或节或细目或定额的名称	单　位	数　量	费率编号	定额调整情况
				5-1-6-4	预制混凝土菱形格	$10m^3$	1.78	8	普 C20-32.5-4, -10.1,普 C30-32.5-4, +10.1,定额×1.01
				4-7-29-1	安装桥涵缘(帽)石	$10m^3$	1.78	8	
				5-1-2-5	人工撒草籽	$1\ 000m^2$	0.103	8	
				5-1-13-6	草方格沙障	$1\ 000m^2$	5.564	8	996 量 3 125
				1-1-6-1	人工挖运松土 20m	$1\ 000m^3$	1.405	1	
				1-1-6-3	人工挖运硬土 20m	$1\ 000m^3$	0.032	1	
			1.5		路面工程	m^2	5 766		
				2-2-11-12	中粒沥青混凝土拌和(320t/h 以内)	$1\ 000m^3$	0.288	6	851 换 852, 852 量 113.465,996 量8 739.875, 897 换 100 898, 100 898 量 389.79
				2-2-11-6	粗粒沥青混凝土拌和(320t/h 以内)	$1\ 000m^3$	0.404	6	851 换 852, 852 量 105.857,996 量8 130.975, 897 换 100 898, 100 898 量 296.66
				2-2-13-21	混合料运输 15t 以内 6km	$1\ 000m^3$	0.692	3	+23×10
				2-2-14-51	机铺沥青混凝土中粒式 320t/h 以内	$1\ 000m^3$	0.288	6	
				2-2-14-50	机铺沥青混凝土粗粒式 320t/h 以内	$1\ 000m^3$	0.404	6	
				2-1-7-5	厂拌水泥碎石 5:95 厚度 20cm	$1\ 000m^2$	5.766	7	+6×5

编制:×××　　复核:×××

续上表

建设项目名称：× ×项目　　编制范围：K0 +000 ~ K42 +983　　数据文件编号：　　公路等级：一级公路

路线或桥梁长度(km)：42.35　　路基或桥梁宽度(m)：26　　第58页　共76页　附表01

项的代号	目的代号	节的代号	细目代号	定额代号	项或目或节或细目或定额的名称	单位	数量	费率编号	定额调整情况
				2-1-8-21	稳定土运输15t以内6km	1 000m^3	1.153	3	+23×10
				2-1-9-11	摊铺机铺筑基层(12.5m以内)	1 000m^2	5.766	7	拖平压机×2，人工+3
				2-1-7-5	厂拌水泥碎石4:96厚度20cm	1 000m^2	3.041	7	+6×5，4:96
				2-1-8-21	稳定土运输15t以内6km	1 000m^3	0.608	3	+23×10
				2-1-9-12	摊铺机铺筑底基层(12.5m以内)	1 000m^2	3.041	7	拖平压机×2，人工+3
				2-1-7-5	厂拌水泥碎石5:95厚度32cm	1 000m^2	2.903	7	+6×17，4:96
				2-1-8-21	稳定土运输15t以内6km	1 000m^3	0.929	3	+23×10
				2-1-9-11	摊铺机铺筑基层(12.5m以内)	1 000m^2	2.903	7	拖平压机×2，人工+3
				2-2-16-6	乳化沥青沥青层黏层	1 000m^2	5.766	7	853换855，855量0.464
				2-2-16-14	乳化沥青稀浆封层ES-2型	1 000m^2	5.766	7	853换855，855量1.476
				2-3-4-4	预制安砌混凝土路缘石	10m^3	2.55	8	定额×1.01
				2-3-3-5	培路肩厚度32cm	1 000m^2	0.574	7	+6×12，添915量326.4
				2-3-3-5	培路肩厚度20cm	1 000m^2	1.089	7	
				1-1-13-9	12m^3以内铲运机150m松土	1 000m^3	0.218	2	+12×1
			1.6		圆管涵	m/道	122/2		
				4-7-4-2	预制ϕ2m以内混凝土	10m^3	10.17	8	定额×1.01
				4-7-4-3	普通钢筋	1t	9.31	13	111量0.242，添112量0.783
				4-7-5-4	起重机安装ϕ1.0m上圆管涵	10m^3	10.17	8	
				4-7-5-5	现浇管座混凝土	10m^3	26.97	8	普C15-32.5-4，-10.2，普C30-32.5-4，+10.2

编制：× × ×　　复核：× × ×

续上表

建设项目名称:××项目　　编制范围:K0 +000 ~ K42 +983　　数据文件编号:　　公路等级:一级公路

路线或桥梁长度(km):42.35　　路基或桥梁宽度(m):26　　第 59 页　共 76 页　附表 01

项的代号	目的代号	节的代号	细目代号	定额代号	项或目或节或细目或定额的名称	单　位	数　量	费率编号	定额调整情况
				4 -6 -1 -12	基础、支撑梁钢筋	1t	6.983	13	111 量 0.419，112 量 0.606
				5 -1 -18 -2	现浇混凝土挡土墙	$10m^3$	1.87	8	普 C20 -32.5 -8，-10.2，普 C30 -32.5 -4，+10.2
				4 -7 -28 -2	预制桥涵缘(帽)石混凝土钢模	$10m^3$	0.08	8	普 C15 -32.5 -2，-10.1，普 C30 -32.5 -2，+10.1
				4 -7 -29 -1	安装桥涵缘(帽)石	$10m^3$	0.08	8	
				5 -1 -15 -7	浆砌片石墙身	$10m^3$	3.04	8	M5，-3.5，M10，+3.5
				5 -1 -15 -5	浆砌片石基础	$10m^3$	2.98	8	M5，-3.5，M10，+3.5
				4 -11 -6 -17	水泥砂浆抹面(厚 2cm)	$100m^2$	0.171	8	
				4 -5 -2 -1	基础、护底、截水墙	$10m^3$	0.97	8	M7.5，-3.5，M10，+3.5
				4 -11 -5 -1	填砂砾(砂)垫层	$10m^3$	1.44	8	
				5 -1 -10 -2	浆砌片石护坡	$10m^3$	7.46	8	M5，-3.5，M10，+3.5
				4 -11 -4 -5	涂沥青防水层	$10m^2$	149.12	8	
				4 -11 -7 -13	沥青麻絮伸缩缝	$1m^2$	40.7	8	
				1 -1 -7 -2	夯土机夯实	$1\ 000m^3$	0.717	2	
				4 -1 -3 -4	基坑≤1 500m^3，2.0m^3 以内挖掘机挖土	$1\ 000m^3$	2.675	8	
				4 -11 -11 -12	混凝土搅拌站拌和($60m^3/h$ 以内)	$100m^3$	3.786	8	
				4 -11 -11 -16	1t 机动翻斗车运 100m	$100m^3$	1.017	3	
				4 -11 -11 -20	6m^3 以内混凝土搅运车运 1km	$100m^3$	2.769	3	

编制:×××　　复核:×××

续上表

建设项目名称：××项目　　编制范围：K0+000～K42+983　　数据文件编号：　　公路等级：一级公路

路线或桥梁长度（km）：42.35　　路基或桥梁宽度（m）：26　　第60页　共76页　附表01

项的代号	目的代号	节的代号	细目代号	定额代号	项或目或节或细目或定额的名称	单　位	数　量	费率编号	定额调整情况
			2		服务区其他	处	1		
			2.1		厂区硬化	m^2	4 083		
					厂区硬化	m^2	4 083		4 083×202.5
			2.2		外网工程	项	1		
					外网工程	项	1		1×782 000
			2.3		构筑物及其他	项	1		
					构筑物及其他	项	1		1×265 000
	3				管理、养护设施	公路公里	42.35		
		1			收费系统设施	处	1		
			1		设备安装	处	1		
			1.1		收费站设备安装	处	1		
				6-2-1-1	专用服务器（含软件）	1套	1	14	
				6-2-1-10	普通光盘机	1套	1	14	
				6-2-1-2	工作站（含软件）	1套	3	14	
				6-2-1-6	以太网交换机10M、100M	1套	1	14	
				6-2-2-2	矩阵切换设备≤64路	1台	1	14	
				6-2-4-10	非接触式IC卡读写机	1套	1	14	
				6-2-2-8	音频、视频分配器	1台	1	14	
				6-2-2-12	彩色监视器	1套	12	14	
				6-2-2-32	数字硬盘录像机≤16路	1台	1	14	
				6-2-8-5	CCD彩色摄像机，一般室内	1套	1	14	

编制：×××　　复核：×××

续上表

建设项目名称：××项目　　编制范围：K0+000～K42+983　　数据文件编号：　　公路等级：一级公路

路线或桥梁长度(km)：42.35　　路基或桥梁宽度(m)：26　　第61页　共76页　附表01

项的代号	目的代号	节的代号	细目代号	定额代号	项或目或节或细目或定额的名称	单　位	数　量	费率编号	定额调整情况
				6-2-2-5	多画面分割器(合成器)4画面	1台	1	14	
				6-2-3-12	有线对讲主机16路	1套	1	14	
				6-2-3-10	报警控制器32路	1套	1	14	
				6-2-2-16	视频数据光端机	1套	2	14	
				6-2-3-14	标准机柜19″	1台	1	14	
				6-2-2-13	监视器列架(2×2)	1套	1	14	
				6-2-1-3	综合大型控制台	1套	1	14	
				6-2-3-3	交流净化稳压器	1套	1	14	
				6-2-3-6	UPS不间断电源10kV·A以内	1台	2	14	
			1.2		收费车道设备安装	个	4		
				6-2-4-3	专用键盘	1套	4	14	
				6-2-4-2	终端显示器	1套	4	14	
				6-2-4-1	车道控制机	1套	4	14	
				6-2-4-10	非接触式IC卡读写机	1套	4	14	
				6-2-4-4	电动栏杆	1套	4	14	
				6-2-4-19	雨篷信号灯(单相)	1套	12	14	
				6-2-4-21	雾灯	1套	6	14	
				6-2-4-5	手动栏杆	1套	6	14	
				6-2-4-20	车辆通行信号灯	1套	4	14	
				6-2-4-6	费用显示及报价器	1套	4	14	
				6-2-4-7	收据打印机	1套	4	14	

编制：×××　　复核：×××

续上表

建设项目名称：××项目　　编制范围：K0+000～K42+983　　数据文件编号：　　公路等级：一级公路

路线或桥梁长度（km）：42.35　　路基或桥梁宽度（m）：26　　第62页　共76页　附表01

项的代号	目的代号	节的代号	细目代号	定额代号	项或目或节或细目或定额的名称	单 位	数 量	费率编号	定额调整情况
				6-2-5-2	双通道环形线圈车辆检测器	1套	4	14	
				6-2-1-6	以太网交换机10M、100M	1套	1	14	
				6-2-3-14	标准机柜19″	1台	1	14	
				6-2-4-17	紧急脚踏开关	1套	4	14	
				6-2-8-1	CCD彩色摄像机，收费亭内	1套	4	14	
				6-2-8-2	CCD彩色摄像机，收费岛上	1套	4	14	
				6-2-8-3	CCD彩色摄像机，收费广场、主线	1套	2	14	
				6-2-2-18	多路视频复用机	1套	4	14	
				6-6-13-7	避雷器安装	1个	4	14	
				6-2-1-24	站级软件（包括系统应用软件）	1套	2	14	
				6-2-10-1	系统试运行（5个站以以内）	1系统月	1	14	
				6-2-9-8	收费站10车道以内	1套	1	14	
			2		收费大棚	处	1		
					收费大棚	元	1		1×1 575 000
			3		收费亭	个	5		
			3.1		单向收费亭	个	4		
				6-2-11-1	收费岛混凝土C25	$10m^3$	0.528	8	
				6-2-11-2	收费岛钢筋	1t	0.684	13	111 量 0.354，添 112 量0.671
					单向收费亭	个	4		4×33 000
			3.2		双向收费亭	个	1		

编制：×××　　　　复核：×××

续上表

建设项目名称:××项目　　编制范围:K0+000~K42+983　　数据文件编号:　　公路等级:一级公路

路线或桥梁长度(km):42.35　　路基或桥梁宽度(m):26　　第63页　共76页　附表01

项的代号	目的代号	节的代号	细目代号	定额代号	项或目或节或细目或定额的名称	单位	数量	费率编号	定额调整情况
				6-2-11-1	收费岛混凝土 C25	$10m^3$	0.166	8	
				6-2-11-2	收费岛钢筋	1t	0.212	13	111 量 0.381,添 112 量 0.644
					双向收费亭	个	1		1×36 000
			4		收费岛	个	5		
			4.1		单向入口收费岛	个	2		
				6-2-11-1	收费岛混凝土	$10m^3$	3.96	8	182 量 0.418,添 183 量 1.408,740 量 6.67,740 价 374.55
				6-2-11-1	收费岛混凝土 C40	$10m^3$	1.956	8	普 C25-32.5-4,-10.2,普 C40-32.5-4,+10.2
				6-2-11-2	收费岛钢筋	1t	0.915	13	111 量 0.096,添 112 量 0.929
				6-2-11-4	镀锌钢管防撞护栏	1t	1.374	13	添 182 量 0.644,添 183 量 0.009,191 量 0.372
				6-2-11-5	钢管防撞柱	1t	0.664	13	
				6-2-11-8	敷设电线钢套管	1t	0.743	13	
			4.2		单向出口收费岛	个	2		

编制:×××　　复核:×××

续上表

建设项目名称：××项目　　编制范围：K0 +000 ~ K42 +983　　数据文件编号：　　公路等级：一级公路

路线或桥梁长度(km)：42.35　　路基或桥梁宽度(m)：26　　第 64 页　共 76 页　附表 01

项的代号	目的代号	节的代号	细目代号	定额代号	项或目或节或细目或定额的名称	单位	数量	费率编号	定额调整情况
				6-2-11-1	收费岛混凝土	$10m^3$	3.96	8	182 量 0.418，添 183 量 1.408，740 量 6.67，740 价 374.55
				6-2-11-1	收费岛混凝土 C40	$10m^3$	1.956	8	普 C25 - 32.5 - 4，-10.2，普 C40 - 32.5 - 4，+10.2
				6-2-11-2	收费岛钢筋	1t	0.915	13	111 量 0.096，添 112 量 0.929
				6-2-11-4	镀锌钢管防撞护栏	1t	1.374	13	添 182 量 0.644，添 183 量 0.009，191 量 0.372
				6-2-11-5	钢管防撞柱	1t	0.664	13	
				6-2-11-8	敷设电线钢套管	1t	0.743	13	
			4.3		双向收费岛	个	1		
				6-2-11-1	收费岛混凝土	$10m^3$	2.26	8	182 量 0.576，添 183 量 1.863，740 量 9.25，740 价 374.55
				6-2-11-1	收费岛混凝土 C40	$10m^3$	1.956	8	普 C25 - 32.5 - 4，-10.2，普 C40 - 32.5 - 4，+10.2
				6-2-11-2	收费岛钢筋	1t	0.51	13	111 量 0.079，添 112 量 0.946
				6-2-11-4	镀锌钢管防撞护栏	1t	0.687	13	添 182 量 0.644，添 183 量 0.009，191 量 0.372

编制：×××　　复核：×××

续上表

建设项目名称:××项目　　编制范围:K0+000~K42+983　　数据文件编号:　　公路等级:一级公路

路线或桥梁长度(km):42.35　　路基或桥梁宽度(m):26　　第65页　共76页　附表01

项的代号	目的代号	节的代号	细目代号	定额代号	项或目或节或细目或定额的名称	单位	数量	费率编号	定额调整情况
				6-2-11-5	钢管防撞柱	1t	0.664	13	
				6-2-11-8	敷设电线钢套管	1t	0.561	13	
			4.4		预埋管线	m	2 112		
				6-5-6-1	塑料子管1孔	1 000m	1.384	8	
				6-6-3-4	钢管地埋敷设 ϕ100mm以内	1 000m	0.328	8	
				6-6-3-4	钢管地埋敷设 ϕ100mm以内	1 000m	0.4	8	
			4.5		线缆敷设	公路公里	42.35		
				6-5-2-2	光缆终端盒28芯内	10个	0.2	8	
				6-6-11-2	铜板接地极制作安装	1块	1	8	
				6-5-12-2	安装金属线槽宽度300mm以下	1 000m	0.1	8	
				6-5-10-1	布放同轴电缆	1 000m	0.698	8	
				6-5-8-1	敷设双绞线缆4对以内	1 000m	0.206	8	
				6-5-1-1	光缆穿放管(槽)12芯以内	100m	4.2	8	
				6-5-7-1	穿放、布放电话线20对以内	1 000m	0.6	8	
				6-5-1-8	光纤配线架架内跳线布放尾纤	10根	0.8	8	
				6-5-15-1	水平电缆敷设截面积 $35mm^2$ 以内	1 000m	1.828	8	人工×1.2,机械×1.2
				6-5-15-1	水平电缆敷设截面积 $35mm^2$ 以内	1 000m	0.97	8	
			5		收费站其他	公路公里	42.35		
			5.1		人孔	个	7		
				6-2-12-1	现浇混凝土人孔2.2m×1.4m×2.17m	1个	2	8	
				6-2-12-1	现浇混凝土人孔2.2m×1.4m×2.17m	1个	5	8	

编制:×××　　复核:×××

续上表

建设项目名称：××项目　　编制范围：K0+000~K42+983　　数据文件编号：　　公路等级：一级公路

路线或桥梁长度(km)：42.35　　路基或桥梁宽度(m)：26　　第66页　共76页　附表01

项的代号	目的代号	节的代号	细目代号	定额代号	项或目或节或细目或定额的名称	单位	数量	费率编号	定额调整情况
			5.2		收费岛设备基础	个	42		
				6-2-11-3	设备基础混凝土	$10m^3$	0.342	8	111 量 0.227，183 量 0.858
				4-1-1-1	人工挖基坑深 3m 以内干处土	$1\ 000m^3$	0.005	1	
			5.3		雨棚立柱手孔	个	6		
				6-2-11-3	设备基础混凝土	$10m^3$	0.038	8	183 量 1.8
				4-1-1-1	人工挖基坑深 3m 以内干处土	$1\ 000m^3$	0.001	1	
			5.4		广场配电分线箱用手孔	个	2		
				6-2-11-3	设备基础混凝土	$10m^3$	0.028	8	111 量 0，183 量 0.895
				4-1-1-1	人工挖基坑深 3m 以内干处土	$1\ 000m^3$		1	
			5.5		广场摄像机基础及手孔	个	2		
				6-1-7-4	混凝土基础	$10m^3$	0.596	8	
				6-1-7-5	基础钢筋	1t	0.108	13	
				6-2-12-2	现浇混凝土手孔 1.19m×1.19m×1.1m	1个	2	8	
					接地系统	项	14		14×520
			5.6		外网工程	项	1		
					外网工程	项	1		1×705 000
			5.7		构筑物及其他	项	1		
					构筑物及其他	项	1		1×665 000
			6		收费站路面	处	1		
				2-2-17-3	轨道摊铺机铺筑混凝土厚 28cm	$1\ 000m^2$	49.588	6	+4×8

编制：×××　　复核：×××

续上表

建设项目名称：××项目　　编制范围：K0+000~K42+983　　数据文件编号：　　公路等级：一级公路

路线或桥梁长度(km)：42.35　　路基或桥梁宽度(m)：26　　第67页　共76页　附表01

项的代号	目的代号	节的代号	细目代号	定额代号	项或目或节或细目或定额的名称	单位	数量	费率编号	定额调整情况
				2-2-17-13	拉杆传力杆(人工轨道摊铺机铺)	1t	627.411	13	111 量 0.947，112 量 0.191
				2-1-7-5	厂拌水泥碎石 5:95 厚度 20cm	1 000m^2	49.941	7	+6×5
				2-1-8-21	稳定土运输 15t 以内 6km	1 000m^3	9.988	3	+23×10
				2-1-9-11	摊铺机铺筑基层(12.5m 以内)	1 000m^2	49.941	7	拖平压机×2，人工+3
				2-1-7-5	厂拌水泥碎石 4:96 厚度 20cm	1 000m^2	50.294	7	+6×5，4:96
				2-1-8-21	稳定土运输 15t 以内 6km	1 000m^3	10.059	3	+23×10
				2-1-9-12	摊铺机铺筑底基层(12.5m 以内)	1 000m^2	50.294	7	拖平压机×2，人工+3
				2-3-3-5	培路肩厚度 68cm	1 000m^2	1.468	7	+6×48
				2-3-4-4	预制安砌混凝土路缘石	10m^3	5.93	8	定额×1.01
				4-6-14-1	搭板混凝土	10m^3	4.44	8	
				2-2-16-7	石油沥青水泥混凝土黏层	1 000m^2	0.147	7	
		2			场区监控系统设施	项	1		
			1		设备安装	项	1		
				6-2-8-6	室外球型监控摄像机	1 套	20	14	
				6-2-1-9	一体化录制与管理平台	1 套	2	14	
				6-2-1-2	计算机	1 套	2	14	
				6-2-1-7	视频交换机	1 套	2	14	
				6-2-2-20	光纤收发器	1 套	20	14	
				6-2-7-2	LED 可变道路情报板悬臂门架式	1 套	2	14	
				6-2-1-3	综合大型控制台	1 套	2	14	

编制：×××　　复核：×××

续上表

建设项目名称：××项目　　编制范围：K0 +000 ~ K42 +983　　数据文件编号：　　公路等级：一级公路

路线或桥梁长度(km)：42. 35　　路基或桥梁宽度(m)：26　　第 68 页　共 76 页　附表 01

项的代号	目的代号	节的代号	细目代号	定额代号	项或目或节或细目或定额的名称	单　位	数　量	费率编号	定额调整情况
				6－2－3－14	标准机柜 19″	1 台	4	14	
				6－3－6－2	功率放大器	1 台	8	14	
				6－3－6－6	安装调试多媒体广播工控机	1 台	1	14	
				6－3－6－1	专用麦克风	1 个	1	14	
			2		光(电)缆敷设及辅材安装	项	1		
				6－5－8－1	网络连接线	1 000m	0. 3	8	708 价 5. 80
				6－5－3－1	敷设管道光缆 4 芯单模	100m	0. 01	8	701 价 4. 50
		3			供电、照明系统设施	公路公里	42. 35		
			1		设备安装	公路公里	42. 35		
				6－4－1－1	变压器容量 100kV · A 以内	1 台	1	14	
				6－4－1－2	变压器容量 250kV · A 以内	1 台	1	14	
				6－4－2－1	10kV/变压器容量 250kV · A 以内	1 台	2	14	
				6－4－5－4	配电(电源)屏低压开关柜	1 台	10	14	
				6－4－5－5	高压成套配电双母线柜断路器柜	1 台	4	14	
				6－4－7－1	柴油发电机组功率 30kW 以内	1 组	1	14	
				6－4－7－2	柴油发电机组功率 75kW 以内	1 组	1	14	
				6－4－8－1	柴油发电机组外排系统(120kW 以内)	1 套	2	14	
				6－4－8－5	安装燃油箱	1 套	2	14	
				6－4－6－1	送配电系统隔离开关(10kV 以下)	1 系统	2	14	
				6－4－6－5	变压器系统 10kV 以内,560kV · A 以内	1 系统	2	14	
				6－4－6－7	备用电机自投装置	1 套	2	14	

编制：×××　　复核：×××

续上表

建设项目名称:××项目　　编制范围:K0+000~K42+983　　数据文件编号:　　公路等级:一级公路

路线或桥梁长度(km):42.35　　路基或桥梁宽度(m):26　　第69页　共76页　附表01

项的代号	目的代号	节的代号	细目代号	定额代号	项或目或节或细目或定额的名称	单位	数量	费率编号	定额调整情况
			2		广场照明灯、箱	公路公里	42.35		
				6-4-5-8	广场配电箱	1台	1	14	
				6-4-11-2	立灯杆高15m以内	1根	8	14	
				6-4-12-1	成套型金属杆座	10只	0.8	14	
				6-4-13-2	高杆灯具(单弧灯具)高15m以内	1套	16	14	
			3		电缆敷设	公路公里	42.35		
				6-6-11-4	镀锌扁钢暗敷设接地母线	10m	20	8	
				6-5-16-1	终端头电缆截面积35mm^{2}以内	10个	0.4	8	
				6-5-16-2	终端头电缆截面积120mm^{2}以内	10个	0.3	8	
				6-4-6-11	电缆试验	1次	4	8	
				6-4-6-12	母线(段)试验	1根	4	8	
				6-5-15-1	水平电缆敷设截面积35mm^{2}以内	1 000m	0.03	8	人工×1.2,机械×1.2
				6-5-15-2	水平电缆敷设截面积120mm^{2}以内	1 000m	0.03	8	人工×1.2,机械×1.2
				6-5-15-1	水平电缆敷设截面积35mm^{2}以内	1 000m	0.65	8	
				6-5-15-1	水平电缆敷设截面积35mm^{2}以内	1 000m	0.6	8	人工×1.2,机械×1.2
				6-6-3-2	钢管地埋敷设ϕ50mm以内	1 000m	0.4	8	
				6-6-11-2	铜板接地极制作安装	1块	80	8	
				6-6-11-1	角钢接地极制作安装	1根	40	8	652量6.2
				6-6-11-1	角钢接地极制作安装	1根	32	8	
				6-5-15-2	水平电缆敷设截面积120mm^{2}以内	1 000m	0.47	8	
				6-5-15-1	水平电缆敷设截面积35mm^{2}以内	1 000m	0.4	8	人工×1.2,机械×1.2

编制:×××　　复核:×××

续上表

建设项目名称：××项目　　编制范围：K0 +000 ~ K42 +983　　数据文件编号：　　公路等级：一级公路

路线或桥梁长度(km)：42. 35　　路基或桥梁宽度(m)：26　　第 70 页　共 76 页　附表 01

项的代号	目的代号	节的代号	细目代号	定额代号	项或目或节或细目或定额的名称	单位	数量	费率编号	定额调整情况
			4		土建工程	公路公里	42. 35		
					灯杆和基础接地	基	4 500		4 500 ×4 000
				6 -2 -12 -2	现浇混凝土手孔	1 个	8	8	
					照明配电箱基础	套	1		1 ×3 200
			5		外线工程	km	1. 5		
					10kV 高压外线	km	1. 5		1. 5 ×200 000
	4				其他工程	公路公里	42. 35		
		1			改路	km	3. 183		
				2 -2 -4 -3	机械铺厚度 20cm	1 000m^2	21. 36	7	+4 ×10
				1 -1 -13 -9	12m^3 以内铲运机 100m 松土	1 000m^3	1. 688	2	定额 ×1. 23
				1 -1 -9 -7	2. 0m^3 以内挖掘机挖装土方松土	1 000m^3	19. 529	2	
				1 -1 -11 -21	15t 以内自卸车运土 3. 1km	1 000m^3	19. 529	3	+22 ×4
				1 -1 -9 -7	2. 0m^3 以内挖掘机挖装土方松土	1 000m^3	4. 86	2	定额 ×1. 23
				1 -1 -11 -21	15t 以内自卸车运土 3. 7km	1 000m^3	4. 86	3	+22 ×5，定额 ×1. 26
				1 -1 -18 -7	二级路 18 ~21t 压路机压土	1 000m^3	3. 274	2	
				1 -1 -18 -9	二级路 15t 以内振动压路机压土	1 000m^3	3. 274	2	
				1 -1 -22 -9	8 000L 以内洒水车洒水 3km	1 000m^3	1. 179	3	+10 ×4
		2			公路交工前养护费	km	42. 35		
				7 -1 -7 -1	二级及以上公路交工前养护费	1km · 月	127. 056	1	
八					绿化及环境保护工程	公路公里	42. 35		
	1				撒播草种和铺植草皮	m^2	1 476 750		

编制：×××　　　　复核：×××

续上表

建设项目名称:××项目　　编制范围:K0+000~K42+983　　数据文件编号:　　公路等级:一级公路

路线或桥梁长度(km):42.35　　路基或桥梁宽度(m):26　　第71页　共76页　附表01

项的代号	目的代号	节的代号	细目代号	定额代号	项或目或节或细目或定额的名称	单位	数量	费率编号	定额调整情况
		1			撒播草种	m^2	1 476 750		
				5-1-13-3	播草籽	1 000m^2	1 473	8	
				1-1-12-19	165kW 以内推土机 20m 硬土	1 000m^3	294.549	2	
				5-1-10-2	浆砌片石护坡	10m^3	110	8	M5,-3.5,M7.5,+3.5
	2				种植乔、灌木	株	109 599		
		1			种植乔木	株	770		
				6-7-1-1	松土	100m^3	3.85	8	
				6-7-2-13	裸根植乔木胸径 3~5cm	100 株	7.7	8	
				6-7-6-7	洒水汽车运水 1km 浇水 15kg/株	1 000 株	0.77	8	
				6-7-8-1	乔木保养胸径 10cm 以下	100 株·月	92.4	8	
		2			种植灌木	株	108 829		
				6-7-1-1	松土	100m^3	543.75	8	
				6-7-3-9	裸根植灌木株高 80cm 以内	100 株	1 087.49	8	
				6-7-6-7	洒水汽车运水 1km 浇水 15kg/株	1 000 株	108.749	8	
				6-7-8-4	灌木保养	100 株·月	13 049.88	8	
九					管理、养护及服务房屋	项	1		
	1				收费站、养护工区	m^2	4 510.5		
		1			收费站、养护工区综合楼	m^2	3 650		
					收费站综合楼	元	1		1×10 767 500
		2			附属房屋	m^2	860.5		
					附属房屋	元	1		1×1 677 975

编制:×××　　复核:×××

续上表

建设项目名称：× ×项目　　编制范围：K0 +000 ~ K42 +983　　数据文件编号：　　公路等级：一级公路

路线或桥梁长度(km)：42. 35　　路基或桥梁宽度(m)：26　　第 72 页　共 76 页　附表 01

项的代号	目的代号	节的代号	细目代号	定额代号	项或目或节或细目或定额的名称	单　位	数　量	费率编号	定额调整情况
	2				服务区	m^2	6 616		
		1			服务区综合楼	m^2	5 635. 5		
					养护工区综合楼	元	1		1 ×18 315 375
		2			附属房屋	m^2	986. 5		
					附属房屋	座	1		1 ×2 855 918
					第二部分　设备及工具、器具购置费	**公路公里**	42. 35		
一					设备购置费	公路公里	42. 35		
1					需安装的设备	公路公里	42. 35		
					监控系统设备	元	1		1 ×2 500 000
					收费系统设备	元	1		1 ×11 000 000
					供电照明系统设备	元	1		1 ×3 000 000
					房屋建筑	元	1		1 ×4 000 000
2					不需安装的设备	公路公里	42. 35		
					管理养护设备	元	1		1 ×6 500 000
二					工具、器具购置	公路公里	42. 35		
					工具、器具购置	元	1		1 ×2 250 000
三					办公及生活用家具购置	公路公里	42. 35		
					办公及生活用家具购置	km	42. 35		42. 35 ×15 600
					第三部分　工程建设其他费用	**公路公里**	42. 35		
一					土地征用及拆迁补偿费	公路公里	42. 35		
1					土地补偿费	公路公里	42. 35		

编制：× × ×　　　　复核：× × ×

续上表

建设项目名称:××项目　　编制范围:K0+000~K42+983　　数据文件编号:　　公路等级:一级公路

路线或桥梁长度(km):42.35　　路基或桥梁宽度(m):26　　第73页　共76页　附表01

项的代号	目的代号	节的代号	细目代号	定额代号	项或目或节或细目或定额的名称	单　位	数　量	费率编号	定额调整情况
					林地	亩	171.77		171.77×20 000
					草地	亩	2 478.08		2 478.08×4 000
					灌木	亩	777.98		777.98×15 000
					临时占地(草地)	亩	2 215.12		2 215.12×2 000
					退耕地	亩	19.78		19.78×15 000
2					征用耕地安置补助费	公路公里	42.35		
					旱地	亩	22.22		22.22×16 000
					水浇地	亩	43.17		43.17×26 000
3					拆迁补偿费	公路公里	42.35		
					10cm 树苗	株	7		7×20
					10~20cm 树苗	株	15		15×50
					20cm 树苗	株	379		379×150
					灌木	株	1 908		1 908×10
					砖瓦房	m^2	150		150×1 500
					围栏	m	9 430		9 430×60
					水井	眼	2		2×50 000
					畜圈	处	1		1×600
					35kV 电力	根	1		1×350 000
					10kV 电力	根	6		6×500 000
					套管	m	60		60×100
					光缆	m	240		240×200

编制:×××　　复核:×××

续上表

建设项目名称：××项目　　编制范围：K0 +000 ~ K42 +983　　数据文件编号：　　公路等级：一级公路

路线或桥梁长度(km)：42.35　　路基或桥梁宽度(m)：26　　第 74 页　共 76 页　附表 01

项的代号	目的代号	节的代号	细目代号	定额代号	项或目或节或细目或定额的名称	单　位	数　量	费率编号	定额调整情况
					土坟	座	7		7 ×2 000
					土房	m^2	190		190 ×800
4					复耕费	公路公里	42. 35		
					复耕费	亩	2 215. 12		2 215. 12 ×2 000
5					耕地开垦费	公路公里	42. 35		
					旱地	亩	22. 22		22. 22 ×4 500
					水浇地	亩	43. 17		43. 17 ×6 100
6					森林植被恢复费	公路公里	42. 35		
					恢复费	亩	949. 75		949. 75 ×6 000
7					其他	公路公里	42. 35		
					征地管理费	元	1		1 ×240 192. 4
					林地管理费	元	1		1 ×154 018
					耕地占用税	亩	65. 39		65. 39 ×1 333
					草原植被恢复费	亩	2 478. 08		2 478. 08 ×2 500
二					建设项目管理费	公路公里	42. 35		
1					建设单位(业主)管理费	公路公里	42. 35		10 476 533
2					工程监理费	公路公里	42. 35		797 237 558 ×2. 5%
3					设计文件审查费	公路公里	42. 35		797 237 558 ×0. 1%
4					竣(交)工验收试验检测费	公路公里	42. 35		
					竣工检测费	km	42. 35		42. 35 ×12 000
三					研究试验费	公路公里	42. 35		

编制：×××　　复核：×××

续上表

建设项目名称:××项目　　编制范围:K0 +000 ~ K42 +983　　数据文件编号:　　公路等级:一级公路

路线或桥梁长度(km):42. 35　　路基或桥梁宽度(m):26　　第 75 页　共 76 页　附表 01

项的代号	目的代号	节的代号	细目代号	定额代号	项或目或节或细目或定额的名称	单　位	数　量	费率编号	定额调整情况
四					建设项目前期工作费	公路公里	42. 35		
					前期工作费	元	1		1 ×15 600 000
五					专项评价(估)费	公路公里	42. 35		
					专项评估费	km	42. 35		42. 35 ×65 000
					文物勘探费	元	1		1 ×520 000
六					施工机构迁移费	公路公里			
七					供电贴费	公路公里			
八					联合试运转费	公路公里	42. 35		797 237 558 ×0. 05%
九					生产人员培训费	公路公里	42. 35		
					培训费	人	220		220 ×2 000
十					固定资产投资方向调节税	公路公里			
十一					建设期贷款利息	公路公里	42. 35		
					第一、二、三部分费用合计	**公路公里**	42. 35		797 237 558 +29 910 660 + 165 945 102
					预备费	元			
					1. 价差预备费	元			
					2. 基本预备费	元			(993 093 320 −61 591 661) × 0. 03
					新增加费用项目(不作预备费基数)	元			

编制:×××　　复核:×××

续上表

建设项目名称：××项目　　编制范围：K0+000～K42+983　　数据文件编号：　　公路等级：一级公路

路线或桥梁长度(km)：42. 35　　路基或桥梁宽度(m)：26　　第76页　共76页　附表01

项的代号	目的代号	节的代号	细目代号	定额代号	项或目或节或细目或定额的名称	单　位	数　量	费率编号	定额调整情况
					概(预)算总金额	**元**			993 093 320 +27 945 050 +0
					其中：回收金额	元			
					公路基本造价	公路公里	42. 35		1 021 038 370 –0

编制：×××　　复核：×××

总 预 算 表

建设项目名称：××项目

编 制 范 围：K0+000~K42+983　　　　第1页　共13页　01表

项	目	节	细目	工程或费用名称	单 位	数 量	预算金额(元)	技术经济指标	各项费用比例(%)	备 注
				第一部分　建筑安装工程费	**公路公里**	42.35	797 237 558	18 824 971.85	78.08	
一				临时工程	公路公里	42.35	19 371 574	457 416.15	1.9	
	1			临时道路	km	52.721	9 305 668	176 507.81	0.91	
	2			临时轨道铺设	km	1	133 735	133 735.00	0.01	
	3			临时电力线路	km	11.2	464 669	41 488.30	0.05	
	4			临时电信线路	km	6.2	46 502	7 500.32		
	5			拌和站预制厂	处	6	8 171 000	1 361 833.33	0.8	
	6			打井	眼	25	1 250 000	50 000.00	0.12	
二				路基工程	km	41.862	173 175 246	4 136 812.53	16.96	
	1			场地清理	km	41.862	5 411 697	129 274.69	0.53	
		1		清理与掘除	m^2	1 403 084	5 411 697	3.86	0.53	
			1	清除表土	m^3	420 925	5 380 874	12.78	0.53	
			2	伐树、挖根、除草	m^2	8 705	30 823	3.54		
	2			挖方	m^3	2 356 341	14 347 930	6.09	1.41	
		1		挖土方	m^3	2 167 411	8 699 989	4.01	0.85	
			1	挖路基土方	m^3	2 167 411	8 699 989	4.01	0.85	
		2		挖石方	m^3	188 930	4 274 946	22.63	0.42	
			1	挖路基石方	m^3	188 930	4 274 946	22.63	0.42	
		3		弃方运输	m^3	94 465	1 372 995	14.53	0.13	

编制：×××　　　　复核：×××

续上表

建设项目名称：××项目

编 制 范 围：K0+000~K42+983　　　　第2页　　共13页　01表

项	目	节	细目	工程或费用名称	单　位	数　量	预算金额（元）	技术经济指标	各项费用比例(%)	备　注
	3			填方	m^3	2 830 633	64 479 125	22.78	6.32	
		1		路基填方	m^3	2 753 367	53 320 401	19.37	5.22	
			1	利用土方填筑	m^3	1 632 781	21 242 843	13.01	2.08	
			2	借土方填筑	m^3	1 243 585	26 380 201	21.21	2.58	
			3	利用石方填筑	m^3	102 679	2 848 183	27.74	0.28	
			4	借石方填筑	m^3	65 247	2 849 174	43.67	0.28	
		2		结构物台背回填	m^3	75 969	11 158 724	146.89	1.09	
	4			特殊路基处理	km	10.861	50 766 413	4 674 193.26	4.97	
		1		低填浅挖	km	6.184	13 382 413	2 164 038.32	1.31	
		2		陡坡路堤	km	0.57	366 995	643 850.88	0.04	
		3		特殊路基(封层)	km	30.869	12 971 061	420 196.99	1.27	
		4		基底、路床换填	km	4.637	19 719 572	4 252 657.32	1.93	
		5		翻松碾压	km	24.591	4 326 372	175 933.15	0.42	
	5			排水工程	km	41.862	8 824 418	210 797.81	0.86	
		1		浅碟形排水沟	m^3/m	8 340.000/38 268.000	4 257 609	510.50/111.26	0.42	
		2		挡水埝	m^3/m	256.000/1 000.000	4 204	16.42/4.20		
		3		截水沟	m^3/m	1 475.000/2 950.000	785 014	532.21/266.11	0.08	
		4		急流槽	m^3/m	4 256.000/18 700.000	3 777 591	887.59/202.01	0.37	
	6			防护与加固工程	km	41.862	29 345 663	701 009.58	2.87	
		1		格状沙柳植草	m^2	871 111	15 015 629	17.24	1.47	

编制：×××　　　　复核：×××

续上表

建设项目名称：××项目

编 制 范 围：K0 +000 ~ K42 +983　　　　第 3 页　共 13 页　01 表

项	目	节	细目	工程或费用名称	单 位	数 量	预算金额（元）	技术经济指标	各项费用比例(%)	备 注
		2		植草护坡	m^2	32 839	289 661	8.82	0.03	
		3		拱形骨架植草	m^3	16 949	8 347 188	492.49	0.82	
		4		浆砌片石护坡	m^3	9 492	4 053 620	427.06	0.4	
		5		一级护面墙	m^3	2 735	1 639 565	599.48	0.16	
三				路面工程	km	41.862	335 092 260	8 004 688.26	32.82	
	1			垫层	m^2	79 742	2 377 211	29.81	0.23	
	2			路面底基层	m^2	988 887	79 876 863	80.77	7.82	
	3			路面基层	m^2	947 200	62 149 979	65.61	6.09	
	4			透层、黏层、封层	m^2	1 894 400	13 593 702	7.18	1.33	
		1		封层	m^2	947 200	10 992 708	11.61	1.08	
		2		黏层	m^2	947 200	2 600 994	2.75	0.25	
	5			沥青混凝土面层	m^2	947 200	159 954 299	168.87	15.67	
	6			路槽、路肩及中央分隔带	km	41.862	17 140 206	409 445.46	1.68	
四				桥梁涵洞工程	km	2.44	100 275 125	41 096 362.70	9.82	
	1			涵洞工程	m/道	1 632.070/47.000	30 613 323	18 757.36/651 347.30	3	
		1		圆管涵	m/道	577.400/17.000	2 998 197	5 192.58/176 364.53	0.29	
		2		暗板涵	m/道	1 054.670/30.000	27 615 126	26 183.67/920 504.20	2.7	

编制：×××　　　　复核：×××

续上表

建设项目名称：××项目

编 制 范 围：K0 +000 ~ K42 +983　　　　第4页　　共13页　01表

项	目	节	细目	工程或费用名称	单 位	数 量	预算金额（元）	技术经济指标	各项费用比例(%)	备 注
	2			小桥工程	m/座	319.950/21.000	32 345 064	101 094.12/ 1 540 241.14	3.17	
		1		1 ~8m 小桥(预制混凝土空心板)	m/座	288.400/20.000	30 588 272	106 061.97/ 1 529 413.60	3	
		2		1 ~13m 小桥(预应力混凝土空心板)	m/座	31.550/1.000	1 756 792	55 682.79/ 1 756 792.00	0.17	
	3			中桥工程	m/座	81.400/1.000	7 306 408	89 759.31/ 7 306 408.00	0.72	
		1		K7 + 475 中桥(简支小箱梁)	m^2/m	2 075.700/81.400	7 306 408	3 519.97/ 89 759.31	0.72	
	4			大桥工程	m/座	406.400/1.000				
	5			大桥工程	m/座		30 010 330		2.94	
		1		K38 +493 大桥	m^2/m	10 363.200/406.400	30 010 330	2 895.86/ 73 844.32	2.94	
			1	桩基础	m^3	5 513.5	9 704 951	1 760.22	0.95	
			2	桥台	m^3	145.24	312 770	2 153.47	0.03	
			3	桥墩	m^3	1 134.96	2 110 833	1 859.83	0.21	
			4	上部构造	m^3	4 005.6	11 987 371	2 992.65	1.17	
			5	桥面铺装等附属工程	m^3	3 167.13	5 894 405	1 861.12	0.58	

编制：×××　　　　复核：×××

续上表

建设项目名称：××项目

编 制 范 围：K0+000~K42+983　　　　第5页　　共13页　01表

项	目	节	细目	工程或费用名称	单 位	数 量	预算金额（元）	技术经济指标	各项费用比例(%)	备 注
五				交叉工程	处	15	69 940 539	4 662 702.60	6.85	
	1			平面交叉道	处	13	794 173	61 090.23	0.08	
	2			分离式立体交叉	处	1	13 101 595	13 101 595.00	1.28	
		1		K2+195.444 公铁立交	m^2/m	2 478.600/97.200	13 101 595	5 285.89/134 790.07	1.28	
	3			互通式立体交叉	处	1	56 044 771	56 044 771.00	5.49	
		1		K0+700 互通	处	1	56 044 771	56 044 771.00	5.49	
			1	土方	m^3	357 467	5 919 648	16.56	0.58	
			2	特殊路基处理	km	1.863	11 166 126	5 993 626.41	1.09	
			3	排水工程	m^3/km	599.000/2.535	565 771	944.53/223 183.83	0.06	
			4	防护工程	m^3/km	245.400/26.664	1 955 596	7 969.01/73 342.18	0.19	
			5	路面工程	m^2	53 490	18 561 765	347.01	1.82	
			6	圆管涵	m/道	168.800/4.000	827 826	4 904.18/206 956.50	0.08	
			7	A 匝道跨线桥	m^2/m	2 947.680/128.160	17 048 039	5 783.54/133 021.53	1.67	
六				隧道工程	km/座					

编制：×××　　　　复核：×××

续上表

建设项目名称：××项目

编 制 范 围：K0+000～K42+983

第6页　　共13页　01表

项	目	节	细目	工程或费用名称	单 位	数 量	预算金额（元）	技术经济指标	各项费用比例（%）	备 注
七				公路设施及预埋管线工程	公路公里	42.35	54 755 099	1 292 918.51	5.36	
	1			安全设施	公路公里	42.35	8 988 058	212 232.77	0.88	
		1		钢筋混凝土防撞护栏	m	100	65 341	653.41	0.01	
			1	钢筋混凝土防撞护栏	m	100	65 341	653.41	0.01	
		2		波形钢板护栏	m	14 364	5 076 711	353.43	0.5	
			1	路侧普通型护栏	m	1 819	396 745	218.11	0.04	
			2	路侧加强型护栏	m	655	179 778	274.47	0.02	
			3	路侧三波形护栏	m	2 882	1 452 700	504.06	0.14	
			4	中央分隔带普通护栏	m	1 157	264 292	228.43	0.03	
			5	中央分隔带加强型护栏	m	6 636	2 141 057	322.64	0.21	
			6	中央分隔带三波护栏	m	1 074	557 932	519.49	0.05	
			7	A端头	m	101	24 023	237.85		
			8	B端头	m	36	13 040	362.22		
			9	C端头	m	4	1 217	304.25		
			10	护栏基础	m^3	56.44	45 927	813.73		
		3		防护网	km	0.12	14 756	122 966.67		
			1	防护网	km	0.12	14 756	122 966.67		
		4		公路标线	km	42.35	1 345 643	31 774.33	0.13	
			1	热熔标线	m^2	20 086	1 173 893	58.44	0.11	

编制：×××　　　　复核：×××

续上表

建设项目名称：××项目

编 制 范 围：K0 +000 ~ K42 +983　　　　第 7 页　　共 13 页　01 表

项	目	节	细目	工程或费用名称	单　位	数　量	预算金额（元）	技术经济指标	各项费用比例(%)	备　注
			2	振动标线	m^2	198	29 700	150.00		
			3	减速带	m	147	22 050	150.00		
			4	防撞垫	个	4	120 000	30 000.00	0.01	
		5		轮廓标	个	5 445	905 366	166.27	0.09	
			1	附着式轮廓标	个	2 795	497 560	178.02	0.05	
			2	柱式轮廓标	个	2 650	407 806	153.89	0.04	
		6		里程碑、百米桩、公路界碑	个	1 405	58 786	41.84	0.01	
			1	里程标	块	84	13 618	162.12		
			2	百米标	个	847	4 933	5.82		
			3	公路界碑	个	474	40 235	84.88		
		7		各类标志牌	块	176	1 521 455	8 644.63	0.15	
			1	单柱式标志牌	块	130	127 642	981.86	0.01	
				D1 型	套	6	5 606	934.33		
				D2 型	套	20	82 145	4 107.25	0.01	
				D4 型	套	104	39 891	383.57		
			2	双柱式标志牌	块	21	519 200	24 723.81	0.05	
				S1 型	套	4	58 020	14 505.00	0.01	
				S2 型	套	14	321 404	22 957.43	0.03	
				S3 型	套	3	139 776	46 592.00	0.01	

编制：×××　　　　复核：×××

续上表

建设项目名称：××项目

编 制 范 围：K0+000~K42+983

第8页　共13页　01表

项	目	节	细目	工程或费用名称	单　位	数　量	预算金额（元）	技术经济指标	各项费用比例(%)	备　注
			3	单悬臂式标志牌	块	17	494 382	29 081.29	0.05	
				F1 型	套	8	175 320	21 915.00	0.02	
				F2 型	套	9	319 062	35 451.33	0.03	
			4	双悬臂式标志牌	块	7	312 093	44 584.71	0.03	
				SF1 型	套	2	63 542	31 771.00	0.01	
				SF2 型	套	5	248 551	49 710.20	0.02	
			5	门架式标志牌	块	1	68 138	68 138.00	0.01	
				M1 型	套	1	68 138	68 138.00	0.01	
	2			服务设施	公路公里	42.35	5 080 505	119 964.70	0.5	
		1		服务区	处	1	5 080 505	5 080 505.00	0.5	
			1	服务区土建	处	1	3 206 697	3 206 697.00	0.31	
				土方	m^3	10 545	198 398	18.81	0.02	
				特殊路基处理	km	1.919	383 597	199 894.22	0.04	
				排水工程	m^3/km	75.580/0.329	51 908	686.80/157 775.08	0.01	
				防护工程	m^3/km	17.800/0.662	64 143	3 603.54/96 892.75	0.01	
				路面工程	m^2	5 766	1 931 525	334.99	0.19	
				圆管涵	m/道	122.000/2.000	577 126	4 730.54/288 563.00	0.06	

编制：×××　　　　复核：×××

续上表

建设项目名称：××项目

编 制 范 围：K0+000~K42+983　　　第 9 页　　共 13 页　01 表

项	目	节	细目	工程或费用名称	单 位	数 量	预算金额（元）	技术经济指标	各项费用比例(%)	备 注
			2	服务区其他	处	1	1 873 808	1 873 808.00	0.18	
				厂区硬化	m^2	4 083	826 808	202.50	0.08	
				外网工程	项	1	782 000	782 000.00	0.08	
				构筑物及其他	项	1	265 000	265 000.00	0.03	
	3			管理、养护设施	公路公里	42.35	39 516 006	933 081.61	3.87	
		1		收费系统设施	处	1	20 854 867	20 854 867.00	2.04	
			1	设备安装	处	1	95 905	95 905.00	0.01	
				收费站设备安装	处	1	22 442	22 442.00		
				收费车道设备安装	个	4	73 463	18 365.75	0.01	
			2	收费大棚	处	1	1 575 000	1 575 000.00	0.15	
			3	收费亭	个	5	178 171	35 634.20	0.02	
				单向收费亭	个	4	139 750	34 937.50	0.01	
				双向收费亭	个	1	38 421	38 421.00		
			4	收费岛	个	5	713 184	142 636.80	0.07	
				单向入口收费岛	个	2	122 067	61 033.50	0.01	
				单向出口收费岛	个	2	122 067	61 033.50	0.01	
				双向收费岛	个	1	90 734	90 734.00	0.01	
				预埋管线	m	2 112	90 832	43.01	0.01	
				线缆敷设	公路公里	42.35	287 484	6 788.29	0.03	

编制：×××　　　　复核：×××

续上表

建设项目名称：××项目

编 制 范 围：K0+000~K42+983　　　　第10页　　共13页　01表

项	目	节	细目	工程或费用名称	单 位	数 量	预算金额（元）	技术经济指标	各项费用比例(%)	备 注
			5	收费站其他	公路公里	42.35	1 434 205	33 865.53	0.14	
				人孔	个	7	40 251	5 750.14		
				收费岛设备基础	个	42	7 171	170.74		
				雨棚立柱手孔	个	6	969	161.50		
				广场配电分线箱用手孔	个	2	607	303.50		
				广场摄像机基础及手孔	个	2	15 207	7 603.50		
				外网工程	项	1	705 000	705 000.00	0.07	
				构筑物及其他	项	1	665 000	665 000.00	0.07	
			6	收费站路面	处	1	16 858 402	16 858 402.00	1.65	
		2		场区监控系统设施	项	1	43 428	43 428.00		
			1	设备安装	项	1	40 795	40 795.00		
			2	光(电)缆敷设及辅材安装	项	1	2 633	2 633.00		
		3		供电、照明系统设施	公路公里	42.35	18 617 711	439 615.37	1.82	
			1	设备安装	公路公里	42.35	44 959	1 061.61		
			2	广场照明灯、箱	公路公里	42.35	50 374	1 189.47		
			3	电缆敷设	公路公里	42.35	206 096	4 866.49	0.02	
			4	土建工程	公路公里	42.35	18 016 282	425 413.98	1.76	
			5	外线工程	km	1.5	300 000	200 000.00	0.03	
	4			其他工程	公路公里	42.35	1 170 530	27 639.43	0.11	

编制：×××　　　　复核：×××

续上表

建设项目名称：××项目

编 制 范 围：K0+000～K42+983　　　　第11页　共13页　01表

项	目	节	细目	工程或费用名称	单位	数量	预算金额（元）	技术经济指标	各项费用比例(%)	备注
		1		改路	km	3.183	830 318	260 860.19	0.08	
		2		公路交工前养护费	km	42.35	340 212	8 033.34	0.03	
八				绿化及环境保护工程	公路公里	42.35	11 010 947	259 998.75	1.08	
	1			撒播草种和铺植草皮	m^2	1 476 750	5 569 266	3.77	0.55	
		1		撒播草种	m^2	1 476 750	5 569 266	3.77	0.55	
	2			种植乔、灌木	株	109 599	5 441 681	49.65	0.53	
		1		种植乔木	株	770	54 090	70.25	0.01	
		2		种植灌木	株	108 829	5 387 591	49.51	0.53	
九				管理、养护及服务房屋	项	1	33 616 768	33 616 768.00	3.29	
	1			收费站、养护工区	m^2	4 510.5	12 445 475	2 759.22	1.22	
		1		收费站、养护工区综合楼	m^2	3 650	10 767 500	2 950.00	1.05	
		2		附属房屋	m^2	860.5	1 677 975	1 950.00	0.16	
	2			服务区	m^2	6 616	21 171 293	3 200.01	2.07	
		1		服务区综合楼	m^2	5 635.5	18 315 375	3 250.00	1.79	
		2		附属房屋	m^2	986.5	2 855 918	2 895.00	0.28	
				第二部分　设备及工具、器具购置费	**公路公里**	42.35	29 910 660	706 272.96	2.93	
一				设备购置费	公路公里	42.35	27 000 000	637 544.27	2.64	
	1			需安装的设备	公路公里	42.35	20 500 000	484 061.39	2.01	

编制：×××　　　　复核：×××

续上表

建设项目名称：××项目

编 制 范 围：K0 +000 ~ K42 +983　　　　第12页　共13页　01表

项	目	节	细目	工程或费用名称	单 位	数 量	预算金额（元）	技术经济指标	各项费用比例（%）	备 注
	2			不需安装的设备	公路公里	42.35	6 500 000	153 482.88	0.64	
二				工具、器具购置	公路公里	42.35	2 250 000	53 128.69	0.22	
三				办公及生活用家具购置	公路公里	42.35	660 660	15 600.00	0.06	
				第三部分　工程建设其他费用	**公路公里**	42.35	165 945 102	3 918 420.35	16.25	
一				土地征用及拆迁补偿费	公路公里	42.35	52 929 162	1 249 803.12	5.18	
	1			土地补偿费	公路公里	42.35	29 744 360	702 346.16	2.91	
	2			征用耕地安置补助费	公路公里	42.35	1 477 940	34 898.23	0.14	
	3			拆迁补偿费	公路公里	42.35	4 538 220	107 159.86	0.44	
	4			复耕费	公路公里	42.35	4 430 240	104 610.15	0.43	
	5			耕地开垦费	公路公里	42.35	363 327	8 579.15	0.04	
	6			森林植被恢复费	公路公里	42.35	5 698 500	134 557.26	0.56	
	7			其他	公路公里	42.35	6 676 575	157 652.30	0.65	
二				建设项目管理费	公路公里	42.35	31 712 910	748 829.04	3.11	
	1			建设单位（业主）管理费	公路公里	42.35	10 476 533	247 379.76	1.03	10 476 533
	2			工程监理费	公路公里	42.35	19 930 939	470 624.30	1.95	797 237 558 ×2.5%
	3			设计文件审查费	公路公里	42.35	797 238	18 824.98	0.08	797 237 558 ×0.1%
	4			竣（交）工验收试验检测费	公路公里	42.35	508 200	12 000.00	0.05	
三				研究试验费	公路公里	42.35				
四				建设项目前期工作费	公路公里	42.35	15 600 000	368 358.91	1.53	
五				专项评价（估）费	公路公里	42.35	3 272 750	77 278.63	0.32	

编制：×××　　　　复核：×××

续上表

建设项目名称：××项目

编 制 范 围：K0+000～K42+983　　　　第13页　共13页　01表

项	目	节	细目	工程或费用名称	单 位	数 量	预算金额（元）	技术经济指标	各项费用比例(%)	备 注
六				施工机构迁移费	公路公里					
七				供电贴费	公路公里					
八				联合试运转费	公路公里	42.35	398 619	9 412.49	0.04	797 237 558×0.05%
九				生产人员培训费	公路公里	42.35	440 000	10 389.61	0.04	
十				固定资产投资方向调节税	公路公里					
十一				建设期贷款利息	公路公里	42.35	61 591 661	1 454 348.55	6.03	
				第一、二、三部分费用合计	**公路公里**	42.35	993 093 320	23 449 665.17	97.26	797 237 558+29 910 660+165 945 102
				预备费	元		27 945 050		2.74	
				1. 价差预备费	元					
				2. 基本预备费	元		27 945 050	27 945 050.00	2.74	(993 093 320－61 591 661)×0.03
				新增加费用项目(不作预备费基数)	元					
				概(预)算总金额	**元**		1 021 038 370	1 021 038 370.00	100	993 093 320+27 945 050+0
				其中:回收金额	元					
				公路基本造价	公路公里	42.35	1 021 038 370	24 109 524.68	100	1 021 038 370－0

编制：×××　　　　复核：×××

人工、主要材料、机械台班数量汇总表

建设项目名称：××项目

编 制 范 围:K0+000～K42+983　　　　第1页　　共22页　02表

序号	规格名称	单位	代号	总数量	分项统计						辅助生产	其他	场外运输损耗	
					临时工程	路基工程	路面工程	桥梁涵洞工程	交叉工程	公路设施及预埋管线工程			%	数量
1	人工	工日	1	1 538 432. 319	43 124. 989	283 128. 174	138 062. 064	203 160. 839	94 375. 108	29 415. 613	609 080. 78	92 929. 4		
2	机械工	工日	2	256 540. 767	4 408. 101	83 818. 121	27 681. 93	19 519. 831	16 054. 352	4 285. 807				
3	原木	m^3	101	259. 057	79. 191	8. 197		149. 806	9. 061	0. 503	12. 3			
4	锯材	m^3	102	434. 592	9. 653	34. 818	0. 07	314. 657	64. 846	10. 548				
5	枕木	m^3	103	33. 75	33. 75									
6	光圆钢筋	t	111	1 793. 502	0. 238	107. 142		898. 556	175. 396	612. 169				
7	带肋钢筋	t	112	5 720. 876		21. 083		4 085. 699	1 476. 505	137. 59				
8	冷轧带肋钢筋网	t	113	138. 241				97. 584	40. 657					
9	钢绞线	t	125	303. 502				174. 659	128. 844					
10	波纹管钢带	t	151	23. 985				17. 37	6. 615					
11	型钢	t	182	122. 144	0. 192		27. 599	67. 352	18. 035	8. 966				
12	钢板	t	183	53. 893	0. 224		1. 967	22. 627	5. 08	23. 996				
13	钢管	t	191	170. 049				106. 761	56. 456	6. 832				
14	镀锌钢管	t	192	10. 34						10. 34				
15	镀锌钢板	t	208	0. 367						0. 367				
16	空心钢钎	kg	212	6 697. 973		3 090. 798					3 607. 18			
17	ϕ50mm 以内合金钻头	个	213	10 196. 45		4 987. 989					5 208. 46			
18	钢丝绳	t	221	3. 766	0. 156			1. 007	0. 145	2. 458				
19	钢纤维	t	225	6. 411				4. 269	2. 142					
20	电焊条	kg	231	30 808. 659	1. 298		269. 639	21 582. 491	6 874. 741	2 080. 49				
21	螺栓	kg	240	15 143. 787						15 143. 787				
22	镀锌螺栓	kg	241	130. 566						130. 566				

编制：×××　　　　复核：×××

续上表

建设项目名称：××项目

编 制 范 围：K0 +000 ~ K42 +983　　　　第 2 页　　共 22 页　02 表

序号	规格名称	单位	代号	总数量	分项统计						辅助生产	其他	场外运输损耗	
					绿化及环境保护工程								%	数量
1	人工	工日	1	1 538 432.319	45 155.357						609 080.78	92 929.4		
2	机械工	工日	2	256 540.767	826.213									
3	原木	m^3	101	259.057							12.3			
4	锯材	m^3	102	434.592										
5	枕木	m^3	103	33.75										
6	光圆钢筋	t	111	1 793.502										
7	带肋钢筋	t	112	5 720.876										
8	冷轧带肋钢筋网	t	113	138.241										
9	钢绞线	t	125	303.502										
10	波纹管钢带	t	151	23.985										
11	型钢	t	182	122.144										
12	钢板	t	183	53.893										
13	钢管	t	191	170.049										
14	镀锌钢管	t	192	10.34										
15	镀锌钢板	t	208	0.367										
16	空心钢钎	kg	212	6 697.973							3 607.18			
17	ϕ50mm 以内合金钻头	个	213	10 196.45							5 208.46			
18	钢丝绳	t	221	3.766										
19	钢纤维	t	225	6.411										
20	电焊条	kg	231	30 808.659										
21	螺栓	kg	240	15 143.787										
22	镀锌螺栓	kg	241	130.566										

编制：×××　　　　复核：×××

续上表

建设项目名称：××项目

编 制 范 围：K0 +000 ~ K42 +983　　　　第3页　　共22页　02表

序号	规格名称	单位	代号	总数量	分项统计						辅助生产	其他	场外运输损耗	
					临时工程	路基工程	路面工程	桥梁涵洞工程	交叉工程	公路设施及预埋管线工程			%	数量
23	膨胀螺栓	套	242	1 395.836						1 395.836				
24	法兰	kg	244	37.421						37.421				
25	钢管立柱	t	247	374.44						374.439				
26	型钢立柱	t	248	0.41						0.41				
27	波形钢板	t	249	276.423						276.423				
28	柱帽	个	251	2.221						2.221				
29	钢护筒	t	263	17.787				13.158	4.629					
30	钢模板	t	271	31.493		12.869		11.1	6.115	1.41				
31	组合钢模板	t	272	187.015	0.414	64.509	0.608	101.929	18.664	0.891				
32	门式钢支架	t	273	9.859				4.264	5.564	0.031				
33	四氟板式橡胶组合支座	dm^3	401	1 297.038				1 029.186	267.852					
34	板式橡胶支座	dm^3	402	4 807.06				4 303.211	503.849					
35	盆式橡胶支座(4 000kN)	套	509	8					8					
36	盆式橡胶支座(10 000kN)	套	515	8					8					
37	盆式橡胶支座(15 000kN)	套	517	1					1					
38	盆式橡胶支座(20 000kN)	套	519	1					1					
39	模数式伸缩缝	t	541	34.618				22.306	12.312					
40	铸铁	kg	561	24 262.319				16 306.035	5 370.284	2 586				
41	钢绞线群锚(3孔)	套	572	2 618.641				2 457.084	161.556					
42	钢绞线群锚(7孔)	套	576	1 583.57				1 131.064	452.505					
43	钢绞线群锚(22孔)	套	586	118.04					118.04					
44	铁件	kg	651	82 037.77	627.144	8 565.699	3 341.307	58 519.67	10 014.957	723.002	245.99			

编制：×××　　　　复核：×××

续上表

建设项目名称:××项目

编 制 范 围:K0+000~K42+983

第4页 共22页 02表

序号	规格名称	单位	代号	总数量	分项统计						辅助生产	其他	场外运输损耗	
					绿化及环境保护工程								%	数量
23	膨胀螺栓	套	242	1 395.836										
24	法兰	kg	244	37.421										
25	钢管立柱	t	247	374.44										
26	型钢立柱	t	248	0.41										
27	波形钢板	t	249	276.423										
28	柱帽	个	251	2.221										
29	钢护筒	t	263	17.787										
30	钢模板	t	271	31.493										
31	组合钢模板	t	272	187.015										
32	门式钢支架	t	273	9.859										
33	四氟板式橡胶组合支座	dm^3	401	1 297.038										
34	板式橡胶支座	dm^3	402	4 807.06										
35	盆式橡胶支座(4 000kN)	套	509	8										
36	盆式橡胶支座(10 000kN)	套	515	8										
37	盆式橡胶支座(15 000kN)	套	517	1										
38	盆式橡胶支座(20 000kN)	套	519	1										
39	模数式伸缩缝	t	541	34.618										
40	铸铁	kg	561	24 262.319										
41	钢绞线群锚(3孔)	套	572	2 618.641										
42	钢绞线群锚(7孔)	套	576	1 583.57										
43	钢绞线群锚(22孔)	套	586	118.04										
44	铁件	kg	651	82 037.77							245.99			

编制:×××　　复核:×××

续上表

建设项目名称：××项目

编 制 范 围：K0 +000 ~ K42 +983　　　　第 5 页　　共 22 页　02 表

序号	规格名称	单位	代号	总数量	分项统计						辅助生产	其他	场外运输损耗	
					临时工程	路基工程	路面工程	桥梁涵洞工程	交叉工程	公路设施及预埋管线工程			%	数量
45	镀锌铁件	kg	652	30 390.163						30 390.163				
46	铁钉	kg	653	1 209.28	13.596	49.68		991.528	105.626	48.85				
47	8 ~ 12 号铁丝	kg	655	3 120.916	869.9	894.24		1 125.13	139.261	92.385				
48	20 ~ 22 号铁丝	kg	656	22 564.545		376.304		16 169.256	5 408.475	610.509				
49	铜接地板	kg	660	81						81				
50	铝合金标志	t	668	8.148						8.148				
51	铸铁管	kg	682	1 708				924	784					
52	钢板网	m^2	692	143.172						143.172				
53	照明灯具	盏	698	16						16				
54	通信子管	m	700	1 397.84						1 397.84				
55	4 芯单模光缆(2)	m	701	1.02						1.02				
56	光缆	m	701	428.4						428.4				
57	光缆接头盒(48 芯以内)	个	704	2.04						2.04				
58	尾纤	根	707	8.16						8.16				
59	电缆	m	708	6 546.82						6 546.82				
60	电缆(2)	m	708	303						303				
61	屏蔽线	m	710	96						96				
62	电线	m	711	1 903.6						1 903.6				
63	裸铝(铜)线	m	712	224.472						224.472				
64	皮线	m	714	35 840	35 840									
65	户外终端盒(热塑头)	套	717	7.14						7.14				
66	铜接线端子	个	719	7.14						7.14				

编制：×××　　　　复核：×××

续上表

建设项目名称:××项目

编 制 范 围:K0+000~K42+983　　　　第6页　共22页　02表

序号	规格名称	单位	代号	总数量	分项统计						辅助生产	其他	场外运输损耗	
					绿化及环境保护工程								%	数量
45	镀锌铁件	kg	652	30 390.163										
46	铁钉	kg	653	1 209.28										
47	8~12号铁丝	kg	655	3 120.916										
48	20~22号铁丝	kg	656	22 564.545										
49	铜接地板	kg	660	81										
50	铝合金标志	t	668	8.148										
51	铸铁管	kg	682	1 708										
52	钢板网	m^2	692	143.172										
53	照明灯具	盏	698	16										
54	通信子管	m	700	1 397.84										
55	4芯单模光缆(2)	m	701	1.02										
56	光缆	m	701	428.4										
57	光缆接头盒(48芯以内)	个	704	2.04										
58	尾纤	根	707	8.16										
59	电缆	m	708	6 546.82										
60	电缆(2)	m	708	303										
61	屏蔽线	m	710	96										
62	电线	m	711	1 903.6										
63	裸铝(铜)线	m	712	224.472										
64	皮线	m	714	35 840										
65	户外终端盒(热塑头)	套	717	7.14										
66	铜接线端子	个	719	7.14										

编制:×××　　　　复核:×××

续上表

建设项目名称：× ×项目

编 制 范 围:K0 +000 ~ K42 +983　　　　第7页　　共22页　02表

序号	规格名称	单位	代号	总数量	分项统计						辅助生产	其他	场外运输损耗	
					临时工程	路基工程	路面工程	桥梁涵洞工程	交叉工程	公路设施及预埋管线工程			%	数量
67	线槽	m	720	105						105				
68	油漆	kg	732	412.258				254.664	79.858	77.736				
69	标线漆	kg	733	108.823						108.823				
70	桥面防水涂料	kg	735	41 975				36 850	5 125					
71	热熔涂料	kg	738	94 203.34						94 203.34				
72	反光玻璃珠	kg	739	7 431.82						7 431.82				
73	反光膜	m^2	740	1 397.994						1 397.994				
74	反光膜(2)	m^2	740	73.731						73.731				
75	柱式轮廓标	根	744	2 650						2 650				
76	环氧树脂	kg	746	131.2					115.2	16				
77	玻璃纤维布	m^2	771	47 347.8				41 566.8	5 781					
78	土工格栅	m^2	772	16 873.097		16 496.717		290.7	85.68					
79	U形锚钉	kg	775	337.59		337.59								
80	塑料软管	kg	782	5.5						5.5				
81	塑料弹簧软管(ϕ50mm)	m	783	70.6						70.6				
82	草籽	kg	821	18 202.849		2 464.168			377.148	9.407			1	180.23
83	乔木	株	823	808.5										
84	灌木	株	824	115 328.315									1	1 141.86
85	油毛毡	m^2	825	18 506.235				18 204.835	301.4					
86	32.5级水泥	t	832	100 699.734	2 368.518	7 104.211	49 805.043	23 359.933	8 759.641	8 191.621			1	997.03
87	42.5级水泥	t	833	5 227.4				3 393.638	1 782.005				1	51.76
88	52.5级水泥	t	834	1.945					1.926				1	0.02

编制：× × ×　　　　复核：× × ×

续上表

建设项目名称:××项目

编 制 范 围:K0 +000 ~ K42 +983　　第 8 页　共 22 页　02 表

序号	规格名称	单位	代号	总数量	分项统计					辅助生产	其他	场外运输损耗	
					绿化及环境保护工程							%	数量
67	线槽	m	720	105									
68	油漆	kg	732	412. 258									
69	标线漆	kg	733	108. 823									
70	桥面防水涂料	kg	735	41 975									
71	热熔涂料	kg	738	94 203. 34									
72	反光玻璃珠	kg	739	7 431. 82									
73	反光膜	m^2	740	1 397. 994									
74	反光膜(2)	m^2	740	73. 731									
75	柱式轮廓标	根	744	2 650									
76	环氧树脂	kg	746	131. 2									
77	玻璃纤维布	m^2	771	47 347. 8									
78	土工格栅	m^2	772	16 873. 097									
79	U 形锚钉	kg	775	337. 59									
80	塑料软管	kg	782	5. 5									
81	塑料弹簧软管(ϕ50mm)	m	783	70. 6									
82	草籽	kg	821	18 202. 849	15 171. 9							1	180. 23
83	乔木	株	823	808. 5	808. 5								
84	灌木	株	824	115 328. 315	114 186. 45							1	1 141. 86
85	油毛毡	m^2	825	18 506. 235									
86	32. 5 级水泥	t	832	100 699. 734	113. 74							1	997. 03
87	42. 5 级水泥	t	833	5 227. 4								1	51. 76
88	52. 5 级水泥	t	834	1. 945								1	0. 02

编制:×××　　复核:×××

续上表

建设项目名称：××项目

编 制 范 围：K0+000~K42+983

第9页 共22页 02表

序号	规格名称	单位	代号	总数量	分项统计						辅助生产	其他	场外运输损耗	
					临时工程	路基工程	路面工程	桥梁涵洞工程	交叉工程	公路设施及预埋管线工程			%	数量
89	硝铵炸药	kg	841	75 671.632		36 838.703					38 832.93			
90	导火线	m	842	199 255.362		97 192.485					102 062.88			
91	普通雷管	个	845	170 214.176		77 395.021					92 819.15			
92	石油沥青	t	851	644.215				500.381	107.02	18.051			3	18.76
93	改性沥青	t	852	13 562.769			12 392.445		699.847	75.444			3	395.03
94	改性乳化石油沥青	t	855	2 011.1			1 837.568		103.771	11.186			3	58.58
95	重油	kg	861	1 591 143.206			1 464 622.776	24 220.838	93 382.761	8 916.83				
96	汽油	kg	862	56 684.39			28 158.325	8 180.93	4 438.5	14 368.989				
97	柴油	kg	863	9 714 661.148	100 379.679	4 363 027.999	1 140 821.595	215 072.764	539 349.505	106 679.28				
98	煤	t	864	1.411						1.397			1	0.01
99	电	kW·h	865	6 831 001.352	3 135.115	22 604.941	1 352 216.847	1 367 579.648	650 503.33	105 894.302				
100	水	m^3	866	360 125.245	18 442.752	76 522.024	91 389.914	99 992.776	40 234.083	7 384.817				
101	青(红)砖	千块	877	177.284	172.12								3	5.16
102	生石灰	t	891	0.44					0.427				3	0.01
103	土	m^3	895	4.123					4.003				3	0.12
104	砂	m^3	897	1 706.904			568.32	794.342	299.151	3.46			2.5	41.63
105	中(粗)砂	m^3	899	91 334.863	5 360.48	18 500.632	10 921.871	36 747.068	9 776.907	7 343.176			2.5	2 227.68
106	砂砾	m^3	902	109 784.545	26 170.56	8 134.1	9 141.6	58 426.31	1 082.6	5 742.399			1	1 086.98
107	天然级配	m^3	908	80 798.834	79 998.845								1	799.99
108	黏土	m^3	911	20 196.39		10 252.312		5 836.076	3 486.361	33.397			3	588.24
109	碎石土	m^3	915	408 233.364		321 907.2	29 438.016		49 787.28	3 058.954			1	4 041.91
110	片石	m^3	931	170 386.417		110 600.9	2 549.76	23 925.922	31 845.816	199.019				

编制：×××

复核：×××

续上表

建设项目名称:××项目

编 制 范 围:K0+000~K42+983

第10页 共22页 02表

序号	规格名称	单位	代号	总数量	分项统计						辅助生产	其他	场外运输损耗	
					绿化及环境保护工程								%	数量
89	硝铵炸药	kg	841	75 671.632							38 832.93			
90	导火线	m	842	199 255.362							102 062.88			
91	普通雷管	个	845	170 214.176							92 819.15			
92	石油沥青	t	851	644.215									3	18.76
93	改性沥青	t	852	13 562.769									3	395.03
94	改性乳化石油沥青	t	855	2 011.1									3	58.58
95	重油	kg	861	1 591 143.206										
96	汽油	kg	862	56 684.39	1 537.647									
97	柴油	kg	863	9 714 661.148	47 147.133									
98	煤	t	864	1.411									1	0.01
99	电	kW·h	865	6 831 001.352										
100	水	m^3	866	360 125.245	26 158.88									
101	青(红)砖	千块	877	177.284									3	5.16
102	生石灰	t	891	0.44									3	0.01
103	土	m^3	895	4.123									3	0.12
104	砂	m^3	897	1 706.904									2.5	41.63
105	中(粗)砂	m^3	899	91 334.863	457.05								2.5	2 227.68
106	砂砾	m^3	902	109 784.545									1	1 086.98
107	天然级配	m^3	908	80 798.834									1	799.99
108	黏土	m^3	911	20 196.39									3	588.24
109	碎石土	m^3	915	408 233.364									1	4 041.91
110	片石	m^3	931	170 386.417	1 265									

编制:××× 复核:×××

续上表

建设项目名称：××项目

编 制 范 围：K0+000~K42+983　　　　第11页　　共22页　02表

序号	规格名称	单位	代号	总数量	分项统计						辅助生产	其他	场外运输损耗	
					临时工程	路基工程	路面工程	桥梁涵洞工程	交叉工程	公路设施及预埋管线工程			%	数量
111	石渣	m^3	939	293 454.288		271 864.8			15 886.8	2 797.2			1	2 905.49
112	矿粉	t	949	13 685.69			12 210.62	216.547	785.578	74.332			3	398.61
113	碎石(2cm)	m^3	951	9 436.319		1 282.995		5 325.969	2 602.246	131.68			1	93.43
114	碎石(4cm)	m^3	952	91 389.96	9 000.88	8 216.727	10 305.785	39 822.037	10 298.57	12 841.11			1	904.85
115	碎石(6cm)	m^3	953	107.414	106.35								1	1.06
116	碎石(8cm)	m^3	954	322.261		27.324		163.599	52.528	75.619			1	3.19
117	碎石	m^3	958	739 287.285			659 809.878		38 580.631	33 577.099			1	7 319.68
118	石屑	m^3	961	27 126.291			24 680.812	440.177	1 586.487	150.238			1	268.58
119	路面用碎石(1.5cm)	m^3	965	37 218.617			33 085.033	1 219.34	2 344.342	201.401			1	368.5
120	路面用碎石(2.5cm)	m^3	966	47 816.436			44 459.105		2 613.302	270.599			1	473.43
121	路面用碎石(3.5cm)	m^3	967	33 392.332			31 115.141		1 756.984	189.589			1	330.62
122	块石	m^3	981	3 228.94			3 228.94							
123	反射器	个	20 065	2 822.95						2 822.95				
124	机制砂	m^3	100 898	40 998.406			38 130.199		2 230.172	232.11			1	405.92
125	未筛分碎石	m^3	100 958	149 803.396		91 162.8	19 844.594		37 312.8				1	1 483.2
126	其他材料费	元	996	5 319 556.261	9 442.732	3 003 449.049	981 255.86	268 908.268	765 879.014	117 321.689	8 814.66			
127	设备摊销费	元	997	721 587.783	61 935		375 585.495	180 820.339	101 465.15	1 781.799				
128	75kW以内履带式推土机	台班	1 003	3 941.68	549.353	2 756.804	7.345	218.576	388.921	20.681				
129	105kW以内履带式推土机	台班	1 005	400.211	128						272.21			
130	135kW以内履带式推土机	台班	1 006	735.726		675.844			55.939	3.942				
131	165kW以内履带式推土机	台班	1 007	2 214.322		1 601.517	110.197	8.041	97.16	5.656				
132	$12m^3$以内拖式(含头)铲运机	台班	1 025	1 938.725		1 904.903			22.638	11.184				

编制：×××　　　　复核：×××

续上表

建设项目名称:××项目

编 制 范 围:K0+000~K42+983

第12页　共22页　02表

序号	规格名称	单位	代号	总数量	分项统计						辅助生产	其他	场外运输损耗	
					绿化及环境保护工程								%	数量
111	石渣	m^3	939	293 454.288									1	2 905.49
112	矿粉	t	949	13 685.69									3	398.61
113	碎石(2cm)	m^3	951	9 436.319									1	93.43
114	碎石(4cm)	m^3	952	91 389.96									1	904.85
115	碎石(6cm)	m^3	953	107.414									1	1.06
116	碎石(8cm)	m^3	954	322.261									1	3.19
117	碎石	m^3	958	739 287.285									1	7 319.68
118	石屑	m^3	961	27 126.291									1	268.58
119	路面用碎石(1.5cm)	m^3	965	37 218.617									1	368.5
120	路面用碎石(2.5cm)	m^3	966	47 816.436									1	473.43
121	路面用碎石(3.5cm)	m^3	967	33 392.332									1	330.62
122	块石	m^3	981	3 228.94										
123	反射器	个	20 065	2 822.95										
124	机制砂	m^3	100 898	40 998.406									1	405.92
125	未筛分碎石	m^3	100 958	149 803.396									1	1 483.2
126	其他材料费	元	996	5 319 556.261	164 484.991						8 814.66			
127	设备摊销费	元	997	721 587.783										
128	75kW 以内履带式推土机	台班	1 003	3 941.68										
129	105kW 以内履带式推土机	台班	1 005	400.211							272.21			
130	135kW 以内履带式推土机	台班	1 006	735.726										
131	165kW 以内履带式推土机	台班	1 007	2 214.322	391.75									
132	$12m^3$ 以内拖式(含头)铲运机	台班	1 025	1 938.725										

编制:×××　　复核:×××

续上表

建设项目名称：××项目

编 制 范 围：K0 +000 ~ K42 +983

第13页 共22页 02表

序号	规格名称	单位	代号	总数量	分项统计						辅助生产	其他	场外运输损耗	
					临时工程	路基工程	路面工程	桥梁涵洞工程	交叉工程	公路设施及预埋管线工程			%	数量
133	0.6m³ 履带式单斗挖掘机	台班	1 027	60.78			60.78							
134	1.0m³ 履带式单斗挖掘机	台班	1 035	26.669				16.997	9.672					
135	2.0m³ 履带式单斗挖掘机	台班	1 037	3 552.813		2 881.51	33.664	208.59	391.485	37.563				
136	1.0m³ 轮胎式装载机	台班	1 048	239.301				186.898	51.342	1.06				
137	2.0m³ 轮胎式装载机	台班	1 050	272.211							272.21			
138	3.0m³ 轮胎式装载机	台班	1 051	5 189.849		907.806	1 685.122		136.639	162.29	2 297.99			
139	120kW 以内平地机	台班	1 057	5 573.391		5 024.259	26.315		499.183	23.634				
140	6 ~ 8t 光轮压路机	台班	1 075	8 539.987	2 137.309	4 850.595	887.593	83.385	527.747	53.358				
141	8 ~ 10t 光轮压路机	台班	1 076	346.552	178.7	159.556			7.489	0.807				
142	10 ~ 12t 光轮压路机	台班	1 077	36.056				26.984	9.072					
143	12 ~ 15t 光轮压路机	台班	1 078	8 922.079	317.908	2 469.856	5 150.039		686.909	297.367				
144	18 ~ 21t 光轮压路机	台班	1 080	7 592.595		6 930.983			643.517	18.096				
145	0.6t 手扶式振动碾	台班	1 083	1 973.61	297.874		1 447.96		194.46	33.317				
146	15t 以内振动压路机	台班	1 088	13.954					8.552	5.402				
147	20t 以内振动压路机	台班	1 089	3 081.28		2 820.015			257.777	3.488				
148	200 ~ 620N · m 蛙式夯土机	台班	1 094	419.366		20.029		265.625	77.614	56.098				
149	300t/h 以内稳定土厂拌设备	台班	1 160	860.882			776.814		45.309	38.758				
150	摊铺宽 12.5m 稳定土摊铺机	台班	1 166	778.776			696.991		41.484	40.3				
151	4 000L 以内液态沥青运输车	台班	1 185	301.937			284.16		16.047	1.73				
152	4 000L 以内沥青洒布车	台班	1 193	42.276			37.888	1.769	2.386	0.234				
153	30t/h 以内沥青拌和设备	台班	1 201	36.056				26.984	9.072					
154	320t/h 以内沥青拌和设备	台班	1 207	162.807			152.973		8.903	0.931				

编制：×××

复核：×××

续上表

建设项目名称:××项目

编 制 范 围:K0+000~K42+983

第14页　共22页　02表

序号	规格名称	单位	代号	总数量	分项统计					辅助生产	其他	场外运输损耗	
					绿化及环境保护工程							%	数量
133	0.6m^3 履带式单斗挖掘机	台班	1 027	60.78									
134	1.0m^3 履带式单斗挖掘机	台班	1 035	26.669									
135	2.0m^3 履带式单斗挖掘机	台班	1 037	3 552.813									
136	1.0m^3 轮胎式装载机	台班	1 048	239.301									
137	2.0m^3 轮胎式装载机	台班	1 050	272.211						272.21			
138	3.0m^3 轮胎式装载机	台班	1 051	5 189.849						2 297.99			
139	120kW 以内平地机	台班	1 057	5 573.391									
140	6~8t 光轮压路机	台班	1 075	8 539.987									
141	8~10t 光轮压路机	台班	1 076	346.552									
142	10~12t 光轮压路机	台班	1 077	36.056									
143	12~15t 光轮压路机	台班	1 078	8 922.079									
144	18~21t 光轮压路机	台班	1 080	7 592.595									
145	0.6t 手扶式振动碾	台班	1 083	1 973.61									
146	15t 以内振动压路机	台班	1 088	13.954									
147	20t 以内振动压路机	台班	1 089	3 081.28									
148	200~620N·m 蛙式夯土机	台班	1 094	419.366									
149	300t/h 以内稳定土厂拌设备	台班	1 160	860.882									
150	摊铺宽 12.5m 稳定土摊铺机	台班	1 166	778.776									
151	4 000L 以内液态沥青运输车	台班	1 185	301.937									
152	4 000L 以内沥青洒布车	台班	1 193	42.276									
153	30t/h 以内沥青拌和设备	台班	1 201	36.056									
154	320t/h 以内沥青拌和设备	台班	1 207	162.807									

编制:×××　　复核:×××

续上表

建设项目名称：××项目

编 制 范 围：K0 +000 ~ K42 +983

第 15 页　共 22 页　02 表

序号	规格名称	单位	代号	总数量	分项统计						辅助生产	其他	场外运输损耗	
					临时工程	路基工程	路面工程	桥梁涵洞工程	交叉工程	公路设施及预埋管线工程			%	数量
155	12.5m 以内带自动找平沥青混合料摊铺机	台班	1 214	175.915			165.286		9.622	1.006				
156	2.5 ~ 3.5m 稀浆封层机	台班	1 216	312.001			293.632		16.582	1.787				
157	16 ~ 20t 以内轮胎式压路机	台班	1 224	100.912			94.815		5.52	0.577				
158	20 ~ 25t 以内轮胎式压路机	台班	1 225	236.401			222.118		12.93	1.352				
159	热熔标线设备	台班	1 227	110.473						110.473				
160	2.5 ~ 4.5m 轨道式水泥混凝土摊铺机	台班	1 235	31.24						31.24				
161	电动混凝土刻纹机	台班	1 243	441.829						441.829				
162	电动混凝土切缝机	台班	1 245	337.772				133.396	33.768	170.607				
163	250L 以内强制式混凝土搅拌机	台班	1 272	1 010.134	5.74	422.026	458.854	44.472	64.435	14.606				
164	$6m^3$ 混凝土搅拌运输车	台班	1 307	1 555.551				973.904	386.527	195.12				
165	$60m^3/h$ 以内混凝土输送泵	台班	1 316	29.143				29.143						
166	$40m^3/h$ 以内水泥混凝土搅拌站	台班	1 325	69.423						69.423				
167	$60m^3/h$ 以内水泥混凝土搅拌站	台班	1 327	242.195				190.458	50.487	1.249				
168	拉伸力 900kN 以内预应力拉伸机	台班	1 344	1.622				1.622						
169	拉伸力 5 000kN 以内预应力拉伸机	台班	1 347	1.622				1.622						
170	油泵、千斤顶各 1 钢绞线拉伸设备	台班	1 349	651.629				534.31	117.319					
171	含钢带点焊机波纹管卷制机	台班	1 352	107.668				83.235	24.433					
172	2t 以内载货汽车	台班	1 370	170.309						170.309				
173	4t 以内载货汽车	台班	1 372	139.833						139.833				
174	6t 以内载货汽车	台班	1 374	1.567						1.567				
175	15t 以内载货汽车	台班	1 378	63.994				41.426	22.568					
176	3t 以内自卸汽车	台班	1 382	193.801				145.039	48.762					

编制：×××　　复核：×××

续上表

建设项目名称:××项目

编 制 范 围:K0+000~K42+983　　第16页　共22页　02表

序号	规格名称	单位	代号	总数量	分项统计						辅助生产	其他	场外运输损耗	
					绿化及环境保护工程								%	数量
155	12.5m以内带自动找平沥青混合料摊铺机	台班	1 214	175.915										
156	2.5~3.5m稀浆封层机	台班	1 216	312.001										
157	16~20t以内轮胎式压路机	台班	1 224	100.912										
158	20~25t以内轮胎式压路机	台班	1 225	236.401										
159	热熔标线设备	台班	1 227	110.473										
160	2.5~4.5m轨道式水泥混凝土摊铺机	台班	1 235	31.24										
161	电动混凝土刻纹机	台班	1 243	441.829										
162	电动混凝土切缝机	台班	1 245	337.772										
163	250L以内强制式混凝土搅拌机	台班	1 272	1 010.134										
164	6m^{3}混凝土搅拌运输车	台班	1 307	1 555.551										
165	60m^3/h以内混凝土输送泵	台班	1 316	29.143										
166	40m^3/h以内水泥混凝土搅拌站	台班	1 325	69.423										
167	60m^3/h以内水泥混凝土搅拌站	台班	1 327	242.195										
168	拉伸力900kN以内预应力拉伸机	台班	1 344	1.622										
169	拉伸力5 000kN以内预应力拉伸机	台班	1 347	1.622										
170	油泵、千斤顶各1钢绞线拉伸设备	台班	1 349	651.629										
171	含钢带点焊机波纹管卷制机	台班	1 352	107.668										
172	2t以内载货汽车	台班	1 370	170.309										
173	4t以内载货汽车	台班	1 372	139.833										
174	6t以内载货汽车	台班	1 374	1.567										
175	15t以内载货汽车	台班	1 378	63.994										
176	3t以内自卸汽车	台班	1 382	193.801										

编制:×××　　复核:×××

续上表

建设项目名称：××项目

编 制 范 围：K0+000～K42+983　　　　第17页　　共22页　02表

序号	规格名称	单位	代号	总数量	分项统计						辅助生产	其他	场外运输损耗	
					临时工程	路基工程	路面工程	桥梁涵洞工程	交叉工程	公路设施及预埋管线工程			%	数量
177	5t以内自卸汽车	台班	1 383	176.114			165.476		9.631	1.007				
178	15t以内自卸汽车	台班	1 388	78 646.887		26 931.184	7 249.236	304.512	3 111.323	557.424	40 493.21			
179	20t平板拖车组	台班	1 393	37.5			37.5							
180	30t平板拖车组	台班	1 394	44.911				44.911						
181	40t平板拖车组	台班	1 395	5.76	5.76									
182	80t平板拖车组	台班	1 397	65.013				40.047	24.966					
183	4 000L以内洒水汽车	台班	1 404	344.649			284.16		16.047	1.73				
184	6 000L以内洒水汽车	台班	1 405	812.504			638.463		35.723	138.319				
185	8 000L以内洒水汽车	台班	1 406	3 780.871		3 408.816			342.373	29.682				
186	1.0t以内机动翻斗车	台班	1 408	802.345				581.767	212.682	7.896				
187	功率30kW轨道拖车头	台班	1 411	5.871				5.187	0.684					
188	3t以内电瓶车	台班	1 416	7.2						7.2				
189	15t以内履带式起重机	台班	1 432	63.994				41.426	22.568					
190	5t以内汽车式起重机	台班	1 449	204.987				122.457	44.981	37.55				
191	8t以内汽车式起重机	台班	1 450	242.074				240.589	0.998	0.486				
192	12t以内汽车式起重机	台班	1 451	1 645.999	4.18		13.24	1 248.953	378.587	1.04				
193	20t以内汽车式起重机	台班	1 453	547.372				290.334	257.038					
194	30t以内汽车式起重机	台班	1 455	18.902	10.74			5.562	2.6					
195	40t以内汽车式起重机	台班	1 456	67.26			67.26							
196	75t以内汽车式起重机	台班	1 458	67.26			67.26							
197	最大作业高度15m高空作业车	台班	1 462	4						4				
198	30kN以内单筒慢动电动卷扬机	台班	1 499	1 536.268	73.856			1 214.614	247.797					

编制：×××　　　　复核：×××

续上表

建设项目名称:××项目

编　制　范　围:K0+000~K42+983

第18页　共22页　02表

序号	规格名称	单位	代号	总数量	分项统计					辅助生产	其他	场外运输损耗	
					绿化及环境保护工程							%	数量
177	5t以内自卸汽车	台班	1 383	176.114									
178	15t以内自卸汽车	台班	1 388	78 646.887						40 493.21			
179	20t平板拖车组	台班	1 393	37.5									
180	30t平板拖车组	台班	1 394	44.911									
181	40t平板拖车组	台班	1 395	5.76									
182	80t平板拖车组	台班	1 397	65.013									
183	4 000L以内洒水汽车	台班	1 404	344.649	42.712								
184	6 000L以内洒水汽车	台班	1 405	812.504									
185	8 000L以内洒水汽车	台班	1 406	3 780.871									
186	1.0t以内机动翻斗车	台班	1 408	802.345									
187	功率30kW轨道拖车头	台班	1 411	5.871									
188	3t以内电瓶车	台班	1 416	7.2									
189	15t以内履带式起重机	台班	1 432	63.994									
190	5t以内汽车式起重机	台班	1 449	204.987									
191	8t以内汽车式起重机	台班	1 450	242.074									
192	12t以内汽车式起重机	台班	1 451	1 645.999									
193	20t以内汽车式起重机	台班	1 453	547.372									
194	30t以内汽车式起重机	台班	1 455	18.902									
195	40t以内汽车式起重机	台班	1 456	67.26									
196	75t以内汽车式起重机	台班	1 458	67.26									
197	最大作业高度15m高空作业车	台班	1 462	4									
198	30kN以内单筒慢动电动卷扬机	台班	1 499	1 536.268									

编制:×××　　复核:×××

续上表

建设项目名称：××项目

编 制 范 围：K0 +000 ~ K42 +983

第19页　共22页　02表

序号	规格名称	单位	代号	总数量	分项统计						辅助生产	其他	场外运输损耗	
					临时工程	路基工程	路面工程	桥梁涵洞工程	交叉工程	公路设施及预埋管线工程			%	数量
199	50kN以内单筒慢动电动卷扬机	台班	1 500	2 852.241				2 361.501	490.74					
200	80kN以内单筒慢动电动卷扬机	台班	1 501	119.606				99.086	20.52					
201	4t以内内燃叉车	台班	1 548	6.6						6.6				
202	300kg以内液压升降机	台班	1 560	6.5						6.5				
203	ϕ1 500mm以内回旋钻机	台班	1 600	1 803.382				1 169.11	634.272					
204	100~150L泥浆搅拌机	台班	1 624	494.537				301.097	193.44					
205	ϕ100mm以内电动多级离心水泵	台班	1 663	59.49					59.49					
206	32kV·A交流电弧焊机	台班	1 726	5 255.234	0.649		41.601	3 667.228	1 221.051	324.705				
207	100kV·A交流对焊机	台班	1 746	137.511				114.184	23.327					
208	150kV·A交流对焊机	台班	1 747	4.813					4.813					
209	$9m^3$/min以内机动空压机	台班	1 842	3 859.395		1 499.79					2 359.61			
210	光纤熔接机	台班	1 948	1.96						1.96				
211	光时域反射仪	台班	1 950	3.6						3.6				
212	光纤测试仪	台班	1 952	5						5				
213	微机硬盘测试仪	台班	1 954	4						4				
214	网络分析仪	台班	1 958	5						5				
215	高压试验变压器全套装置	台班	1 971	2						2				
216	继电保护测试仪	台班	1 972	2						2				
217	三相精密测试电源	台班	1 973	1						1				
218	直流高压发生器	台班	1 974	4						4				
219	轻型试验变压器	台班	1 975	4						4				
220	电能校验仪	台班	1 977	7						7				

编制：×××　　复核：×××

续上表

建设项目名称:××项目

编 制 范 围:K0+000~K42+983　　　　第20页　共22页　02表

序号	规格名称	单位	代号	总数量	分项统计						辅助生产	其他	场外运输损耗	
					绿化及环境保护工程								%	数量
199	50kN以内单筒慢动电动卷扬机	台班	1 500	2 852.241										
200	80kN以内单筒慢动电动卷扬机	台班	1 501	119.606										
201	4t以内内燃叉车	台班	1 548	6.6										
202	300kg以内液压升降机	台班	1 560	6.5										
203	ϕ1 500mm以内回旋钻机	台班	1 600	1 803.382										
204	100~150L泥浆搅拌机	台班	1 624	494.537										
205	ϕ100mm以内电动多级离心水泵	台班	1 663	59.49										
206	32kV·A交流电弧焊机	台班	1 726	5 255.234										
207	100kV·A交流对焊机	台班	1 746	137.511										
208	150kV·A交流对焊机	台班	1 747	4.813										
209	$9m^3$/min以内机动空压机	台班	1 842	3 859.395							2 359.61			
210	光纤熔接机	台班	1 948	1.96										
211	光时域反射仪	台班	1 950	3.6										
212	光纤测试仪	台班	1 952	5										
213	微机硬盘测试仪	台班	1 954	4										
214	网络分析仪	台班	1 958	5										
215	高压试验变压器全套装置	台班	1 971	2										
216	继电保护测试仪	台班	1 972	2										
217	三相精密测试电源	台班	1 973	1										
218	直流高压发生器	台班	1 974	4										
219	轻型试验变压器	台班	1 975	4										
220	电能校验仪	台班	1 977	7										

编制:×××　　　　复核:×××

续上表

建设项目名称：××项目

编 制 范 围：K0 +000 ~ K42 +983　　　　第21页　共22页　02表

序号	规格名称	单位	代号	总数量	分项统计						辅助生产	其他	场外运输损耗	
					临时工程	路基工程	路面工程	桥梁涵洞工程	交叉工程	公路设施及预埋管线工程			%	数量
221	真空断路器测试仪	台班	1 979	2						2				
222	功率90kW以内工程修理车	台班	1 987	7						7				
223	小型机具使用费	元	1 998	457 238.273	306.626	89 840.679	5 648.172	168 555.012	55 462.04	34 439.178	98 879.58			

编制：×××　　　　复核：×××

续上表

建设项目名称:××项目

编 制 范 围:K0+000~K42+983

第22页 共22页 02表

序号	规格名称	单位	代号	总数量	分项统计						辅助生产	其他	场外运输损耗	
					绿化及环境保护工程								%	数量
221	真空断路器测试仪	台班	1 979	2										
222	功率90kW以内工程修理车	台班	1 987	7										
223	小型机具使用费	元	1 998	457 238.273	4 106.983						98 879.58			

编制:××× 复核:×××

建筑安装工程费计算表

建设项目名称：××项目

编 制 范 围：K0+000~K42+983

第1页　共9页　03表

序号	工程名称	单位	工程量	直接费（元）						间接费（元）	利润（元）费率7%	税金（元）综合税率3.48%	建筑安装工程费	
				直接工程费				其他工程费	合计				合计（元）	单价（元）
				人工费	材料费	机械使用费	合计							
1	2	3	4	5	6	7	8	9	10	11	12	13	14	15
1	临时道路	km	52.721	932 105	4 954 787	1 341 685	7 228 577	489 867	7 718 444	711 396	562 881	312 947	9 305 668	176 507.81
2	临时轨道铺设	km	1	11 001	89 843		100 844	9 292	110 136	10 947	8 154	4 498	133 735	133 735
3	临时电力线路	km	11.2	28 280	325 838		354 118	32 215	386 333	34 104	28 605	15 627	464 669	41 488.3
4	临时电信线路	km	6.2	4 728	29 998		34 726	3 237	37 963	4 164	2 811	1 564	46 502	7 500.32
5	拌和站预制厂	处	6	1 246 117	4 456 537	190 901	5 893 555	599 484	6 493 039	920 591	482 581	274 789	8 171 000	1 361 833.33
6	打井	眼	25		1 250 000		1 250 000		1 250 000				1 250 000	50 000
7	清除表土	m^3	420 925	289 204		3 896 728	4 185 932	399 583	4 585 515	282 110	332 292	180 957	5 380 874	12.78
8	伐树、挖根、除草	m^2	8 705	15 176		3 500	18 676	2 332	21 008	7 245	1 534	1 036	30 823	3.54
9	挖路基土方	m^3	2 167 411	462 475		6 080 564	6 543 039	805 984	7 349 023	520 988	537 400	292 578	8 699 989	4.01
10	挖路基石方	m^3	188 930	521 340	673 269	2 149 503	3 344 112	161 216	3 505 328	369 811	256 042	143 765	4 274 946	22.63
11	弃方运输	m^3	94 465			1 132 514	1 132 514	76 850	1 209 364	30 657	86 801	46 173	1 372 995	14.53
12	利用土方填筑	m^3	1 632 781	349 417		16 429 059	16 778 476	1 617 284	18 395 760	799 243	1 333 450	714 390	21 242 843	13.01
13	借土方填筑	m^3	1 243 585	1 087 455		19 652 753	20 740 208	1 897 801	22 638 009	1 216 932	1 638 102	887 158	26 380 201	21.21
14	利用石方填筑	m^3	102 679	426 992		1 771 365	2 198 357	129 994	2 328 351	255 633	168 415	95 784	2 848 183	27.74
15	借石方填筑	m^3	65 247	359 554	176 192	1 687 925	2 223 671	122 460	2 346 131	236 907	170 318	95 818	2 849 174	43.67
16	结构物台背回填	m^3	75 969	220 232	8 478 141	325 720	9 024 093	567 589	9 591 682	492 325	699 452	375 265	11 158 724	146.89

编制：×××　　　　复核：×××

续上表

建设项目名称:××项目

编 制 范 围:K0+000~K42+983

第2页 共9页 03表

序号	工程名称	单位	工程量	直接费(元)						间接费(元)	利润(元)费率7%	税金(元)综合税率3.48%	建筑安装工程费	
				直接工程费				其他工程费	合计				合计(元)	单价(元)
				人工费	材料费	机械使用费	合计							
1	2	3	4	5	6	7	8	9	10	11	12	13	14	15
17	低填浅挖	km	6.184	334 750	8 407 760	2 004 947	10 747 457	737 590	11 485 047	610 410	836 910	450 046	13 382 413	2 164 038.32
18	陡坡路堤	km	0.57	49 889	206 041	23 402	279 332	20 110	299 442	33 371	21 839	12 343	366 995	643 850.88
19	特殊路基(封层)	km	30.869	643 480	8 047 680	1 641 175	10 332 335	679 940	11 012 275	720 091	802 483	436 212	12 971 061	420 196.99
20	基底、路床换填	km	4.637	416 405	14 814 488	706 668	15 937 561	1 002 301	16 939 862	881 226	1 235 321	663 163	19 719 572	4 252 657.32
21	翻松碾压	km	24.591	197 338		3 085 356	3 282 694	389 386	3 672 080	240 667	268 131	145 494	4 326 372	175 933.15
22	浅碟形排水沟	m^3/m	8 340	503 274	2 653 284		3 156 558	296 992	3 453 550	405 439	255 438	143 182	4 257 609	510.5
23	挡水埝	m^3/m	256	1 414		1 351	2 765	341	3 106	729	227	142	4 204	16.42
24	截水沟	m^3/m	1 475	107 494	469 256		576 750	54 870	631 620	80 298	46 696	26 400	785 014	532.21
25	急流槽	m^3/m	4 256	922 721	1 687 233	10 600	2 620 554	267 225	2 887 779	549 124	213 648	127 040	3 777 591	887.59
26	格状沙柳植草	m^2	871 111	4 379 915	5 741 848	43 011	10 164 774	1 067 685	11 232 459	2 448 389	829 810	504 971	15 015 629	17.24
27	植草护坡	m^2	32 839	78 096	120 772		198 868	20 530	219 398	44 340	16 182	9 741	289 661	8.82
28	拱形骨架植草	m^3	16 949	1 895 325	3 940 576	9 772	5 845 673	588 984	6 434 657	1 155 809	476 009	280 713	8 347 188	492.49
29	浆砌片石护坡	m^3	9 492	850 875	2 015 103		2 865 978	285 386	3 151 364	532 874	233 059	136 323	4 053 620	427.06
30	一级护面墙	m^3	2 735	476 771	631 303	1 401	1 109 475	116 419	1 225 894	267 885	90 649	55 137	1 639 565	599.48
31	垫层	m^2	79 742	3 287	1 845 547	89 715	1 938 549	121 036	2 059 585	87 482	150 199	79 945	2 377 211	29.81
32	路面底基层	m^2	988 887	661 264	57 284 886	6 939 946	64 886 096	4 134 156	69 020 252	3 138 562	5 031 814	2 686 235	79 876 863	80.77

编制:××× 复核:×××

续上表

建设项目名称：××项目

编 制 范 围：K0+000～K42+983

第3页　共9页　03表

序号	工程名称	单位	工程量	直接费（元）						间接费（元）	利润（元）费率7%	税金（元）综合税率3.48%	建筑安装工程费	
				直接工程费				其他工程费	合计				合计（元）	单价（元）
				人工费	材料费	机械使用费	合计							
1	2	3	4	5	6	7	8	9	10	11	12	13	14	15
33	路面基层	m^2	947 200	576 763	44 010 801	5 852 410	50 439 974	3 232 330	53 672 304	2 474 173	3 913 417	2 090 085	62 149 979	65.61
34	封层	m^2	947 200	307 498	7 325 717	1 207 578	8 840 793	573 807	9 414 600	521 851	686 576	369 681	10 992 708	11.61
35	黏层	m^2	947 200		2 102 647	21 176	2 123 823	130 990	2 254 813	94 274	164 436	87 471	2 600 994	2.75
36	沥青混凝土面层	m^2	947 200	603 333	116 754 422	12 028 715	129 386 470	10 753 914	140 140 384	4 338 773	10 095 930	5 379 212	159 954 299	168.87
37	路槽、路肩及中央分隔带	km	41.862	4 962 192	5 904 342	816 207	11 682 741	1 167 188	12 849 929	2 765 615	948 241	576 421	17 140 206	409 445.46
38	圆管涵	m/道	577.4	545 591	1 437 770	179 528	2 162 889	205 071	2 367 960	354 746	174 664	100 827	2 998 197	5 192.58
39	暗板涵	m/道	1 054.67	3 195 650	16 054 379	1 483 005	20 733 034	1 797 166	22 530 200	2 497 575	1 658 662	928 689	27 615 126	26 183.67
40	1～8m 小桥（预制混凝土空心板）	m/座	288.4	2 988 954	17 688 133	2 558 861	23 235 948	1 948 221	25 184 169	2 523 165	1 852 265	1 028 673	30 588 272	106 061.97
41	1～13m 小桥（预应力混凝土空心板）	m/座	31.55	177 490	966 200	180 295	1 323 985	116 707	1 440 692	150 794	106 225	59 081	1 756 792	55 682.79
42	K7+475 中桥（简支小箱梁）	m^2/m	2 075.7	788 281	3 864 505	864 860	5 517 646	470 075	5 987 721	632 567	440 410	245 710	7 306 408	3 519.97
43	桩基础	m^3	5 513.5	612 373	5 036 610	1 684 467	7 333 450	702 162	8 035 612	746 119	596 847	326 373	9 704 951	1 760.22
44	桥台	m^3	145.24	33 676	180 462	24 815	238 953	18 654	257 607	25 790	18 856	10 517	312 770	2 153.47
45	桥墩	m^3	1 134.96	212 833	1 211 431	188 546	1 612 810	129 090	1 741 900	170 304	127 642	70 987	2 110 833	1 859.83

编制：×××　　复核：×××

续上表

建设项目名称：××项目

编　制　范　围：K0+000~K42+983　　　　第4页　共9页　03表

序号	工程名称	单位	工程量	直接费（元）						间接费（元）	利润（元）费率7%	税金（元）综合税率3.48%	建筑安装工程费	
				直接工程费				其他工程费	合计				合计（元）	单价（元）
				人工费	材料费	机械使用费	合计							
1	2	3	4	5	6	7	8	9	10	11	12	13	14	15
46	上部构造	m^3	4 005.6	1 486 039	6 718 159	921 052	9 125 250	690 826	9 816 076	1 050 855	717 309	403 131	11 987 371	2 992.65
47	桥面铺装等附属工程	m^3	3 167.13	427 989	3 678 927	451 327	4 558 243	363 765	4 922 008	413 197	360 971	198 229	5 894 405	1 861.12
48	平面交叉道	处	13	19 430	389 056	226 810	635 296	50 160	685 456	32 331	49 678	26 708	794 173	61 090.23
49	K2+195.444公铁立交	m^2/m	2 478.6	1 499 596	6 806 306	1 532 836	9 838 738	856 345	10 695 083	1 178 531	787 379	440 602	13 101 595	5 285.89
50	土方	m^3	357 467	183 123		4 471 744	4 654 867	441 769	5 096 636	254 688	369 247	199 077	5 919 648	16.56
51	特殊路基处理	km	1.863	277 628	7 942 180	767 642	8 987 450	588 207	9 575 657	516 603	698 353	375 513	11 166 126	5 993 626.41
52	排水工程	m^3/km	599	130 943	262 394	1 696	395 033	39 972	435 005	79 544	32 195	19 027	565 771	944.53
53	防护工程	m^3/km	245.4	540 488	795 597	1 370	1 337 455	138 748	1 476 203	304 738	108 889	65 766	1 955 596	7 969.01
54	路面工程	m^2	53 490	340 841	13 099 942	1 529 245	14 970 028	1 098 264	16 068 292	705 063	1 164 184	624 226	18 561 765	347.01
55	圆管涵	m/道	168.8	152 241	398 579	45 803	596 623	56 582	653 205	98 600	48 182	27 839	827 826	4 904.18
56	A匝道跨线桥	m^2/m	2 947.68	1 718 862	9 429 296	1 789 934	12 938 092	1 083 753	14 021 845	1 421 979	1 030 895	573 320	17 048 039	5 783.54
57	钢筋混凝土防撞护栏	m	100	5 460	43 973	350	49 783	4 228	54 011	5 150	3 982	2 198	65 341	653.41
58	路侧普通型护栏	m	1 819	7 610	311 375	6 475	325 460	17 686	343 146	15 382	24 875	13 342	396 745	218.11
59	路侧加强型护栏	m	655	6 237	136 518	3 692	146 447	7 993	154 440	8 097	11 196	6 045	179 778	274.47
60	路侧三波形护栏	m	2 882	38 899	1 116 319	32 344	1 187 562	64 729	1 252 291	60 777	90 779	48 853	1 452 700	504.06
61	中央分隔带普通护栏	m	1 157	5 399	206 712	4 571	216 682	11 780	228 462	10 380	16 562	8 888	264 292	228.43

编制：×××　　　　复核：×××

续上表

建设项目名称：××项目

编 制 范 围：K0 +000 ~ K42 +983　　　　第 5 页　共 9 页　03 表

序号	工程名称	单位	工程量	直接费（元）						间接费（元）	利润（元）费率 7%	税金（元）综合税率 3.48%	建筑安装工程费	
				直接工程费				其他工程费	合计				合计（元）	单价（元）
				人工费	材料费	机械使用费	合计							
1	2	3	4	5	6	7	8	9	10	11	12	13	14	15
62	中央分隔带加强型护栏	m	6 636	77 452	1 615 727	49 708	1 742 887	95 224	1 838 111	97 698	133 245	72 003	2 141 057	322.64
63	中央分隔带三波护栏	m	1 074	15 936	426 591	13 202	455 729	24 858	480 587	23 744	34 838	18 763	557 932	519.49
64	A 端头	m	101	946	18 157	425	19 528	1 066	20 594	1 128	1 493	808	24 023	237.85
65	B 端头	m	36	549	9 796	243	10 588	578	11 166	626	809	439	13 040	362.22
66	C 端头	m	4	32	937	26	995	54	1 049	51	76	41	1 217	304.25
67	护栏基础	m^3	56.44	8 875	24 384		33 259	2 912	36 171	5 550	2 661	1 545	45 927	813.73
68	防护网	km	0.12	1 606	7 992	2 006	11 604	662	12 266	1 105	889	496	14 756	122 966.67
69	热熔标线	m^2	20 086	52 787	721 891	122 435	897 113	85 755	982 868	78 773	72 774	39 478	1 173 893	58.44
70	振动标线	m^2	198		29 700		29 700		29 700				29 700	150
71	减速带	m	147		22 050		22 050		22 050				22 050	150
72	防撞垫	个	4		120 000		120 000		120 000				120 000	30 000
73	附着式轮廓标	个	2 795	1 585	408 211		409 796	23 540	433 336	16 079	31 412	16 733	497 560	178.02
74	柱式轮廓标	个	2 650	18 435	286 176	8 267	312 878	28 532	341 410	27 403	25 279	13 714	407 806	153.89
75	里程标	块	84	634	9 934	329	10 897	688	11 585	731	844	458	13 618	162.12
76	百米标	个	847	480	3 426		3 906	215	4 121	347	299	166	4 933	5.82
77	公路界碑	个	474	8 256	19 343	852	28 451	2 862	31 313	5 251	2 318	1 353	40 235	84.88
78	D1 型	套	6	289	4 031	156	4 476	283	4 759	312	346	189	5 606	934.33

编制：×××　　　　复核：×××

续上表

建设项目名称：××项目

编 制 范 围：K0 +000 ~ K42 +983

第 6 页　共 9 页　03 表

序号	工程名称	单位	工程量	直接费(元)						间接费(元)	利润(元)费率7%	税金(元)综合税率3.48%	建筑安装工程费	
				直接工程费				其他工程费	合计				合计(元)	单价(元)
				人工费	材料费	机械使用费	合计							
1	2	3	4	5	6	7	8	9	10	11	12	13	14	15
79	D2 型	套	20	7 101	55 287	1 415	63 803	4 575	68 378	6 005	4 999	2 763	82 145	4 107.25
80	D4 型	套	104	261	31 473	1 169	32 903	1 788	34 691	1 344	2 515	1 341	39 891	383.57
81	S1 型	套	4	507	46 739	511	47 757	2 629	50 386	2 029	3 654	1 951	58 020	14 505
82	S2 型	套	14	20 661	231 219	1 838	253 718	17 045	270 763	20 076	19 756	10 809	321 404	22 957.43
83	S3 型	套	3	7 687	102 478	935	111 100	7 249	118 349	8 100	8 627	4 700	139 776	46 592
84	F1 型	套	8	9 988	128 139	1 024	139 151	9 135	148 286	10 327	10 811	5 896	175 320	21 915
85	F2 型	套	9	13 405	240 657	2 052	256 114	15 971	272 085	16 441	19 806	10 730	319 062	35 451.33
86	SF1 型	套	2	2 010	48 961	426	51 397	3 093	54 490	2 952	3 963	2 137	63 542	31 771
87	SF2 型	套	5	7 573	191 968	1 690	201 231	12 058	213 289	11 396	15 507	8 359	248 551	49 710.2
88	M1 型	套	1	3 122	50 900	596	54 618	3 399	58 017	3 607	4 222	2 292	68 138	68 138
89	土方	m^3	10 545	43 210		98 637	141 847	14 692	156 539	23 820	11 364	6 675	198 398	18.81
90	特殊路基处理	km	1.919	12 667	245 049	49 232	306 948	20 949	327 897	18 892	23 907	12 901	383 597	199 894.22
91	排水工程	m^3/km	75.58	9 980	26 926	104	37 010	3 650	40 660	6 493	3 010	1 745	51 908	686.8
92	防护工程	m^3/km	17.8	18 004	25 630	99	43 733	4 554	48 287	10 135	3 564	2 157	64 143	3 603.54
93	路面工程	m^2	5 766	22 375	1 383 567	157 656	1 563 598	114 083	1 677 681	67 387	121 501	64 956	1 931 525	334.99
94	圆管涵	m/道	122	106 926	275 825	32 871	415 622	39 479	455 101	69 047	33 569	19 409	577 126	4 730.54

编制：×××　　复核：×××

续上表

建设项目名称：××项目

编 制 范 围：K0 +000 ~ K42 +983

第7页　共9页　03表

序号	工程名称	单位	工程量	直接费（元）						间接费（元）	利润（元）费率7%	税金（元）综合税率3.48%	建筑安装工程费	
				直接工程费				其他工程费	合计				合计（元）	单价（元）
				人工费	材料费	机械使用费	合计							
1	2	3	4	5	6	7	8	9	10	11	12	13	14	15
95	厂区硬化	m^2	4 083		826 808		826 808		826 808				826 808	202.5
96	外网工程	项	1		782 000		782 000		782 000				782 000	782 000
97	构筑物及其他	项	1		265 000		265 000		265 000				265 000	265 000
98	收费站设备安装	处	1	8 236	372	4 110	12 718	2 441	15 159	5 335	1 193	755	22 442	22 442
99	收费车道设备安装	个	4	24 129	6 415	11 918	42 462	8 148	50 610	16 396	3 986	2 471	73 463	18 365.75
100	收费大棚	处	1		1 575 000		1 575 000		1 575 000				1 575 000	1 575 000
101	单向收费亭	个	4	753	137 084	107	137 944	458	138 402	617	470	261	139 750	34 937.5
102	双向收费亭	个	1	236	37 588	33	37 857	144	38 001	193	146	81	38 421	38 421
103	单向入口收费岛	个	2	9 334	83 124	1 186	93 644	7 707	101 351	9 150	7 462	4 104	122 067	61 033.5
104	单向出口收费岛	个	2	9 334	83 124	1 186	93 644	7 707	101 351	9 150	7 462	4 104	122 067	61 033.5
105	双向收费岛	个	1	6 717	62 076	853	69 646	5 751	75 397	6 732	5 553	3 052	90 734	90 734
106	预埋管线	m	2 112	11 671	54 282	930	66 883	6 375	73 258	9 097	5 423	3 054	90 832	43.01
107	线缆敷设	公路公里	42.35	18 161	199 820	828	218 809	19 966	238 775	21 362	17 679	9 668	287 484	6 788.29
108	人孔	个	7	7 251	20 401	1 177	28 829	2 867	31 696	4 854	2 347	1 354	40 251	5 750.14

编制：×××　　　　复核：×××

续上表

建设项目名称：××项目

编 制 范 围:K0 +000 ~ K42 +983

第 8 页 共 9 页 03 表

序号	工程名称	单位	工程量	直接费（元）						间接费（元）	利润（元）费率7%	税金（元）综合税率3.48%	建筑安装工程费	
				直接工程费				其他工程费	合计				合计（元）	单价（元）
				人工费	材料费	机械使用费	合计							
1	2	3	4	5	6	7	8	9	10	11	12	13	14	15
109	收费岛设备基础	个	42	444	4 998	20	5 462	498	5 960	528	442	241	7 171	170.74
110	雨棚立柱手孔	个	6	59	678	2	739	67	806	71	60	32	969	161.5
111	广场配电分线箱用手孔	个	2	51	405	2	458	42	500	50	37	20	607	303.5
112	广场摄像机基础及手孔	个	2	1 366	11 628	19	13 013	542	13 555	922	463	267	15 207	7 603.5
113	外网工程	项	1		705 000		705 000		705 000				705 000	705 000
114	构筑物及其他	项	1		665 000		665 000		665 000				665 000	665 000
115	收费站路面	处	1	606 698	11 595 429	1 336 006	13 538 133	949 927	14 488 060	754 153	1 049 245	566 944	16 858 402	16 858 402
116	设备安装	项	1	14 113	1 334	7 923	23 370	4 487	27 857	9 371	2 196	1 371	40 795	40 795
117	光（电）缆敷设及辅材安装	项	1	203	1 773	14	1 990	184	2 174	210	161	88	2 633	2 633
118	设备安装	公路公里	42.35	17 360	2 761	5 113	25 234	4 843	30 077	11 002	2 368	1 512	44 959	1 061.61
119	广场照明灯、箱	公路公里	42.35	2 997	26 655	3 400	33 052	6 345	39 397	6 179	3 103	1 695	50 374	1 189.47
120	电缆敷设	公路公里	42.35	30 410	118 073	1 806	150 289	14 480	164 769	22 198	12 199	6 930	206 096	4 866.49

编制：××× 复核：×××

续上表

建设项目名称：××项目

编 制 范 围：K0 +000 ~ K42 +983

第9页　共9页　03表

序号	工程名称	单位	工程量	直接费（元）						间接费（元）	利润（元）费率7%	税金（元）综合税率3.48%	建筑安装工程费	
				直接工程费				其他工程费	合计				合计（元）	单价（元）
				人工费	材料费	机械使用费	合计							
1	2	3	4	5	6	7	8	9	10	11	12	13	14	15
121	土建工程	公路公里	42.35	2 473	18 009 999	66	18 012 538	921	18 013 459	1 623	760	440	18 016 282	425 413.98
122	外线工程	km	1.5		300 000		300 000		300 000				300 000	200 000
123	改路	km	3.183	10 439	348 462	311 868	670 769	48 424	719 193	30 992	52 209	27 924	830 318	260 860.19
124	公路交工前养护费	km	42.35	196 416			196 416	24 911	221 327	91 294	16 150	11 441	340 212	8 033.34
125	撒播草种	m^2	1 476 750	1 279 065	1 915 772	684 211	3 879 048	415 529	4 294 577	770 198	317 199	187 292	5 569 266	3.77
126	种植乔木	株	770	8 272	30 857	214	39 343	3 792	43 135	5 942	3 194	1 819	54 090	70.25
127	种植灌木	株	108 829	1 039 518	2 767 825	30 165	3 837 508	379 633	4 217 141	677 019	312 248	181 183	5 387 591	49.51
128	收费站、养护工区综合楼	m^2	3 650		10 767 500		10 767 500		10 767 500				10 767 500	2 950
129	附属房屋	m^2	860.5		1 677 975		1 677 975		1 677 975				1 677 975	1 950
130	服务区综合楼	m^2	5 635.5		18 315 375		18 315 375		18 315 375				18 315 375	3 250
131	附属房屋	m^2	986.5		2 855 918		2 855 918		2 855 918				2 855 918	2 895
	各项费用合计			43 100 838	483 242 809	111 047 976	637 391 623	45 916 088	683 307 711	43 542 897	45 537 913	24 849 037	797 237 558	18 824 972

编制：×××　　　　复核：×××

其他工程费及间接费综合费率计算表

建设项目名称:××项目

编 制 范 围:K0+000~K42+983　　　　第1页　共1页　04表

序号	工程类别	其他工程费费率(%) 冬季施工增加费	雨季施工增加费	夜间施工增加费	高原地区施工增加费	风沙地区施工增加费	沿海地区工程施工增加费	行车干扰工程施工增加费	施工标准化与安全措施费	临时设施费	施工辅助费	工地转移费	综合费率 Ⅰ	综合费率 Ⅱ	间接费费率(%) 规费 养老保险费	失业保险费	医疗保险费	住房公积金	工伤保险费	综合费率	企业管理费 基本费用	主副食运费补贴	职工探亲路费	职工取暖补贴	财务费用	综合费率
1	2	3	4	5	6	7	8	9	10	11	12	13	14	15	16	17	18	19	20	21	22	23	24	25	26	27
1	人工土方	3.07	0.04			6			0.7	1.73	0.89	0.253	6.683	6	20	2	6.7	12	1	41.7	3.36	0.292	0.1	0.26	0.23	4.242
2	机械土方	4.71	0.04			4			0.7	1.56	0.49	0.818	8.318	4	20	2	6.7	12	1	41.7	3.26	0.225	0.22	0.55	0.21	4.465
3	汽车运输	0.84	0.04			4			0.25	1.01	0.16	0.486	2.786	4	20	2	6.7	12	1	41.7	1.44	0.235	0.14	0.51	0.21	2.535
4	人工石方	0.65	0.02						0.7	1.76	0.85	0.263	4.243		20	2	6.7	12	1	41.7	3.45	0.225	0.1	0.25	0.22	4.245
5	机械石方	0.91	0.03						0.7	2.17	0.46	0.551	4.821		20	2	6.7	12	1	41.7	3.28	0.208	0.22	0.44	0.2	4.348
6	高级路面	3	0.03			0.5			1.18	2.11	0.8	1.013	8.133	0.5	20	2	6.7	12	1	41.7	1.91	0.141	0.14	0.31	0.27	2.771
7	其他路面	1.2	0.03			2			1.2	2.06	0.74	0.918	6.148	2	20	2	6.7	12	1	41.7	3.28	0.141	0.16	0.3	0.3	4.181
8	构造物Ⅰ	2.76	0.03			4			0.85	2.92	1.3	0.918	8.778	4	20	2	6.7	12	1	41.7	4.44	0.215	0.29	0.46	0.37	5.775
9	构造物Ⅱ	3.4	0.03	0.35					0.92	3.45	1.56	1.089	10.799		20	2	6.7	12	1	41.7	5.53	0.235	0.34	0.51	0.4	7.015
10	构造物Ⅲ	6.69	0.06	0.7					1.85	6.39	3.03	2.16	20.88		20	2	6.7	12	1	41.7	9.79	0.423	0.55	0.93	0.82	12.513
11	技术复杂大桥	3.87	0.03	0.35					1.01	3.21	1.68	1.232	11.382		20	2	6.7	12	1	41.7	4.72	0.188	0.2	0.42	0.46	5.988
12	隧道	1.12							0.86	2.83	1.23	0.866	6.906		20	2	6.7	12	1	41.7	4.22	0.181	0.27	0.36	0.39	5.421
13	钢材及钢结构	0.29		0.35		1			0.63	2.73	0.56	1.181	5.741	1	20	2	6.7	12	1	41.7	2.42	0.188	0.16	0.31	0.48	3.558
14	设备安装工程	6.69							0.925	6.39	3.03	2.16	19.195		20	2	6.7	12	1	41.7	9.79	0.423	0.55	0.93	0.82	12.513
15	金属标志牌安装	0.29				1			0.63	2.73	0.56	1.181	5.391	1	20	2	6.7	12	1	41.7	2.42	0.188	0.16	0.31	0.48	3.558
16	费率为0																									

编制:×××　　　　复核:×××

设备、工具、器具购置费计算表

建设项目名称：××项目

编 制 范 围：K0+000 ~ K42+983　　　　第1页　　共1页　05表

序　号	设备、工具、器具规格名称	单　位	数　量	单价(元)	金额(元)	说　　明
一	设备购置费	公路公里	42.35	637 544.27	27 000 000	
1	需安装的设备	公路公里	42.35	484 061.39	20 500 000	
	监控系统设备	元	1	2 500 000	2 500 000	
	收费系统设备	元	1	11 000 000	11 000 000	
	供电照明系统设备	元	1	3 000 000	3 000 000	
	房屋建筑	元	1	4 000 000	4 000 000	
2	不需安装的设备	公路公里	42.35	153 482.88	6 500 000	
	管理养护设备	元	1	6 500 000	6 500 000	
二	工具、器具购置	公路公里	42.35	53 128.69	2 250 000	
	工具、器具购置	元	1	2 250 000	2 250 000	
三	办公及生活用家具购置	公路公里	42.35	15 600	660 660	
	办公及生活用家具购置	km	42.35	15 600	660 660	

编制：×××　　　　复核：×××

工程建设其他费用及回收金额计算表

建设项目名称:××项目

编 制 范 围:K0+000~K42+983　　　　第1页　共3页　06表

序号	费用名称及回收金额项目	说明及计算式	金额(元)	备　注
	第三部分 工程建设其他费用		165 945 102	
一	土地征用及拆迁补偿费		52 929 162	
1	土地补偿费		29 744 360	
	林地	171.77 亩×20 000 元/亩	3 435 400	
	草地	2 478.08 亩×4 000 元/亩	9 912 320	
	灌木	777.98 亩×15 000 元/亩	11 669 700	
	临时占地(草地)	2 215.12 亩×2 000 元/亩	4 430 240	
	退耕地	19.78 亩×15 000 元/亩	296 700	
2	征用耕地安置补助费		1 477 940	
	旱地	22.22 亩×16 000 元/亩	355 520	
	水浇地	43.17 亩×26 000 元/亩	1 122 420	
3	拆迁补偿费		4 538 220	
	10cm 树苗	7 株×20 元/株	140	
	10~20cm 树苗	15 株×50 元/株	750	
	20cm 树苗	379 株×150 元/株	56 850	
	灌木	1 908 株×10 元/株	19 080	
	砖瓦房	$150m^2$×1 500 元/m^2	225 000	
	土房	$190m^2$×800 元/m^2	152 000	
	围栏	9 430m×60 元/m	565 800	
	水井	2 眼×50 000 元/眼	100 000	
	畜圈	1 处×600 元/处	600	
	35kV 电力	1 根×350 000 元/根	350 000	

编制:×××　　　　复核:×××

续上表

建设项目名称：××项目

编 制 范 围：K0 +000 ~ K42 +983

第2页　共3页　06表

序号	费用名称及回收金额项目	说明及计算式	金额(元)	备　注
	10kV 电力	6 根×500 000 元/根	3 000 000	
	套管	60m×100 元/m	6 000	
	光缆	240m×200 元/m	48 000	
	土坟	7 座×2 000 元/座	14 000	
4	复耕费		4 430 240	
	复耕费	2 215.12 亩×2 000 元/亩	4 430 240	
5	耕地开垦费		363 327	
	旱地	22.22 亩×4 500 元/亩	99 990	
	水浇地	43.17 亩×6 100 元/亩	263 337	
6	森林植被恢复费		5 698 500	
	恢复费	949.75 亩×6 000 元/亩	5 698 500	
7	其他		6 676 575	
	征地管理费	1 元×240 192.4 元/元	240 192	
	林地管理费	1 元×154 018 元/元	154 018	
	耕地占用税	65.39 亩×1 333 元/亩	87 165	
	草原植被恢复费	2 478.08 亩×2 500 元/亩	6 195 200	
二	建设项目管理费		31 712 910	
1	建设单位(业主)管理费	累进办法建管费	10 476 533	10 476 533
2	工程监理费	建安费×2.5%	19 930 939	797 237 558×2.5%
3	设计文件审查费	建安费×0.1%	797 238	797 237 558×0.1%
4	竣(交)工验收试验检测费		508 200	
	竣工检测费	42.35km×12 000 元/km	508 200	
三	研究试验费			

编制：×××　　　　复核：×××

续上表

建设项目名称：××项目

编 制 范 围:K0 +000 ~ K42 +983　　　　第 3 页　　共 3 页　06 表

序号	费用名称及回收金额项目	说明及计算式	金额(元)	备　注
四	建设项目前期工作费		15 600 000	
	前期工作费	1 元×15 600 000 元/元	15 600 000	
五	专项评价(估)费		3 272 750	
	专项评估费	42. 35km×65 000 元/km	2 752 750	
	文物勘探费	1 元×520 000 元/元	520 000	
六	施工机构迁移费			
七	供电贴费			
八	联合试运转费	建安费×0. 05%	398 619	797 237 558×0. 05%
九	生产人员培训费		440 000	
	培训费	220 人×2 000 元/人	440 000	
十	固定资产投资方向调节税			
十一	建设期贷款利息	建设期贷款利息	61 591 661	
	预备费		27 945 050	
	1. 价差预备费	价差预备费		
	2. 基本预备费	(第一、二、三部分合计 - 建设期贷款利息)×0. 03	27 945 050	(993 093 320 - 61 591 661)×0. 03
	新增加费用项目(不作预备费基数)			
	概(预)算总金额	第一、二、三部分合计+预备费+新增加费用项目(不作预备费基数)	1 021 038 370	993 093 320 +27 945 050 +0
	其中:回收金额			
	公路基本造价	概(预)算总金额 - 其中:回收金额	1 021 038 370	1 021 038 370 - 0

编制:×××　　　　复核:×××

人工、材料、机械台班单价汇总表

建设项目名称：× ×项目

编 制 范 围：K0 +000 ~ K42 +983

第1页　共5页　07表

序号	名　称	单位	代号	预算单价(元)	备　注	序号	名　称	单位	代号	预算单价(元)	备　注
1	人工	工日	1	51.53		25	法兰	kg	244	9.87	
2	机械工	工日	2	51.53		26	钢管立柱	t	247	6 014.53	
3	原木	m^3	101	1 672.32		27	型钢立柱	t	248	5 435.35	
4	锯材	m^3	102	1 774.82		28	波形钢板	t	249	6 267.03	
5	枕木	m^3	103	1 723.57		29	柱帽	个	251	8.84	
6	光圆钢筋	t	111	3 466.07		30	钢护筒	t	263	5 182.85	
7	带肋钢筋	t	112	3 414.82		31	钢模板	t	271	5 384.85	
8	冷轧带肋钢筋网	t	113	4 952.32		32	组合钢模板	t	272	5 081.85	
9	钢绞线	t	125	6 079.82		33	门式钢支架	t	273	5 081.85	
10	波纹管钢带	t	151	5 259.82		34	四氟板式橡胶组合支座	dm^3	401	113.18	
11	型钢	t	182	3 568.57		35	板式橡胶支座	dm^3	402	92.68	
12	钢板	t	183	3 671.07		36	盆式橡胶支座(4 000kN)	套	509	6 507.82	
13	钢管	t	191	5 772.32		37	盆式橡胶支座(10 000kN)	套	515	21 403.03	
14	镀锌钢管	t	192	5 567.32		38	盆式橡胶支座(15 000kN)	套	517	32 789.49	
15	镀锌钢板	t	208	5 874.82		39	盆式橡胶支座(20 000kN)	套	519	47 650.18	
16	钢钎	kg	211	7.11		40	模数式伸缩缝	t	541	18 312.85	
17	空心钢钎	kg	212	8.34		41	铸铁	kg	561	3.21	
18	φ50mm 以内合金钻头	个	213	28.85		42	钢绞线群锚(3 孔)	套	572	108.43	
19	钢丝绳	t	221	6 079.82		43	钢绞线群锚(7 孔)	套	576	252.54	
20	钢纤维	t	225	8 334.82		44	钢绞线群锚(22 孔)	套	586	795.79	
21	电焊条	kg	231	6.81		45	铁件	kg	651	6.81	
22	螺栓	kg	240	11.02		46	镀锌铁件	kg	652	6.81	
23	镀锌螺栓	kg	241	15		47	铁钉	kg	653	6.81	
24	膨胀螺栓	套	242	3.1		48	8 ~ 12 号铁丝	kg	655	6.8	

编制：× × ×　　　　复核：× × ×

续上表

建设项目名称：××项目

编 制 范 围：K0+000～K42+983　　　　第2页　　共5页　07表

序号	名　　称	单位	代号	预算单价(元)	备　注	序号	名　　称	单位	代号	预算单价(元)	备　注
49	20～22号铁丝	kg	656	6.8		73	反光玻璃珠	kg	739	3	
50	铜接地板	kg	660	21.15		74	反光膜(2)	m^2	740	374.55	
51	铝合金标志	t	668	19 827.85		75	反光膜	m^2	740	184.55	
52	铸铁管	kg	682	3.72		76	柱式轮廓标	根	744	98.12	
53	钢板网	m^2	692	20.57		77	环氧树脂	kg	746	28.84	
54	照明灯具	盏	698	1 516.26		78	玻璃纤维布	m^2	771	2.59	
55	通信子管	m	700	3.62		79	土工格栅	m^2	772	12.36	
56	光缆	m	701	44.61		80	U形锚钉	kg	775	4.95	
57	4芯单模光缆(2)	m	701	4.5		81	塑料软管	kg	782	17.77	
58	光缆接头盒(48芯以内)	个	704	472.38		82	塑料弹簧软管(ϕ50mm)	m	783	12.83	
59	尾纤	根	707	153.75		83	草籽	kg	821	103.66	
60	电缆(2)	m	708	5.8		84	乔木	株	823	34.12	
61	电缆	m	708	39.15		85	灌木	株	824	21.45	
62	屏蔽线	m	710	1.97		86	油毛毡	m^2	825	3.75	
63	电线	m	711	2.72		87	32.5级水泥	t	832	494.69	
64	裸铝(铜)线	m	712	3.48		88	42.5级水泥	t	833	546.46	
65	皮线	m	714	5.68		89	52.5级水泥	t	834	691.39	
66	户外终端盒(热塑头)	套	717	374.39		90	硝铵炸药	kg	841	12.48	
67	铜接线端子	个	719	6.97		91	导火线	m	842	1.23	
68	线槽	m	720	15.38		92	普通雷管	个	845	1.23	
69	油漆	kg	732	13.97		93	石油沥青	t	851	5 502.08	
70	标线漆	kg	733	39.6		94	改性沥青	t	852	6 505.04	
71	桥面防水涂料	kg	735	6.49		95	改性乳化石油沥青	t	855	4 784.17	
72	热熔涂料	kg	738	7		96	重油	kg	861	3.88	

编制：×××　　　　复核：×××

续上表

建设项目名称：××项目

编 制 范 围：K0 +000 ~ K42 +983

第3页　共5页　07表

序号	名　称	单位	代号	预算单价(元)	备　注	序号	名　称	单位	代号	预算单价(元)	备　注
97	汽油	kg	862	9.51		121	路面用碎石(2.5cm)	m^3	966	197.56	
98	柴油	kg	863	7.88		122	路面用碎石(3.5cm)	m^3	967	194.94	
99	煤	t	864	550.27		123	块石	m^3	981	153.73	
100	电	kW·h	865	1.5		124	开采片石	m^3	8 931	39.15	
101	水	m^3	866	12		125	反射器	个	20 065	140.03	
102	青(红)砖	千块	877	551.09		126	机制砂	m^3	100 898	128.27	
103	生石灰	t	891	328.9		127	未筛分碎石	m^3	100 958	93	
104	土	m^3	895	25		128	其他材料费	元	996	1	
105	砂	m^3	897	67.45		129	设备摊销费	元	997	1	
106	中(粗)砂	m^3	899	53.25		130	75kW 以内履带式推土机	台班	1 003	781.36	
107	砂砾	m^3	902	61.05		131	105kW 以内履带式推土机	台班	1 005	1 036.45	
108	天然级配	m^3	908	61.05		132	135kW 以内履带式推土机	台班	1 006	1 480.46	
109	黏土	m^3	911	299.99		133	165kW 以内履带式推土机	台班	1 007	1 746.55	
110	碎石土	m^3	915	25		134	$12m^3$ 以内拖式(含头)铲运机	台班	1 025	1 688.71	
111	片石	m^3	931	83.68		135	$0.6m^3$ 以内履带式单斗挖掘机	台班	1 027	615.17	
112	石渣	m^3	939	61.94		136	$1.0m^3$ 以内履带式单斗挖掘机	台班	1 035	1 022.71	
113	矿粉	t	949	244.44		137	$2.0m^3$ 以内履带式单斗挖掘机	台班	1 037	1 684.9	
114	碎石(2cm)	m^3	951	125.82		138	$1.0m^3$ 以内轮胎式装载机	台班	1 048	553.1	
115	碎石(4cm)	m^3	952	121.25		139	$2.0m^3$ 以内轮胎式装载机	台班	1 050	988.19	
116	碎石(6cm)	m^3	953	116.15		140	$3.0m^3$ 以内轮胎式装载机	台班	1 051	1 257.58	
117	碎石(8cm)	m^3	954	114.59		141	120kW 以内平地机	台班	1 057	1 164.03	
118	碎石	m^3	958	119.03		142	6 ~ 8t 光轮压路机	台班	1 075	311.42	
119	石屑	m^3	961	191.26		143	8 ~ 10t 光轮压路机	台班	1 076	351.85	
120	路面用碎石(1.5cm)	m^3	965	208.48		144	10 ~ 12t 光轮压路机	台班	1 077	464.03	

编制：×××　　复核：×××

续上表

建设项目名称:××项目

编 制 范 围:K0+000~K42+983

第4页　共5页　07表

序号	名　称	单位	代号	预算单价(元)	备　注	序号	名　称	单位	代号	预算单价(元)	备　注
145	12~15t光轮压路机	台班	1 078	534.67		167	$60m^3/h$ 以内混凝土输送泵	台班	1 316	1 449.15	
146	18~21t光轮压路机	台班	1 080	710.23		168	$40m^3/h$ 以内水泥混凝土搅拌站	台班	1 325	1 464.24	
147	0.6t以内手扶式振动碾	台班	1 083	112.95		169	$60m^3/h$ 以内水泥混凝土搅拌站	台班	1 327	2 612.88	
148	15t以内振动压路机	台班	1 088	998.08		170	拉伸力900kN以内预应力拉伸机	台班	1 344	69.47	
149	20t以内振动压路机	台班	1 089	1 323.33		171	拉伸力5 000kN以内预应力拉伸机	台班	1 347	243.8	
150	200~620N·m蛙式夯土机	台班	1 094	35.09		172	油泵、千斤顶各1钢绞线拉伸设备	台班	1 349	150.91	
151	300t/h以内稳定土厂拌设备	台班	1 160	1471.1		173	含钢带点焊机波纹管卷制机	台班	1 352	256.43	
152	摊铺宽12.5m稳定土摊铺机	台班	1 166	2 906.33		174	2t以内载货汽车	台班	1 370	297.11	
153	4 000L以内液态沥青运输车	台班	1 185	550.07		175	4t以内载货汽车	台班	1 372	445.21	
154	4 000L以内沥青洒布车	台班	1 193	558.91		176	6t以内载货汽车	台班	1 374	453.8	
155	30t/h以内沥青拌和设备	台班	1 201	5 590.12		177	15t以内载货汽车	台班	1 378	874.95	
156	320t/h以内沥青拌和设备	台班	1 207	55 904.97		178	3t以内自卸汽车	台班	1 382	446.35	
157	12.5m以内带自动找平沥青混合料摊铺机	台班	1 214	3 659.15		179	5t以内自卸汽车	台班	1 383	552.84	
158	2.5~3.5m稀浆封层机	台班	1 216	2 984.98		180	15t以内自卸汽车	台班	1 388	894.68	
159	16~20t轮胎式压路机	台班	1 224	747.02		181	20t平板拖车组	台班	1 393	862.84	
160	20~25t轮胎式压路机	台班	1 225	912.47		182	30t平板拖车组	台班	1 394	1 052.28	
161	热熔标线设备	台班	1 227	711.64		183	40t平板拖车组	台班	1 395	1 283.01	
162	2.5~4.5m轨道式水泥混凝土摊铺机	台班	1 235	1 228.33		184	80t平板拖车组	台班	1 397	2 072.98	
163	电动混凝土刻纹机	台班	1 243	236.88		185	4 000L以内洒水汽车	台班	1 404	615.09	
164	电动混凝土切缝机	台班	1 245	163		186	6 000L以内洒水汽车	台班	1 405	646.26	
165	250L以内强制式混凝土搅拌机	台班	1 272	149.22		187	8 000L以内洒水汽车	台班	1 406	809.29	
166	$6m^3$ 以内混凝土搅拌运输车	台班	1 307	1 404.26		188	1.0t以内机动翻斗车	台班	1 408	155.28	

编制:×××　　复核:×××

续上表

建设项目名称：××项目

编 制 范 围：K0+000～K42+983　　　　第5页　共5页　07表

序号	名　称	单位	代号	预算单价(元)	备　注	序号	名　称	单位	代号	预算单价(元)	备　注
189	功率30kW轨道拖车头	台班	1 411	282.75		213	ϕ250×400mm电动颚式破碎机	台班	1 757	232.71	
190	3t以内电瓶车	台班	1 416	231.25		214	生产率8～20m^3/h滚筒式筛分机	台班	1 775	188.9	
191	15t以内履带式起重机	台班	1 432	697.07		215	9m^3/min以内机动空压机	台班	1 842	730.07	
192	5t以内汽车式起重机	台班	1 449	498.97		216	光纤熔接机	台班	1 948	183.92	
193	8t以内汽车式起重机	台班	1 450	636.03		217	光时域反射仪	台班	1 950	732.89	
194	12t以内汽车式起重机	台班	1 451	851.1		218	光纤测试仪	台班	1 952	330.08	
195	20t以内汽车式起重机	台班	1 453	1 227.4		219	微机硬盘测试仪	台班	1 954	134.09	
196	30t以内汽车式起重机	台班	1 455	1 592.82		220	网络分析仪	台班	1 958	192	
197	40t以内汽车式起重机	台班	1 456	2 269.89		221	高压试验变压器全套装置	台班	1 971	180.3	
198	75t以内汽车式起重机	台班	1 458	3 337.17		222	继电保护测试仪	台班	1 972	134.38	
199	最大作业高度15m高空作业车	台班	1 462	591.89		223	三相精密测试电源	台班	1 973	81.64	
200	30kN以内单筒慢动电动卷扬机	台班	1 499	125.12		224	直流高压发生器	台班	1 974	36.27	
201	50kN以内单筒慢动电动卷扬机	台班	1 500	154.28		225	轻型试验变压器	台班	1 975	25.39	
202	80kN以内单筒慢动电动卷扬机	台班	1 501	204.28		226	电能校验仪	台班	1 977	50.41	
203	10m×0.5m皮带运输机	台班	1 531	124.82		227	真空断路器测试仪	台班	1 979	185.19	
204	4t以内内燃叉车	台班	1 548	424.27		228	功率90kW以内工程修理车	台班	1 987	686.01	
205	300kg以内液压升降机	台班	1 560	79.25		229	小型机具使用费	元	1 998	1	
206	ϕ1 500mm以内回旋钻机	台班	1 600	1634.4							
207	100～150L泥浆搅拌机	台班	1 624	73.8							
208	ϕ100mm以内电动多级离心水泵	台班	1 663	428.48							
209	32kV·A交流电弧焊机	台班	1 726	190.22							
210	100kV·A交流对焊机	台班	1 746	344.35							
211	150kV·A交流对焊机	台班	1 747	486.01							
212	ϕ150×250mm电动颚式破碎机	台班	1 756	151.12							

编制：×××　　　　复核：×××

材料预算单价计算表

建设项目名称:××项目

编 制 范 围:K0+000~K42+983

第1页　共7页　09表

序号	规格名称	单位	原价(元)	运杂费				单位运费(元)	原价运费合计(元)	场外运输损耗		采购及保管费		预算单价(元)
				供应地点	运输方式、比重及运距	毛重系数或单位毛重	运杂费构成说明或计算式			费率(%)	金额(元)	费率(%)	金额(元)	
1	原木	m^3	1 500	供应点~工地	汽车,1.00,178km	1	0.450×178×(1+57.47%)+5.40	131.533	1 631.53			2.5	40.788	1 672.32
2	锯材	m^3	1 600	供应点~工地	汽车,1.00,178km	1	0.450×178×(1+57.47%)+5.40	131.533	1 731.53			2.5	43.288	1 774.82
3	枕木	m^3	1 550	供应点~工地	汽车,1.00,178km	1	0.450×178×(1+57.47%)+5.40	131.533	1 681.53			2.5	42.038	1 723.57
4	光圆钢筋	t	3 250	供应点~工地	汽车,1.00,178km	1	0.450×178×(1+57.47%)+5.40	131.533	3 381.53			2.5	84.538	3 466.07
5	带肋钢筋	t	3 200	供应点~工地	汽车,1.00,178km	1	0.450×178×(1+57.47%)+5.40	131.533	3 331.53			2.5	83.288	3 414.82
6	冷轧带肋钢筋网	t	4 700	供应点~工地	汽车,1.00,178km	1	0.450×178×(1+57.47%)+5.40	131.533	4 831.53			2.5	120.788	4 952.32
7	钢绞线	t	5 800	供应点~工地	汽车,1.00,178km	1	0.450×178×(1+57.47%)+5.40	131.533	5 931.53			2.5	148.288	6 079.82
8	波纹管钢带	t	5 000	供应点~工地	汽车,1.00,178km	1	0.450×178×(1+57.47%)+5.40	131.533	5 131.53			2.5	128.288	5 259.82
9	型钢	t	3 350	供应点~工地	汽车,1.00,178km	1	0.450×178×(1+57.47%)+5.40	131.533	3 481.53			2.5	87.038	3 568.57
10	钢板	t	3 450	供应点~工地	汽车,1.00,178km	1	0.450×178×(1+57.47%)+5.40	131.533	3 581.53			2.5	89.538	3 671.07
11	钢管	t	5 500	供应点~工地	汽车,1.00,178km	1	0.450×178×(1+57.47%)+5.40	131.533	5 631.53			2.5	140.788	5 772.32
12	镀锌钢管	t	5 300	供应点~工地	汽车,1.00,178km	1	0.450×178×(1+57.47%)+5.40	131.533	5 431.53			2.5	135.788	5 567.32
13	镀锌钢板	t	5 600	供应点~工地	汽车,1.00,178km	1	0.450×178×(1+57.47%)+5.40	131.533	5 731.53			2.5	143.288	5 874.82
14	钢钎	kg	6.8	供应点~工地	汽车,1.00,178km	0.001	(0.450×178×(1+57.47%)+5.40)×0.001	0.132	6.93			2.5	0.173	7.11
15	空心钢钎	kg	8	供应点~工地	汽车,1.00,178km	0.001	(0.450×178×(1+57.47%)+5.40)×0.001	0.132	8.13			2.5	0.203	8.34
16	φ50mm以内合金钻头	个	28	供应点~工地	汽车,1.00,178km	0.001 1	(0.450×178×(1+57.47%)+5.40)×0.001 1	0.145	28.15			2.5	0.704	28.85
17	钢丝绳	t	5 800	供应点~工地	汽车,1.00,178km	1	0.450×178×(1+57.47%)+5.40	131.533	5 931.53			2.5	148.288	6 079.82

编制:×××　　复核:×××

续上表

建设项目名称：××项目

编 制 范 围：K0 +000 ~ K42 +983

第2页　共7页　09表

序号	规格名称	单位	原价（元）	运杂费				单位运费（元）	原价运费合计（元）	场外运输损耗		采购及保管费		预算单价（元）
				供应地点	运输方式、比重及运距	毛重系数或单位毛重	运杂费构成说明或计算式			费率（%）	金额（元）	费率（%）	金额（元）	
18	钢纤维	t	8 000	供应点~工地	汽车,1.00,178km	1	0.450×178×(1+57.47%)+5.40	131.533	8 131.53			2.5	203.288	8 334.82
19	电焊条	kg	6.5	供应点~工地	汽车,1.00,178km	0.001 1	[0.450×178×(1+57.47%)+5.40]×0.001 1	0.145	6.65			2.5	0.166	6.81
20	镀锌螺栓	kg	14.5	供应点~工地	汽车,1.00,178km	0.001	[0.450×178×(1+57.47%)+5.40]×0.001	0.132	14.63			2.5	0.366	15
21	膨胀螺栓	套	3	供应点~工地	汽车,1.00,178km	0.000 186	[0.450×178×(1+57.47%)+5.40]×0.000 2	0.024	3.02			2.5	0.076	3.1
22	法兰	kg	9.5	供应点~工地	汽车,1.00,178km	0.001	[0.450×178×(1+57.47%)+5.40]×0.001	0.132	9.63			2.5	0.241	9.87
23	型钢立柱	t	5 250	供应点~工地	汽车,1.00,178km	1	0.450×178×(1+57.47%)+5.40	131.533	5 381.53			1	53.815	5 435.35
24	柱帽	个	8.5	供应点~工地	汽车,1.00,178km	0.000 96	[0.450×178×(1+57.47%)+5.40]×0.001	0.126	8.63			2.5	0.216	8.84
25	钢护筒	t	5 000	供应点~工地	汽车,1.00,178km	1	0.450×178×(1+57.47%)+5.40	131.533	5 131.53			1	51.315	5 182.85
26	钢模板	t	5 200	供应点~工地	汽车,1.00,178km	1	0.450×178×(1+57.47%)+5.40	131.533	5 331.53			1	53.315	5 384.85
27	组合钢模板	t	4 900	供应点~工地	汽车,1.00,178km	1	0.450×178×(1+57.47%)+5.40	131.533	5 031.53			1	50.315	5 081.85
28	门式钢支架	t	4 900	供应点~工地	汽车,1.00,178km	1	0.450×178×(1+57.47%)+5.40	131.533	5 031.53			1	50.315	5 081.85
29	四氟板式橡胶组合支座	dm^3	110	供应点~工地	汽车,1.00,178km	0.003 2	[0.450×178×(1+57.47%)+5.40]×0.003 2	0.421	110.42			2.5	2.761	113.18
30	板式橡胶支座	dm^3	90	供应点~工地	汽车,1.00,178km	0.003 2	[0.450×178×(1+57.47%)+5.40]×0.003 2	0.421	90.42			2.5	2.261	92.68
31	盆式橡胶支座(4 000kN)	套	6 410	供应点~工地	汽车,1.00,178km	0.253 8	[0.450×178×(1+57.47%)+5.40]×0.253 8	33.383	6 443.38			1	64.434	6 507.82
32	盆式橡胶支座(10 000kN)	套	21 075	供应点~工地	汽车,1.00,178km	0.882 8	[0.450×178×(1+57.47%)+5.40]×0.882 8	116.118	21 191.12			1	211.911	21 403.029
33	盆式橡胶支座(15 000kN)	套	32 270	供应点~工地	汽车,1.00,178km	1.481 3	[0.450×178×(1+57.47%)+5.40]×1.481 3	194.841	32 464.84			1	324.648	32 789.488
34	盆式橡胶支座(20 000kN)	套	46 886	供应点~工地	汽车,1.00,178km	2.223	[0.450×178×(1+57.47%)+5.40]×2.223	292.399	47 178.4			1	471.784	47 650.18

编制：×××　　　　复核：×××

续上表

建设项目名称:××项目

编　制　范　围:K0+000~K42+983　　　　第3页　　共7页　09表

序号	规格名称	单位	原价(元)	运杂费					原价运费合计(元)	场外运输损耗		采购及保管费		预算单价(元)
				供应地点	运输方式、比重及运距	毛重系数或单位毛重	运杂费构成说明或计算式	单位运费(元)		费率(%)	金额(元)	费率(%)	金额(元)	
35	模数式伸缩缝	t	18 000	供应点~工地	汽车,1.00,178km	1	0.450×178×(1+57.47%)+5.40	131.533	18 131.53			1	181.315	18 312.85
36	铸铁	kg	3	供应点~工地	汽车,1.00,178km	0.001	[0.450×178×(1+57.47%)+5.40]×0.001	0.132	3.13			2.5	0.078	3.21
37	钢绞线群锚(3孔)	套	105	供应点~工地	汽车,1.00,178km	0.006	[0.450×178×(1+57.47%)+5.40]×0.006	0.789	105.79			2.5	2.645	108.43
38	钢绞线群锚(7孔)	套	245	供应点~工地	汽车,1.00,178km	0.010 5	[0.450×178×(1+57.47%)+5.40]×0.010 5	1.381	246.38			2.5	6.16	252.54
39	钢绞线群锚(22孔)	套	770	供应点~工地	汽车,1.00,178km	0.048 5	[0.450×178×(1+57.47%)+5.40]×0.048 5	6.379	776.38			2.5	19.41	795.79
40	铁件	kg	6.5	供应点~工地	汽车,1.00,178km	0.001 1	[0.450×178×(1+57.47%)+5.40]×0.001 1	0.145	6.65			2.5	0.166	6.81
41	镀锌铁件	kg	6.5	供应点~工地	汽车,1.00,178km	0.001 1	[0.450×178×(1+57.47%)+5.40]×0.001 1	0.145	6.65			2.5	0.166	6.81
42	铁钉	kg	6.5	供应点~工地	汽车,1.00,178km	0.001 1	[0.450×178×(1+57.47%)+5.40]×0.001 1	0.145	6.65			2.5	0.166	6.81
43	8~12号铁丝	kg	6.5	供应点~工地	汽车,1.00,178km	0.001	[0.450×178×(1+57.47%)+5.40]×0.001	0.132	6.63			2.5	0.166	6.8
44	20~22号铁丝	kg	6.5	供应点~工地	汽车,1.00,178km	0.001	[0.450×178×(1+57.47%)+5.40]×0.001	0.132	6.63			2.5	0.166	6.8
45	铜接地板	kg	20.5	供应点~工地	汽车,1.00,178km	0.001	[0.450×178×(1+57.47%)+5.40]×0.001	0.132	20.63			2.5	0.516	21.15
46	铝合金标志	t	19 500	供应点~工地	汽车,1.00,178km	1	0.450×178×(1+57.47%)+5.40	131.533	19 631.53			1	196.315	19 827.85
47	铸铁管	kg	3.5	供应点~工地	汽车,1.00,178km	0.001	[0.450×178×(1+57.47%)+5.40]×0.001	0.132	3.63			2.5	0.091	3.72
48	照明灯具	盏	1 500	供应点~工地	汽车,1.00,178km	0.009 5	[0.450×178×(1+57.47%)+5.40]×0.009 5	1.25	1 501.25			1	15.013	1 516.26
49	通信子管	m	3.5	供应点~工地	汽车,1.00,178km	0.000 25	[0.450×178×(1+57.47%)+5.40]×0.000 2	0.033	3.53			2.5	0.088	3.62
50	光缆	m	43.5	供应点~工地	汽车,1.00,178km	0.000 15	[0.450×178×(1+57.47%)+5.40]×0.000 1	0.02	43.52			2.5	1.088	44.61
51	光缆接头盒(48芯以内)	个	460	供应点~工地	汽车,1.00,178km	0.006 5	[0.450×178×(1+57.47%)+5.40]×0.006 5	0.855	460.86			2.5	11.521	472.38

编制:×××　　　　复核:×××

续上表

建设项目名称：××项目

编 制 范 围：K0 +000 ~ K42 +983

第4页　共7页　09表

序号	规格名称	单位	原价（元）	运杂费					原价运费合计（元）	场外运输损耗		采购及保管费		预算单价（元）
				供应地点	运输方式、比重及运距	毛重系数或单位毛重	运杂费构成说明或计算式	单位运费（元）		费率（%）	金额（元）	费率（%）	金额（元）	
52	尾纤	根	150	供应点~工地	汽车,1.00,178km	0.000 003	[0.450×178×(1+57.47%)+5.40]×0.000 003		150			2.5	3.75	153.75
53	电缆	m	38	供应点~工地	汽车,1.00,178km	0.001 5	[0.450×178×(1+57.47%)+5.40]×0.001 5	0.197	38.2			2.5	0.955	39.15
54	屏蔽线	m	1.9	供应点~工地	汽车,1.00,178km	0.000 15	[0.450×178×(1+57.47%)+5.40]×0.000 1	0.02	1.92			2.5	0.048	1.97
55	电线	m	2.65	供应点~工地	汽车,1.00,178km	0.000 06	[0.450×178×(1+57.47%)+5.40]×0.000 06	0.008	2.66			2.5	0.066	2.72
56	裸铝(铜)线	m	3.2	供应点~工地	汽车,1.00,178km	0.001 5	[0.450×178×(1+57.47%)+5.40]×0.001 5	0.197	3.4			2.5	0.085	3.48
57	皮线	m	5.5	供应点~工地	汽车,1.00,178km	0.000 3	[0.450×178×(1+57.47%)+5.40]×0.000 3	0.039	5.54			2.5	0.139	5.68
58	户外终端盒(热塑头)	套	360	供应点~工地	汽车,1.00,178km	0.04	[0.450×178×(1+57.47%)+5.40]×0.04	5.261	365.26			2.5	9.132	374.39
59	铜接线端子	个	6.8	供应点~工地	汽车,1.00,178km	0.000 02	[0.450×178×(1+57.47%)+5.40]×0.000 02	0.003	6.8			2.5	0.17	6.97
60	线槽	m	15	供应点~工地	汽车,1.00,178km	0.000 045	[0.450×178×(1+57.47%)+5.40]×0.000 045	0.006	15.01			2.5	0.375	15.38
61	油漆	kg	13.5	供应点~工地	汽车,1.00,178km	0.001	[0.450×178×(1+57.47%)+5.40]×0.001	0.132	13.63			2.5	0.341	13.97
62	标线漆	kg	38.5	供应点~工地	汽车,1.00,178km	0.001	[0.450×178×(1+57.47%)+5.40]×0.001	0.132	38.63			2.5	0.966	39.6
63	桥面防水涂料	kg	6.2	供应点~工地	汽车,1.00,178km	0.001	[0.450×178×(1+57.47%)+5.40]×0.001	0.132	6.33			2.5	0.158	6.49
64	反光膜	m^2	180	供应点~工地	汽车,1.00,178km	0.000 4	[0.450×178×(1+57.47%)+5.40]×0.000 4	0.053	180.05			2.5	4.501	184.55
65	柱式轮廓标	根	95	供应点~工地	汽车,1.00,178km	0.005 5	[0.450×178×(1+57.47%)+5.40]×0.005 5	0.723	95.72			2.5	2.393	98.12
66	环氧树脂	kg	28	供应点~工地	汽车,1.00,178km	0.001	[0.450×178×(1+57.47%)+5.40]×0.001	0.132	28.13			2.5	0.703	28.84
67	玻璃纤维布	m^2	2.5	供应点~工地	汽车,1.00,178km	0.000 2	[0.450×178×(1+57.47%)+5.40]×0.000 2	0.026	2.53			2.5	0.063	2.59
68	土工格栅	m^2	12	供应点~工地	汽车,1.00,178km	0.000 45	[0.450×178×(1+57.47%)+5.40]×0.000 4	0.059	12.06			2.5	0.302	12.36

编制：×××　　　　复核：×××

续上表

建设项目名称:××项目

编 制 范 围:K0+000~K42+983

第5页 共7页 09表

序号	规格名称	单位	原价(元)	运杂费					原价运费合计(元)	场外运输损耗		采购及保管费		预算单价(元)
				供应地点	运输方式、比重及运距	毛重系数或单位毛重	运杂费构成说明或计算式	单位运费(元)		费率(%)	金额(元)	费率(%)	金额(元)	
69	U形锚钉	kg	4.7	供应点~工地	汽车,1.00,178km	0.001	[0.450×178×(1+57.47%)+5.40]×0.001	0.132	4.83			2.5	0.121	4.95
70	塑料软管	kg	17.2	供应点~工地	汽车,1.00,178km	0.001	[0.450×178×(1+57.47%)+5.40]×0.001	0.132	17.33			2.5	0.433	17.77
71	塑料弹簧软管(φ50mm)	m	12.5	供应点~工地	汽车,1.00,178km	0.000 16	[0.450×178×(1+57.47%)+5.40]×0.000 2	0.021	12.52			2.5	0.313	12.83
72	草籽	kg	100	供应点~工地	汽车,1.00,178km	0.001	[0.450×178×(1+57.47%)+5.40]×0.001	0.132	100.13	1	1.001	2.5	2.528	103.66
73	乔木	株	30	供应点~工地	汽车,1.00,178km	0.025	[0.450×178×(1+57.47%)+5.40]×0.025	3.288	33.29			2.5	0.832	34.12
74	灌木	株	20	供应点~工地	汽车,1.00,178km	0.005 5	[0.450×178×(1+57.47%)+5.40]×0.005 5	0.723	20.72	1	0.207	2.5	0.523	21.45
75	油毛毡	m^2	3.4	供应点~工地	汽车,1.00,178km	0.001 97	[0.450×178×(1+57.47%)+5.40]×0.002	0.259	3.66			2.5	0.092	3.75
76	32.5级水泥	t	345	供应点~工地	汽车,1.00,178km	1.01	[0.450×178×(1+57.47%)+5.40]×1.01	132.849	477.85	1	4.779	2.5	12.066	494.69
77	42.5级水泥	t	395	供应点~工地	汽车,1.00,178km	1.01	[0.450×178×(1+57.47%)+5.40]×1.01	132.849	527.85	1	5.279	2.5	13.328	546.46
78	52.5级水泥	t	535	供应点~工地	汽车,1.00,178km	1.01	[0.450×178×(1+57.47%)+5.40]×1.01	132.849	667.85	1	6.679	2.5	16.863	691.39
79	硝铵炸药	kg	12	供应点~工地	汽车,1.00,178km	0.001 35	[0.450×178×(1+57.47%)+5.40]×0.001 3	0.178	12.18			2.5	0.304	12.48
80	导火线	m	1.2	供应点~工地	汽车,1.00,178km	0.000 012	[0.450×178×(1+57.47%)+5.40]×0.000 012	0.002	1.2			2.5	0.03	1.23
81	普通雷管	个	1.2	供应点~工地	汽车,1.00,178km	0.000 004	[0.450×178×(1+57.47%)+5.40]×0.000 004	0.001	1.2			2.5	0.03	1.23
82	石油沥青	t	5 080	供应点~工地	汽车,1.00,178km	1	0.450×178×(1+57.47%)+5.40	131.533	5 211.53	3	156.346	2.5	134.197	5 502.08
83	改性沥青	t	6 030	供应点~工地	汽车,1.00,178km	1	0.450×178×(1+57.47%)+5.40	131.533	6 161.53	3	184.846	2.5	158.66	6 505.04
84	改性乳化石油沥青	t	4 400	供应点~工地	汽车,1.00,178km	1	0.450×178×(1+57.47%)+5.40	131.533	4 531.53	3	135.946	2.5	116.687	4 784.17
85	重油	kg	3.65	供应点~工地	汽车,1.00,178km	0.001	[0.450×178×(1+57.47%)+5.40]×0.001	0.132	3.78			2.5	0.095	3.88

编制:××× 复核:×××

续上表

建设项目名称：××项目

编 制 范 围：K0+000~K42+983　　　　第6页　　共7页　09表

序号	规格名称	单位	原价(元)	运杂费					原价运费合计(元)	场外运输损耗		采购及保管费		预算单价(元)
				供应地点	运输方式、比重及运距	毛重系数或单位毛重	运杂费构成说明或计算式	单位运费(元)		费率(%)	金额(元)	费率(%)	金额(元)	
86	煤	t	400	供应点~工地	汽车,1.00,178km	1	0.450×178×(1+57.47%)+5.40	131.533	531.53	1	5.315	2.5	13.421	550.27
87	青(红)砖	千块	180	供应点~工地	汽车,1.00,178km	2.6	[0.450×178×(1+57.47%)+5.40]×2.6	341.987	521.99	3	15.66	2.5	13.441	551.09
88	生石灰	t	180	供应点~工地	汽车,1.00,178km	1	0.450×178×(1+57.47%)+5.40	131.533	311.53	3	9.346	2.5	8.022	328.9
89	砂	m^3	14.72	料场~工地	汽车,1.00,40km	1.5	[0.360×40×(1+98.52%)+4.40]×1.5	49.48	64.2	2.5	1.605	2.5	1.645	67.45
90	中(粗)砂	m^3	10.849	料场~工地	汽车,1.00,31km	1.5	[0.360×31×(1+98.52%)+4.40]×1.5	39.832	50.68	2.5	1.267	2.5	1.299	53.25
91	砂砾	m^3	16.256	料场~工地	汽车,1.00,29km	1.7	[0.360×29×(1+98.52%)+4.40]×1.7	42.713	58.97	1	0.59	2.5	1.489	61.05
92	天然级配	m^3	16.256	料场~工地	汽车,1.00,29km	1.7	[0.360×29×(1+98.52%)+4.40]×1.7	42.713	58.97	1	0.59	2.5	1.489	61.05
93	黏土	m^3	100	供应点~工地	汽车,1.00,178km	1.4	[0.450×178×(1+57.47%)+5.40]×1.4	184.147	284.15	3	8.524	2.5	7.317	299.99
94	片石	m^3	39.152	料场~工地	汽车,1.00,31km	1.6	[0.360×31×(1+98.52%)+4.40]×1.6	42.488	81.64			2.5	2.041	83.68
95	石渣	m^3	20	料场~工地	汽车,1.00,31km	1.5	[0.360×31×(1+98.52%)+4.40]×1.5	39.832	59.83	1	0.598	2.5	1.511	61.94
96	矿粉	t	100	供应点~工地	汽车,1.00,178km	1	0.450×178×(1+57.47%)+5.40	131.533	231.53	3	6.946	2.5	5.962	244.44
97	碎石(2cm)	m^3	81.707	料场~工地	汽车,1.00,31km	1.5	[0.360×31×(1+98.52%)+4.40]×1.5	39.832	121.54	1	1.215	2.5	3.069	125.82
98	碎石(4cm)	m^3	77.289	料场~工地	汽车,1.00,31km	1.5	[0.360×31×(1+98.52%)+4.40]×1.5	39.832	117.12	1	1.171	2.5	2.957	121.25
99	碎石(6cm)	m^3	72.364	料场~工地	汽车,1.00,31km	1.5	[0.360×31×(1+98.52%)+4.40]×1.5	39.832	112.2	1	1.122	2.5	2.833	116.15
100	碎石(8cm)	m^3	70.857	料场~工地	汽车,1.00,31km	1.5	[0.360×31×(1+98.52%)+4.40]×1.5	39.832	110.69	1	1.107	2.5	2.795	114.59
101	碎石	m^3	77.289	料场~工地	汽车,1.00,29km	1.5	[0.360×29×(1+98.52%)+4.40]×1.5	37.688	114.98	1	1.15	2.5	2.903	119.03
102	石屑	m^3	80.359	料场~工地	汽车,1.00,138km	1.5	[0.300×138×(1+57.47%)+4.40]×1.5	104.389	184.75	1	1.848	2.5	4.665	191.26

编制：×××　　　　复核：×××

续上表

建设项目名称：××项目

编 制 范 围：K0+000~K42+983

第7页　共7页　09表

序号	规格名称	单位	原价(元)	运杂费					原价运费合计(元)	场外运输损耗		采购及保管费		预算单价(元)
				供应地点	运输方式、比重及运距	毛重系数或单位毛重	运杂费构成说明或计算式	单位运费(元)		费率(%)	金额(元)	费率(%)	金额(元)	
103	路面用碎石(1.5cm)	m^3	96.992	料场~工地	汽车,1.00,138km	1.5	[0.300×138×(1+57.47%)+4.40]×1.5	104.389	201.38	1	2.014	2.5	5.085	208.48
104	路面用碎石(2.5cm)	m^3	86.447	料场~工地	汽车,1.00,138km	1.5	[0.300×138×(1+57.47%)+4.40]×1.5	104.389	190.84	1	1.908	2.5	4.819	197.56
105	路面用碎石(3.5cm)	m^3	83.912	料场~工地	汽车,1.00,138km	1.5	[0.300×138×(1+57.47%)+4.40]×1.5	104.389	188.3	1	1.883	2.5	4.755	194.94
106	块石	m^3	100.853	料场~工地	汽车,1.00,31km	1.85	[0.360×31×(1+98.52%)+4.40]×1.85	49.126	149.98			2.5	3.75	153.73
107	开采片石	m^3	39.152			1.6			39.15					39.15
108	反射器	个	8.5	供应点~工地	汽车,1.00,178km	1	0.450×178×(1+57.47%)+5.40	131.533	140.03					140.03
109	机制砂	m^3	74.419	料场~工地	汽车,1.00,40km	1.5	[0.360×40×(1+98.52%)+4.40]×1.5	49.48	123.9	1	1.239	2.5	3.128	128.27
110	未筛分碎石	m^3	50	料场~工地	汽车,1.00,31km	1.5	[0.360×31×(1+98.52%)+4.40]×1.5	39.832	89.83	1	0.898	2.5	2.268	93

编制：×××　　复核：×××

自采材料料场价格计算表

建设项目名称：××项目

编 制 范 围:K0 +000 ~ K42 +983 第1页 共5页 10表

序号	定 额 号	材料规格名称	单位	料场单价（元）	人工 51.53 元/工日		间接费(元) 占人工 5.00%	原木 1 672.32 元/m^3		钢钎 7.11 元/kg		空心钢钎 8.34 元/kg		高原施工增加费（元）
					定额	金额	金额	定额	金额	定额	金额	定额	金额	
1	8-1-4-8,资源费	砂	m^3	14.72	0.019	0.979	0.049							
2	8-1-4-9,资源费	中(粗)砂	m^3	10.85	0.012	0.618	0.031							
3	8-1-5-1,资源费	砂砾	m^3	16.26	0.245	12.625	0.631							
4	8-1-5-1,资源费	天然级配	m^3	16.26	0.245	12.625	0.631							
5	8-1-6-2,资源费	片石	m^3	39.15	0.392	20.2	1.01					0.021	0.175	
6	8-1-9-3	碎石(2cm)	m^3	81.71	0.483	24.889	1.244							
7	8-1-9-5	碎石(4cm)	m^3	77.29	0.45	23.188	1.159							
8	8-1-9-7	碎石(6cm)	m^3	72.36	0.417	21.488	1.074							
9	8-1-9-9	碎石(8cm)	m^3	70.86	0.409	21.076	1.054							
10	8-1-9-5	碎石	m^3	77.29	0.45	23.188	1.159							
11	8-1-9-1,8-1-10-1	石屑	m^3	80.36	0.511	26.337	1.317							
12	8-1-9-11	路面用碎石(1.5cm)	m^3	96.99	0.497	25.61	1.281							
13	8-1-9-13	路面用碎石(2.5cm)	m^3	86.45	0.459	23.652	1.183							
14	8-1-9-12,8-1-9-15	路面用碎石(3.5cm)	m^3	83.91	0.442	22.797	1.14							
15	8-1-6-5,资源费	块石	m^3	100.85	1.184	61.012	3.051					0.009	0.075	
16	8-1-6-2,资源费	开采片石	m^3	39.15	0.392	20.2	1.01					0.021	0.175	
17	8-1-4-14,资源费	机制砂	m^3	74.42	0.675	34.783	1.739		0.502	0.021	0.149			

编制：××× 复核：×××

续上表

建设项目名称:××项目

编 制 范 围:K0+000~K42+983　　　　第2页　　共5页　10表

序号	定额号	材料规格名称	单位	料场单价(元)	φ50mm以内合金钻头28.85元/个		铁件 6.81元/kg		硝铵炸药 12.48元/kg		导火线 1.23元/m		普通雷管 1.23元/个		高原施工增加费(元)
					定额	金额	定额	金额	定额	金额	定额	金额	定额	金额	
1	8-1-4-8,资源费	砂	m^3	14.72											
2	8-1-4-9,资源费	中(粗)砂	m^3	10.85											
3	8-1-5-1,资源费	砂砾	m^3	16.26											
4	8-1-5-1,资源费	天然级配	m^3	16.26											
5	8-1-6-2,资源费	片石	m^3	39.15	0.03	0.866			0.204	2.546	0.52	0.64	0.49	0.603	
6	8-1-9-3	碎石(2cm)	m^3	81.71											
7	8-1-9-5	碎石(4cm)	m^3	77.29											
8	8-1-9-7	碎石(6cm)	m^3	72.36											
9	8-1-9-9	碎石(8cm)	m^3	70.86											
10	8-1-9-5	碎石	m^3	77.29											
11	8-1-9-1,8-1-10-1	石屑	m^3	80.36											
12	8-1-9-11	路面用碎石(1.5cm)	m^3	96.99											
13	8-1-9-13	路面用碎石(2.5cm)	m^3	86.45											
14	8-1-9-12,8-1-9-15	路面用碎石(3.5cm)	m^3	83.91											
15	8-1-6-5,资源费	块石	m^3	100.85	0.03	0.866			0.119	1.485	0.36	0.443	0.35	0.431	
16	8-1-6-2,资源费	开采片石	m^3	39.15	0.03	0.866			0.204	2.546	0.52	0.64	0.49	0.603	
17	8-1-4-14,资源费	机制砂	m^3	74.42			0.006	0.041	0.09	1.123	0.3	0.369	0.2	0.246	

编制:×××　　　　复核:×××

续上表

建设项目名称：××项目

编 制 范 围：K0+000~K42+983

第3页　　共5页　10表

序号	定额号	材料规格名称	单位	料场单价（元）	其他材料费（元）		开采片石 39.15元/m^3		105kW以内履带式推土机 1 036.45元/台班		2.0m^3轮胎式装载机 988.19元/台班		10m×0.5m皮带运输机 124.82元/台班		高原施工增加费（元）
					定额	金额	定额	金额	定额	金额	定额	金额	定额	金额	
1	8-1-4-8，资源费	砂	m^3	14.72					0.004	4.457	0.004	4.249	0.009	1.136	
2	8-1-4-9，资源费	中(粗)砂	m^3	10.85					0.003	3.006	0.003	2.866	0.006	0.761	
3	8-1-5-1，资源费	砂砾	m^3	16.26											
4	8-1-5-1，资源费	天然级配	m^3	16.26											
5	8-1-6-2，资源费	片石	m^3	39.15											
6	8-1-9-3	碎石(2cm)	m^3	81.71			1.169	45.766							
7	8-1-9-5	碎石(4cm)	m^3	77.29			1.149	44.983							
8	8-1-9-7	碎石(6cm)	m^3	72.36			1.111	43.496							
9	8-1-9-9	碎石(8cm)	m^3	70.86			1.099	43.026							
10	8-1-9-5	碎石	m^3	77.29			1.149	44.983							
11	8-1-9-1，8-1-10-1	石屑	m^3	80.36			1.071	41.947							
12	8-1-9-11	路面用碎石(1.5cm)	m^3	96.99			1.176	46.04							
13	8-1-9-13	路面用碎石(2.5cm)	m^3	86.45			1.153	45.14							
14	8-1-9-12，8-1-9-15	路面用碎石(3.5cm)	m^3	83.91			1.142	44.698							
15	8-1-6-5，资源费	块石	m^3	100.85											
16	8-1-6-2，资源费	开采片石	m^3	39.15											
17	8-1-4-14，资源费	机制砂	m^3	74.42	0.215	0.215							0.085	10.61	

编制：×××　　　　复核：×××

续上表

建设项目名称:××项目

编 制 范 围:K0+000~K42+983

第4页 共5页 10表

序号	定额号	材料规格名称	单位	料场单价(元)	ϕ150×250mm电动颚式破碎机151.12元/台班		ϕ250×400mm电动颚式破碎机232.71元/台班		生产率8~20m³/h滚筒式筛分机188.90元/台班		9m³/min以内机动空压机730.07元/台班		小型机具使用费(元)		高原施工增加费(元)
					定额	金额	定额	金额	定额	金额	定额	金额	定额	金额	
1	8-1-4-8,资源费	砂	m^3	14.72					0.005	0.85					
2	8-1-4-9,资源费	中(粗)砂	m^3	10.85					0.003	0.567					
3	8-1-5-1,资源费	砂砾	m^3	16.26											
4	8-1-5-1,资源费	天然级配	m^3	16.26											
5	8-1-6-2,资源费	片石	m^3	39.15							0.013	9.564	0.549	0.549	
6	8-1-9-3	碎石(2cm)	m^3	81.71	0.065	9.808									
7	8-1-9-5	碎石(4cm)	m^3	77.29			0.034	7.959							
8	8-1-9-7	碎石(6cm)	m^3	72.36			0.027	6.306							
9	8-1-9-9	碎石(8cm)	m^3	70.86			0.025	5.701							
10	8-1-9-5	碎石	m^3	77.29			0.034	7.959							
11	8-1-9-1,8-1-10-1	石屑	m^3	80.36	0.071	10.758									
12	8-1-9-11	路面用碎石(1.5cm)	m^3	96.99	0.07	10.594			0.071	13.469					
13	8-1-9-13	路面用碎石(2.5cm)	m^3	86.45	0.048	7.254			0.049	9.218					
14	8-1-9-12,8-1-9-15	路面用碎石(3.5cm)	m^3	83.91	0.019	2.942	0.02	4.708	0.04	7.628					
15	8-1-6-5,资源费	块石	m^3	100.85							0.04	28.838	1.653	1.653	
16	8-1-6-2,资源费	开采片石	m^3	39.15							0.013	9.564	0.549	0.549	
17	8-1-4-14,资源费	机制砂	m^3	74.42			0.093	21.642							

编制:××× 复核:×××

续上表

建设项目名称：××项目

编 制 范 围：K0 +000 ~ K42 +983　　　　第5页　共5页　10表

序号	定额号	材料规格名称	单位	料场单价（元）	其他费（元）										高原施工增加费（元）
					定额	金额									
1	8-1-4-8，资源费	砂	m^3	14.72		3									
2	8-1-4-9，资源费	中（粗）砂	m^3	10.85		3									
3	8-1-5-1，资源费	砂砾	m^3	16.26		3									
4	8-1-5-1，资源费	天然级配	m^3	16.26		3									
5	8-1-6-2，资源费	片石	m^3	39.15		3									
6	8-1-9-3	碎石（2cm）	m^3	81.71											
7	8-1-9-5	碎石（4cm）	m^3	77.29											
8	8-1-9-7	碎石（6cm）	m^3	72.36											
9	8-1-9-9	碎石（8cm）	m^3	70.86											
10	8-1-9-5	碎石	m^3	77.29											
11	8-1-9-1，8-1-10-1	石屑	m^3	80.36											
12	8-1-9-11	路面用碎石（1.5cm）	m^3	96.99											
13	8-1-9-13	路面用碎石（2.5cm）	m^3	86.45											
14	8-1-9-12，8-1-9-15	路面用碎石（3.5cm）	m^3	83.91											
15	8-1-6-5，资源费	块石	m^3	100.85		3									
16	8-1-6-2，资源费	开采片石	m^3	39.15		3									
17	8-1-4-14，资源费	机制砂	m^3	74.42		3									

编制：×××　　　　复核：×××

机械台班单价计算表

建设项目名称:××项目

编 制 范 围:K0+000~K42+983

第1页 共7页 11表

序号	定额号	机械规格名称	台班单价(元)	不变费用(元) 调整系数:1		可变费用(元) 人工:51.53元/工日		重油:3.88元/kg		汽油:9.51元/kg		柴油:7.88元/kg		煤:550.27元/t		电:1.50元/kW·h		水:12.00元/m^3		木柴:0.49元/kg		养路费及车船税(元)	合计
				定额	调整值	定额	费用	定额	费用	定额	费用	定额	费用	定额	费用	定额	费用	定额	费用	定额	费用		
1	1 003	75kW以内履带式推土机	781.36	245.14	245.14	2	103.06					54.97	433.16										536.22
2	1 005	105kW以内履带式推土机	1 036.45	330.41	330.41	2	103.06					76.52	602.98										706.04
3	1 006	135kW以内履带式推土机	1 480.46	604.69	604.69	2	103.06					98.06	772.71										875.77
4	1 007	165kW以内履带式推土机	1 746.55	695.13	695.13	2	103.06					120.35	948.36										1 051.42
5	1 025	12m^3以内拖式(含头)铲运机	1 688.71	822.87	822.87	2	103.06					96.8	762.78										865.84
6	1 027	0.6m^3履带式单斗挖掘机	615.17	219.84	219.84	2	103.06					37.09	292.27										395.33
7	1 035	1.0m^3履带式单斗挖掘机	1 022.71	411.15	411.15	2	103.06					64.53	508.5										611.56
8	1 037	2.0m^3履带式单斗挖掘机	1 684.9	855.38	855.38	2	103.06					92.19	726.46										829.52
9	1 048	1.0m^3轮胎式装载机	553.1	112.92	112.92	1	51.53					49.03	386.36									2.29	440.18
10	1 050	2.0m^3轮胎式装载机	988.19	200.44	200.44	1	51.53					92.86	731.74									4.48	787.75
11	1 051	3.0m^3轮胎式装载机	1 257.58	241.36	241.36	2	103.06					115.15	907.38									5.78	1 016.22
12	1 057	120kW以内平地机	1 164.03	408.05	408.05	2	103.06					82.13	647.18									5.73	755.98
13	1 075	6~8t光轮压路机	311.42	107.57	107.57	1	51.53					19.33	152.32										203.85
14	1 076	8~10t光轮压路机	351.85	117.5	117.5	1	51.53					23.2	182.82										234.35
15	1 077	10~12t光轮压路机	464.03	146.87	146.87	1	51.53					33.71	265.63										317.16
16	1 078	12~15t光轮压路机	534.67	164.32	164.32	1	51.53					40.46	318.82										370.35
17	1 080	18~21t光轮压路机	710.23	192.2	192.2	1	51.53					59.2	466.5										518.03

编制:××× 复核:×××

续上表

建设项目名称：××项目

编 制 范 围：K0+000~K42+983

第2页　　共7页　　11表

序号	定额号	机械规格名称	台班单价(元)	不变费用(元)		可变费用(元)																	
				调整系数：1		人工：51.53元/工日		重油：3.88元/kg		汽油：9.51元/kg		柴油：7.88元/kg		煤：550.27元/t		电：1.50元/kW·h		水：12.00元/m³		木柴：0.49元/kg		养路费及车船税(元)	合计
				定额	调整值	定额	费用	定额	费用	定额	费用	定额	费用	定额	费用	定额	费用	定额	费用	定额	费用		
18	1 083	0.6t手扶式振动碾	112.95	38.1	38.1	1	51.53					2.96	23.32										74.85
19	1 088	15t以内振动压路机	998.08	315.05	315.05	2	103.06					73.6	579.97										683.03
20	1 089	20t以内振动压路机	1 323.33	388.14	388.14	2	103.06					105.6	832.13										935.19
21	1 094	200~620N·m蛙式夯土机	35.09	9.08	9.08											17.34	26.01						26.01
22	1 160	300t/h以内稳定土厂拌设备	1 471.1	455.64	455.64	4	206.12									539.56	809.34						1 015.46
23	1 166	摊铺宽12.5m稳定土摊铺机	2 906.33	1 728.36	1 728.36	2	103.06					136.41	1 074.91										1 177.97
24	1 185	4 000L以内液态沥青运输车	550.07	170.44	170.44	1	51.53			34.28	326											2.1	379.63
25	1 193	4 000L以内沥青洒布车	558.91	179.14	179.14	1	51.53			34.28	326											2.24	379.77
26	1 201	30t/h以内沥青拌和设备	5 590.12	940.69	940.69	5	257.65	897.6	3 482.69							606.06	909.09						4 649.43
27	1 207	320t/h以内沥青拌和设备	55 904.97	9 570.7	9 570.7	6	309.18	9 574.4	37 148.67							5 917.61	8 876.42						46 334.27
28	1 214	12.5m以内带自动找平沥青混合料摊铺机	3 659.15	2 429.65	2 429.65	3	154.59					136.41	1 074.91										1 229.5
29	1 216	2.5~3.5m稀浆封层机	2 984.98	2 065.39	2 065.39	2	103.06					103.62	816.53										919.59
30	1 224	16~20t以内轮胎式压路机	747.02	362.24	362.24	1	51.53					42.29	333.25										384.78
31	1 225	20~25t以内轮胎式压路机	912.47	464.65	464.65	1	51.53					50.29	396.29										447.82
32	1 227	热熔标线设备	711.64	175.14	175.14	2	103.06			45.43	432.04											1.4	536.5
33	1 235	2.5~4.5m轨道式水泥混凝土摊铺机	1 228.33	695.5	695.5	3	154.59					48	378.24										532.83

编制：×××　　　　复核：×××

续上表

建设项目名称：××项目

编　制　范　围：K0 +000 ~ K42 +983

第3页　共7页　11表

序号	定额号	机械规格名称	台班单价(元)	不变费用(元) 调整系数：1		可变费用(元) 人工：51.53元/工日		重油：3.88元/kg		汽油：9.51元/kg		柴油：7.88元/kg		煤：550.27元/t		电：1.50元/kW·h		水：12.00元/m^3		木柴：0.49元/kg		养路费及车船税(元)	合计
				定额	调整值	定额	费用	定额	费用	定额	费用	定额	费用	定额	费用	定额	费用	定额	费用	定额	费用		
34	1 243	电动混凝土刻纹机	236.88	128.65	128.65	1	51.53									37.8	56.7						108.23
35	1 245	电动混凝土切缝机	163	81.23	81.23	1	51.53									20.16	30.24						81.77
36	1 272	250L以内强制式混凝土搅拌机	149.22	18.58	18.58	1	51.53									52.74	79.11						130.64
37	1 307	6m^3以内混凝土搅拌运输车	1 404.26	909.82	909.82	1	51.53					55.54	437.66									5.25	494.44
38	1 316	60m^3/h以内混凝土输送泵	1 449.15	849.95	849.95	1	51.53									365.11	547.67						599.19
39	1 325	40m^3/h以内水泥混凝土搅拌站	1 464.24	512.06	512.06	7	360.71									394.31	591.47						952.17
40	1 327	60m^3/h以内水泥混凝土搅拌站	2 612.88	1 121.64	1 121.64	9	463.77									684.98	1 027.47						1 491.24
41	1 344	拉伸力900kN以内预应力拉伸机	69.47	27.59	27.59											27.92	41.88						41.88
42	1 347	拉伸力5 000kN以内预应力拉伸机	243.8	140.34	140.34											68.97	103.46						103.46
43	1 349	油泵、千斤顶各1钢绞线拉伸设备	150.91	126.56	126.56											16.23	24.35						24.35
44	1 352	含钢带点焊机波纹管卷制机	256.43	119.9	119.9	2	103.06									22.31	33.47						136.52
45	1 370	2t以内载货汽车	297.11	53.89	53.89	1	51.53			20.08	190.96											0.73	243.22

编制：×××　　复核：×××

续上表

建设项目名称：××项目

编 制 范 围：K0+000~K42+983

第4页 共7页 11表

序号	定额号	机械规格名称	台班单价（元）	不变费用(元)		可变费用（元）																养路费及车船税(元)	合计
				调整系数：1		人工：51.53元/工日		重油：3.88元/kg		汽油：9.51元/kg		柴油：7.88元/kg		煤：550.27元/t		电：1.50元/kW·h		水：12.00元/m^3		木柴：0.49元/kg			
				定额	调整值	定额	费用	定额	费用	定额	费用	定额	费用	定额	费用	定额	费用	定额	费用	定额	费用		
46	1 372	4t以内载货汽车	445.21	66.38	66.38	1	51.53			34.28	326											1.3	378.83
47	1 374	6t以内载货汽车	453.8	91.38	91.38	1	51.53					39.24	309.21									1.68	362.42
48	1 378	15t以内载货汽车	874.95	333.22	333.22	1	51.53					61.72	486.35									3.85	541.73
49	1 382	3t以内自卸汽车	446.35	67.62	67.62	1	51.53			34.28	326											1.2	378.73
50	1 383	5t以内自卸汽车	552.84	103.49	103.49	1	51.53			41.63	395.9											1.92	449.35
51	1 388	15t以内自卸汽车	894.68	303.18	303.18	1	51.53					67.89	534.97									5	591.5
52	1 393	20t以内平板拖车组	862.84	392.89	392.89	2	103.06					45.26	356.65									10.24	469.95
53	1 394	30t以内平板拖车组	1 052.28	536.95	536.95	2	103.06					50.4	397.15									15.12	515.33
54	1 395	40t以内平板拖车组	1 283.01	722.87	722.87	2	103.06					55.54	437.66									19.43	560.14
55	1 397	80t以内平板拖车组	2 072.98	1 297.6	1 297.6	2	103.06					80.57	634.89									37.43	775.38
56	1 404	4 000L以内洒水汽车	615.09	219.16	219.16	1	51.53			36	342.36											2.04	395.93
57	1 405	6 000L以内洒水汽车	646.26	257.9	257.9	1	51.53					42.43	334.35									2.48	388.36
58	1 406	8 000L以内洒水汽车	809.29	382.46	382.46	1	51.53					47.2	371.94									3.36	426.83
59	1 408	1.0t以内机动翻斗车	155.28	32.45	32.45	1	51.53					9	70.92									0.38	122.83
60	1 411	功率30kW轨道拖车头	282.75	73.62	73.62	1	51.53					20	157.6										209.13
61	1 416	3t以内电瓶车	231.25	58.31	58.31	1	51.53									80.94	121.41						172.94
62	1 432	15t以内履带式起重机	697.07	329.87	329.87	2	103.06					33.52	264.14										367.2

编制：××× 复核：×××

续上表

建设项目名称：××项目

编 制 范 围：K0 +000 ~ K42 +983

第 5 页　　共 7 页　11 表

序号	定额号	机械规格名称	台班单价(元)	不变费用(元)		可变费用(元)																	
				调整系数：1		人工：51.53 元/工日		重油：3.88 元/kg		汽油：9.51 元/kg		柴油：7.88 元/kg		煤：550.27 元/t		电：1.50 元/kW·h		水：12.00 元/m^3		木柴：0.49 元/kg		养路费及车船税(元)	合计
				定额	调整值	定额	费用	定额	费用	定额	费用	定额	费用	定额	费用	定额	费用	定额	费用	定额	费用		
63	1 449	5t 以内汽车式起重机	498.97	199.62	199.62	1	51.53			25.71	244.5											3.32	299.35
64	1 450	8t 以内汽车式起重机	636.03	273.95	273.95	2	103.06					32.38	255.15									3.86	362.08
65	1 451	12t 以内汽车式起重机	851.1	387.11	387.11	2	103.06					44.95	354.21									6.72	463.99
66	1 453	20t 以内汽车式起重机	1 227.4	672.98	672.98	2	103.06					56	441.28									10.08	554.42
67	1 455	30t 以内汽车式起重机	1 592.82	982.66	982.66	2	103.06					62.86	495.34									11.76	610.16
68	1 456	40t 以内汽车式起重机	2 269.89	1 566.3	1 566.3	2	103.06					74.29	585.41									15.12	703.59
69	1 458	75t 以内汽车式起重机	3 337.17	2 501.31	2 501.31	2	103.06					89.53	705.5									27.3	835.86
70	1 462	最大作业高度 15m 高空作业车	591.89	276.34	276.34	2	103.06					26.67	210.16									2.33	315.55
71	1 499	30kN 以内单筒慢动电动卷扬机	125.12	17.22	17.22	1	51.53									37.58	56.37						107.9
72	1 500	50kN 以内单筒慢动电动卷扬机	154.28	20.08	20.08	1	51.53									55.11	82.67						134.19
73	1 501	80kN 以内单筒慢动电动卷扬机	204.28	51	51	1	51.53									67.83	101.75						153.27
74	1 531	10m×0.5m 皮带运输机	124.82	43.05	43.05	1	51.53									20.16	30.24						81.77
75	1 548	4t 以内内燃叉车	424.27	125.07	125.07	1	51.53					31.43	247.67										299.2
76	1 560	300kg 以内液压升降机	79.25	27.72	27.72	1	51.53																51.53
77	1 600	φ1 500mm 以内回旋钻机	1 634.4	681.5	681.5	2	103.06									566.56	849.84						952.9
78	1 624	100 ~ 150L 泥浆搅拌机	73.8	7.66	7.66	1	51.53									9.74	14.61						66.14
79	1 663	φ100mm 以内电动多级离心水泵	428.48	26.28	26.28	1	51.53									233.78	350.67						402.2

编制：×××　　　　复核：×××

续上表

建设项目名称：××项目

编 制 范 围：K0 +000 ~ K42 +983

第6页 共7页 11表

序号	定额号	机械规格名称	台班单价(元)	不变费用(元) 调整系数：1		可变费用(元) 人工：51.53元/工日		重油：3.88元/kg		汽油：9.51元/kg		柴油：7.88元/kg		煤：550.27元/t		电：1.50元/kW·h		水：12.00元/m^3		木柴：0.49元/kg		养路费及车船税(元)	合计
				定额	调整值	定额	费用	定额	费用	定额	费用	定额	费用	定额	费用	定额	费用	定额	费用	定额	费用		
80	1 726	32kV·A以内交流电弧焊机	190.22	7.24	7.24	1	51.53									87.63	131.45						182.97
81	1 746	100kV·A以内交流对焊机	344.35	21.84	21.84	1	51.53									180.65	270.98						322.5
82	1 747	150kV·A以内交流对焊机	486.01	26.42	26.42	1	51.53									272.04	408.06						459.59
83	1 756	ϕ150×250mm电动颚式破碎机	151.12	46.04	46.04	1	51.53									35.7	53.55						105.08
84	1 757	ϕ250×400mm电动颚式破碎机	232.71	53.39	53.39	1	51.53									85.19	127.79						179.31
85	1 775	生产率8~20m^3/h滚筒式筛分机	188.9	102.3	102.3	1	51.53									23.38	35.07						86.6
86	1 842	9m^3/min以内机动空压机	730.07	203.06	203.06	1	51.53					60.34	475.48										527.01
87	1 948	光纤熔接机	183.92	183.02	183.02											0.6	0.9						0.9
88	1 950	光时域反射仪	732.89	731.99	731.99											0.6	0.9						0.9
89	1 952	光纤测试仪	330.08	329.18	329.18											0.6	0.9						0.9
90	1 954	微机硬盘测试仪	134.09	133.19	133.19											0.6	0.9						0.9
91	1 958	网络分析仪	192	191.25	191.25											0.5	0.75						0.75
92	1 971	高压试验变压器全套装置	180.3	179.4	179.4											0.6	0.9						0.9
93	1 972	继电保护测试仪	134.38	133.48	133.48											0.6	0.9						0.9
94	1 973	三相精密测试电源	81.64	80.74	80.74											0.6	0.9						0.9
95	1 974	直流高压发生器	36.27	35.37	35.37											0.6	0.9						0.9

编制：××× 复核：×××

续上表

建设项目名称:××项目

编 制 范 围:K0+000~K42+983

第7页 共7页 11表

序号	定额号	机械规格名称	台班单价(元)	不变费用(元) 调整系数:1		可变费用(元) 人工:51.53元/工日		重油:3.88元/kg		汽油:9.51元/kg		柴油:7.88元/kg		煤:550.27元/t		电:1.50元/kW·h		水:12.00元/m^3		木柴:0.49元/kg		养路费及车船税(元)	合计
				定额	调整值	定额	费用	定额	费用	定额	费用	定额	费用	定额	费用	定额	费用	定额	费用	定额	费用		
96	1975	轻型试验变压器	25.39	24.49	24.49											0.6	0.9						0.9
97	1977	电能校验仪	50.41	49.51	49.51											0.6	0.9						0.9
98	1979	真空断路器测试仪	185.19	184.29	184.29											0.6	0.9						0.9
99	1987	功率90kW以内工程修理车	686.01	226.88	226.88	1	51.53					51.43	405.27									2.33	459.13
100	1998	小型机具使用费	1																				

编制:××× 复核:×××

辅助生产工、料、机械台班单位数量表

建设项目名称：××项目

编 制 范 围：K0 +000 ~ K42 +983　　　　第1页　共3页　12表

序号	规格名称	单位	人工（工日）	原木（m^3）	钢钎（kg）	空心钢钎（kg）	ϕ50mm以内合金钻头（个）	铁件（kg）	硝铵炸药（kg）	导火线（m）
1	砂	m^3	0.019							
2	中(粗)砂	m^3	0.036							
3	砂砾	m^3	0.269							
4	天然级配	m^3	0.269							
5	片石	m^3	0.392			0.021	0.03		0.204	0.52
6	石渣	m^3								
7	碎石(2cm)	m^3	0.483							
8	碎石(4cm)	m^3	0.45							
9	碎石(6cm)	m^3	0.417							
10	碎石(8cm)	m^3	0.409							
11	碎石	m^3	0.45							
12	石屑	m^3	0.511							
13	路面用碎石(1.5cm)	m^3	0.529							
14	路面用碎石(2.5cm)	m^3	0.491							
15	路面用碎石(3.5cm)	m^3	0.474							
16	块石	m^3	1.184			0.009	0.03		0.119	0.36
17	开采片石	m^3	0.392			0.021	0.03		0.204	0.52
18	机制砂	m^3	0.675		0.021			0.006	0.09	0.3
19	未筛分碎石	m^3	0.032							

编制：×××　　　　复核：×××

续上表

建设项目名称：××项目

编　制　范　围：K0+000～K42+983

第2页　　共3页　12表

序号	规 格 名 称	单位	普通雷管（个）	其他材料费（元）	开采片石（m^3）	105kW 以内履带式推土机（台班）	2.0m^3 轮胎式装载机（台班）	3.0m^3 轮胎式装载机（台班）	15t 以内自卸汽车（台班）	10m×0.5m 皮带运输机（台班）
1	砂	m^3				0.004	0.004	0.001	0.02	0.009
2	中(粗)砂	m^3				0.003	0.003	0.001	0.02	0.006
3	砂砾	m^3						0.001	0.021	
4	天然级配	m^3						0.001	0.022	
5	片石	m^3	0.49					0.001	0.023	
6	石渣	m^3						0.001	0.02	
7	碎石(2cm)	m^3			1.169			0.001	0.022	
8	碎石(4cm)	m^3			1.149			0.001	0.022	
9	碎石(6cm)	m^3			1.111			0.001	0.022	
10	碎石(8cm)	m^3			1.099			0.001	0.022	
11	碎石	m^3			1.149			0.001	0.022	
12	石屑	m^3			1.071			0.001	0.013	
13	路面用碎石(1.5cm)	m^3			1.176			0.001	0.037	
14	路面用碎石(2.5cm)	m^3			1.153			0.001	0.037	
15	路面用碎石(3.5cm)	m^3			1.142			0.001	0.037	
16	块石	m^3	0.35					0.001	0.025	
17	开采片石	m^3	0.49							
18	机制砂	m^3	0.2	0.215						0.085
19	未筛分碎石	m^3						0.001	0.012	

编制：×××　　　　复核：×××

续上表

建设项目名称：××项目

编 制 范 围：K0+000～K42+983

第3页　　共3页　12表

序号	规格名称	单位	ϕ150×250mm电动颚式破碎机（台班）	ϕ250×400mm电动颚式破碎机（台班）	生产率8～20m^3/h滚筒式筛分机（台班）	9m^3/min以内机动空压机（台班）	小型机具使用费（元）			
1	砂	m^3			0.005					
2	中（粗）砂	m^3			0.003					
3	砂砾	m^3								
4	天然级配	m^3								
5	片石	m^3				0.013	0.549			
6	石渣	m^3								
7	碎石（2cm）	m^3	0.065							
8	碎石（4cm）	m^3		0.034						
9	碎石（6cm）	m^3		0.027						
10	碎石（8cm）	m^3		0.025						
11	碎石	m^3		0.034						
12	石屑	m^3	0.071							
13	路面用碎石（1.5cm）	m^3	0.07		0.071					
14	路面用碎石（2.5cm）	m^3	0.048		0.049					
15	路面用碎石（3.5cm）	m^3	0.019	0.02	0.04					
16	块石	m^3				0.04	1.653			
17	开采片石	m^3				0.013	0.549			
18	机制砂	m^3		0.093						
19	未筛分碎石	m^3								

编制：×××　　　　复核：×××

参 考 文 献

[1] 中华人民共和国行业标准. JTG B06—2007 公路工程基本建设项目概算预算编制办法[S]. 北京:人民交通出版社,2007.

[2] 中华人民共和国行业标准. JTG/T B06-01—2007 公路工程概算定额[S]. 北京:人民交通出版社,2008.

[3] 中华人民共和国行业标准. JTG/T B06-02—2007 公路工程预算定额[S]. 北京:人民交通出版社,2008.

[4] 中华人民共和国行业标准. JTG/T B06-03—2007 公路工程机械台班费用定额[S]. 北京:人民交通出版社,2008.

[5] 赵晞伟. 公路工程定额应用释义[M]. 北京:人民交通出版社,2007.

[6] 邢凤岐,徐连铭. 公路工程定额应用与概、预算编制示例[M]. 北京:人民交通出版社,2008.

[7] 邢凤岐. 公路工程概预算百问[M]. 北京:人民交通出版社,2002.

[8] 交通部公路工程定额站,湖南省交通厅交通建设造价管理站. 公路工程定额编制与管理[M]. 北京:人民交通出版社,2007.

[9] 石勇民. 公路工程定额原理与估价[M]. 北京:人民交通出版社,2004.

[10] 中华人民共和国行业标准. JTG B0l—2003 公路工程技术标准[S]. 北京:人民交通出版社,2003.

[11] 中华人民共和国行业标准. JTG B04—2010 公路环境保护设计规范[S]. 北京:人民交通出版社,2010.

[12] 中华人民共和国行业标准. JTG B02—2013 公路工程抗震规范[S]. 北京:人民交通出版社,2014.

[13] 中华人民共和国行业标准. JTG/T B02-01—2008 公路桥梁抗震设计细则[S]. 北京:人民交通出版社,2008.

[14] 中华人民共和国行业标准. JTG C10—2007 公路勘测规范[S]. 北京:人民交通出版社,2007.

[15] 中华人民共和国行业标准. JTG/T C10—2007 公路勘测细则[S]. 北京:人民交通出版社,2007.

[16] 中华人民共和国行业标准. JTG D20—2006 公路路线设计规范[S]. 北京:人民交通出版社,2006.

[17] 中华人民共和国行业标准. JTG D30—2004 公路路基设计规范[S]. 北京:人民交通出版社,2005.

[18] 中华人民共和国行业标准. JTG/T D31-03—2011 采空区公路设计与施工技术细则[S]. 北京:人民交通出版社,2011.

[19] 中华人民共和国行业标准. JTG/T D31-04—2012 多年冻土地区公路设计与施工技术细则[S]. 北京:人民交通出版社,2013.

[20] 中华人民共和国行业标准. JTG/T D32—2012 公路土工合成材料应用技术规范[S]. 北京:人民交通出版社,2012.
[21] 中华人民共和国行业标准. JTG D40—2011 公路水泥混凝土路面设计规范[S]. 北京:人民交通出版社,2011.
[22] 中华人民共和国行业标准. JTG D50—2006 公路沥青路面设计规范[S]. 北京:人民交通出版社,2007.
[23] 中华人民共和国行业标准. JTG/T D33—2012 公路排水设计规范[S]. 北京:人民交通出版社,2012.
[24] 中华人民共和国行业标准. JTG D62—2004 公路钢筋混凝土及预应力混凝土桥涵设计规范[S]. 北京:人民交通出版社,2004.
[25] 中华人民共和国行业标准. JTG/T D65-04—2007 公路涵洞设计细则[S]. 北京:人民交通出版社,2007.
[26] 中华人民共和国交通部. 公路工程基本建设项目设计文件编制办法[M]. 北京:人民交通出版社,2007.
[27] 中华人民共和国行业标准. JTG F10—2006 公路路基施工技术规范[S]. 北京:人民交通出版社,2006.
[28] 中华人民共和国行业标准. JTG/T F30—2014 公路水泥混凝土路面施工技术细则[S]. 北京:人民交通出版社,2014.
[29] 中华人民共和国行业标准. JTG F40—2004 公路沥青路面施工技术规范[S]. 北京:人民交通出版社,2005.
[30] 中华人民共和国行业标准. JTG/T F50—2011 公路桥涵施工技术规范[S]. 北京:人民交通出版社,2011.
[31] 中华人民共和国交通运输部. 公路工程项目建设用地指标[M]. 北京:人民交通出版社,2011.
[32] 中华人民共和国行业标准. JTG D80—2006 高速公路交通工程及沿线设施设计通用规范[S]. 北京:人民交通出版社,2006.
[33] 中华人民共和国行业标准. JGJ 16—2008 民用建筑电气设计规范[S]. 北京:中国建筑工业出版社,2008.
[34] 中华人民共和国国家标准. GB/T 24969—2010 公路照明技术条件[S]. 北京:中国标准出版社,2010.
[35] 中华人民共和国行业标准. JTG D81—2006 公路交通安全设施设计规范[S]. 北京:人民交通出版社,2006.
[36] 中华人民共和国国家标准. GB 5768—2009 道路交通标志和标线[S]. 北京:中国标准出版社,2009.
[37] 中华人民共和国行业标准. JTG D82—2009 公路交通标志和标线设置规范[S]. 北京:人民交通出版社,2009.
[38] 中华人民共和国国家标准. GB/T 23827—2009 道路交通标志板及支撑件[S]. 北京:中国标准出版社,2009.

[39] 中华人民共和国国家标准. GB/T 24718—2009　防眩板[S]. 北京:中国标准出版社,2009.

[40] 中华人民共和国行业标准. JT/T 280—2004　路面标线涂料[S]. 北京:人民交通出版社,2004.

[41] 中华人民共和国国家标准. GB/T 18833—2012　道路交通反光膜[S]. 北京:中国标准出版社,2012.

[42] 中华人民共和国国家标准. GB/T 28650—2012　公路防撞桶[S]. 北京:中国标准出版社,2012.

[43] 中华人民共和国国家标准. GB/T 24970—2010　轮廓标[S]. 北京:中国标准出版社,2010.

[44] 中华人民共和国国家标准. GB/T 26941—2011　隔离栅[S]. 北京:中国标准出版社,2011.

[45] 中华人民共和国行业标准. JT/T 457—2007　公路三波形梁钢护栏[S]. 北京:人民交通出版社,2007.